DIE KUNST DES WÜRZENS

Andree Köthe Yves Ollech

DIE KUNST DES WÜRZENS

101 phantasievoll-aromatische Gerichte

Nur die wenigsten Bücher sind das alleinige Werk des Autors, dessen Name der Buchrücken ziert. Meist haben Familien und Freunde mitgedacht, mitgelitten, mitgefiebert und in unserem speziellen Fall mitgekostet. Stellvertretend für viele andere widmen wir unser Buch:

Meiner Frau Manuela und unseren Kindern Marie und Martha.
Andree Köthe

Meiner Frau Steffi, die jeden Tag meines Lebens mit ihrer Liebe würzt.
Yves Ollech

All denen, die ohne Murren über Monate meine Versuchskaninchen gespielt haben, allen voran meinen Töchtern Darja-Rahel und Ninja-Laure, die nur ganz selten mit verzweifelter Miene ihre Teller wegschoben und um Nudeln mit Tomatensauce baten.
Dunja Ulbricht

Herausgeber: Michael Girschek

Autoren: Andree Köthe, Yves Ollech, Restaurant Essigbrätlein
Weinmarkt 3, 90403 Nürnberg, Tel./Fax. 09 11/22 51 31

Co-Autorin: Dunja Ulbricht, La Capitelle
F-30580 La Bruguière, Tel./Fax 00 33/66 72 82 81

Fotos: Claus Felix, Rankestr. 69, 90461 Nürnberg,
Tel. 09 11/49 82 78, Fax 46 54 92

Lektorat: Dr. Bernhard Abend, Bergstr. 11b, 81539 München

Umschlag/Gesamtgestaltung: Michael Girschek

Satz: Fotosatz Schmidt+Co., 71384 Weinstadt
Druck und Verarbeitung: Appl, 86650 Wemding

ISBN 3-906263-02-9

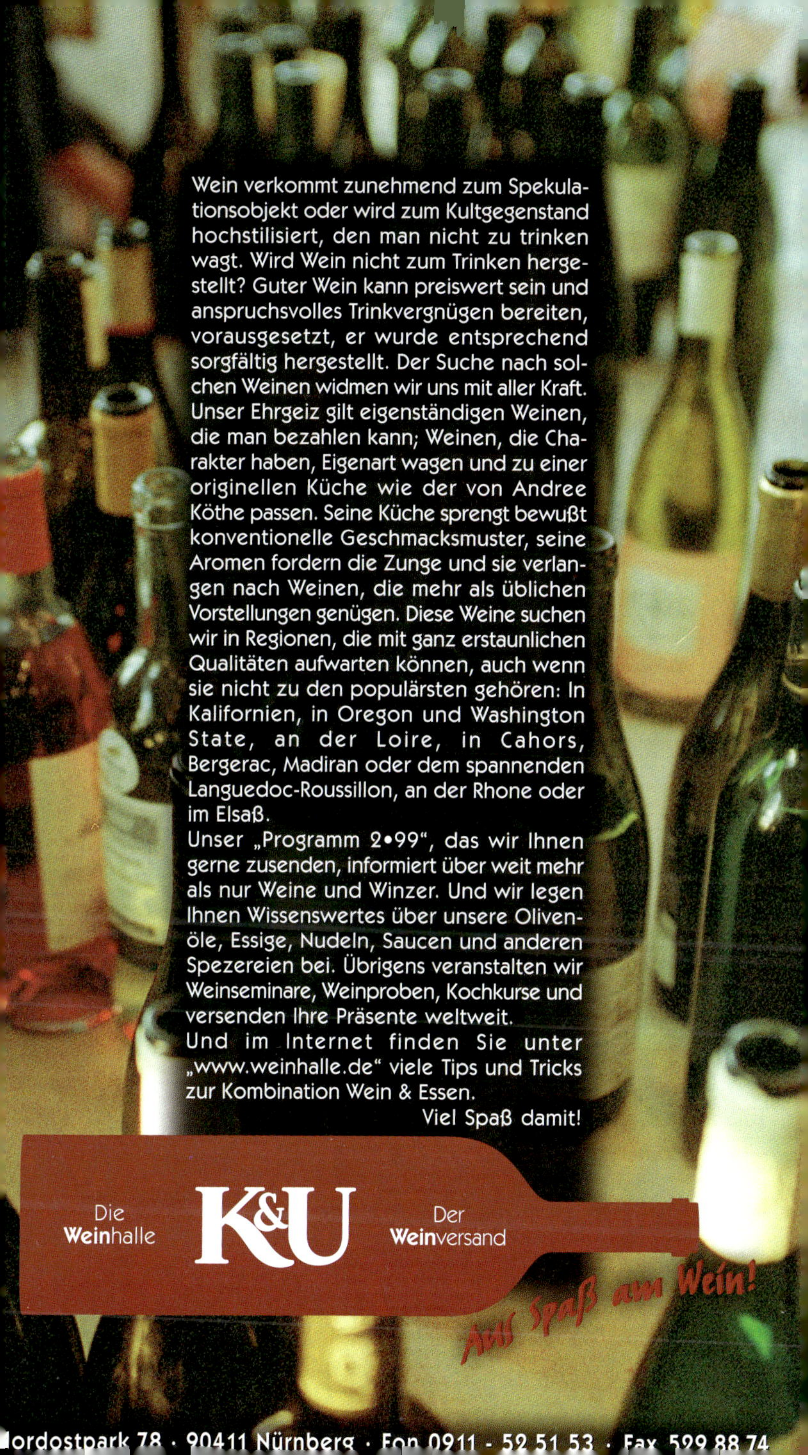

Wein verkommt zunehmend zum Spekulationsobjekt oder wird zum Kultgegenstand hochstilisiert, den man nicht zu trinken wagt. Wird Wein nicht zum Trinken hergestellt? Guter Wein kann preiswert sein und anspruchsvolles Trinkvergnügen bereiten, vorausgesetzt, er wurde entsprechend sorgfältig hergestellt. Der Suche nach solchen Weinen widmen wir uns mit aller Kraft. Unser Ehrgeiz gilt eigenständigen Weinen, die man bezahlen kann; Weinen, die Charakter haben, Eigenart wagen und zu einer originellen Küche wie der von Andree Köthe passen. Seine Küche sprengt bewußt konventionelle Geschmacksmuster, seine Aromen fordern die Zunge und sie verlangen nach Weinen, die mehr als üblichen Vorstellungen genügen. Diese Weine suchen wir in Regionen, die mit ganz erstaunlichen Qualitäten aufwarten können, auch wenn sie nicht zu den populärsten gehören: In Kalifornien, in Oregon und Washington State, an der Loire, in Cahors, Bergerac, Madiran oder dem spannenden Languedoc-Roussillon, an der Rhone oder im Elsaß.
Unser „Programm 2•99“, das wir Ihnen gerne zusenden, informiert über weit mehr als nur Weine und Winzer. Und wir legen Ihnen Wissenswertes über unsere Olivenöle, Essige, Nudeln, Saucen und anderen Spezereien bei. Übrigens veranstalten wir Weinseminare, Weinproben, Kochkurse und versenden Ihre Präsente weltweit.
Und im Internet finden Sie unter „www.weinhalle.de“ viele Tips und Tricks zur Kombination Wein & Essen.
Viel Spaß damit!
Die Weinhalle
K&U
Der Weinversand
Aus Spaß am Wein!
ordostpark 78 · 90411 Nürnberg · Fon 0911 - 52 51 53 · Fax 529 88 74

VORWORT

Kochbücher gibt es bereits wie Sand am Meer, und beinahe täglich kommen neue hinzu. Es gibt sie von allen großen Meistern der Zunft, zu allen nur denkbaren Ethno-Küchen, zu sämtlichen Küchentechniken und historischen Küchenstilen; es gibt ausgeklügelte Werke über Fisch und Fleisch, über Kartoffeln und Knoblauch, über Vorspeisen und Desserts und so weiter.
Die Realität in den Eßzimmern der Deutschen freilich sieht ganz anders aus. Was dort auf die Teller kommt, stammt zu 75 Prozent aus industrieller Produktion. Fast 40 Prozent der Erwachsenen können eigenem Bekenntnis zufolge kaum noch kochen. Fast Food und künstliche Aromen bestimmen zunehmend den Geschmack. Wußten Sie zum Beispiel, daß die gesamte Walderdbeerernte gerade einmal ausreichen würde, um fünf Prozent des US-amerikanischen Bedarfs an Erdbeerprodukten zu decken?
In dieser Welt des standardisierten Industrie-Geschmacks aus der Retorte auf der einen und immer aufwendigerer Küchenakrobatik in den Gourmettempeln auf der anderen Seite beschreitet das Nürnberger „Essigbrätlein" einen ungewöhnlichen Weg. Unabhängig von irgendwelchen Moden bemühen sich hier zwei passionierte Köche um eine Küche vollkommen eigenen Stils. Andree Köthe und Yves Ollech geht es in ihren gleichermaßen duftigen wie duftenden Gerichten um Produktqualität und deren unverfälschte Aromatik. Ihr Einsatz von Kräutern und Gewürzen gilt nicht lauten, schrillen, sondern stilleren, natürlichen Reizen, denen man bewußt hinterherschmecken muß. Gewürze sind den beiden leidenschaftlichen Köchen dabei die Seele, die es jedem Gericht einzuhauchen gilt. Zimt, Nelken & Co. werden so Teil der Würze des Lebens, werden Lebensinhalt als Abkehr vom Industriegeschmack.
In Form gebracht, inhaltlich, vor allem aber auch konzeptionell, hat das Dunja Ulbricht. Kenntnisreich und kritisch, ganz an den Bedürfnissen des kochenden Heimwerkers orientiert, führt sie durch die Rezepte, gibt Hinweise zu Einkauf, Verarbeitung, Warenkunde und Qualitätskriterien. Ihre Arbeit am Detail war das Salz, ohne das auch eine nicht-industrielle Suppe nicht auskommt.
Ins Bild gesetzt hat das Ganze der Nürnberger Photograph Claus Felix. Als leidenschaftlichem Hobbykoch ging es ihm darum, das Ungestellte und Unverkrampfte der Küche des „Essigbrätleins" zu photografieren.

MICHAEL GIRSCHEK

INHALT

Zu diesem Buch 16
Ein Gewürzmenü 20
Damit die Würze nicht „verduftet" 22
Gepfefferte Preise 26
Wein und Speisen 28

GRÜNE AROMEN 30

Kalte Vorspeisen:
Bohnenbutter 32
Kalte Gurkensuppe mit Tomatenbaguette 36
Gegrillte Avocado mit Gemüsesuppe 38
Spargel mit Kräutervinaigrette 40
Roher Spargelsalat mit Lachs 44
Kalbshirn mit Paprikasalat 46
Wachtel mit Pfifferlingssalat 48

Minze 50
Dill 51

Warme Vorspeisen:
Zucchinisuppe mit Roquefort 52
Minzspinat mit Garnelen 54
Zickleinterrine mit Gurkensalat 56
Grüner Spargel mit Kartoffelfond 58
Gefüllte Gurken 62

Pimpinelle 64
Kerbel 65

Fisch:
Makrele mit Gurkenfond 66
Glacierter Heilbutt mit Lauch 68
Zackenbarsch mit Bohnensauce 70
Dorade im Gemüsefond 72
Bohnenpüree mit Seehecht 76
Dorade mit Melonen-Gurken-Salat 78
Tintenfisch mit gebratenen Kräutern 80
Loup de mer mit Minztomaten 82

Basilikum 84
Thymian 85

Fleisch:
Kaninchen mit gebratenem Bärlauch 86

Fein komponiert: BERLIN *Pianta*

Service BERLIN *Pianta*

KPM
KÖNIGLICHE PORZELLAN MANUFAKTUR
Berlin

KPM-VERKAUFSGALERIEN:
BERLIN · Wegelystraße 1 · Kurfürstendamm 27 · HAMBURG · Neuer Wall 50
KÖLN · Am Hof 1 · NÜRNBERG · Kaiserstraße 24-26
Und im gehobenen Facheinzelhandel sowie in führenden Warenhäusern.

Röhrich Pfundt

Lammrücken mit Avocado 90
Kalbsbrust mit Erbsensauce 92
Gegrillte Lammkoteletts mit lauwarmem Bohnensalat 94

Käse und Dessert:
Warmer Ziegenkäse mit Kräuteröl 96
Joghurttarte 98
Apfelsuppe mit Basilikumeis 100

GELBE AROMEN 102

Kalte Vorspeisen:
Rohe Jakobsmuscheln mit Gewürzen 104
Couscous-Salat 106
Kalbstatar mit pochiertem Ei 110

Ingwer und Galgant 112
Vanille 113

Warme Vorspeisen:
Currymuscheln mit gegrilltem Pfirsich 114
Kalmar-Tempura mit Mangosalat 118
Gegrillte Sardinen mit Minzmayonnaise 120
Orangenspargel mit Knochenschinken 122
Kalbskopf mit Ananassalat 124
Gefüllte Artischocken 126
Rotbarbe mit Tomaten und Rhabarber 130
Perlgraupenrisotto mit Kürbisblüten 132
Pfifferlingssalat mit Poulardenbrust 134

Lorbeer 136
Koriander 137

Fisch:
Glattbutt mit Koriandergemüsen 138
Rochen mit Ananassenf 140
Zwiebelsalat mit Lotte im Speckmantel 144

Zitronengras 146
Kardamom 147

Fleisch:
Wildente mit Kräutersalat 148
Lauwarmer Karottensalat mit Käse-Fleisch-Klößchen 150
Perlhuhncurry mit Rosinencouscous 154
Zitronennudeln mit Taube 156

Käse und Desserts:
Ziegenfrischkäse mit Pfirsich 158
Karamelpfirsich mit Vanilleeis 160

Geschmorte Ananas mit Verveine-Eis 162
Vacherin mit Staudensellerie 164
Nougatpudding mit Passionsfrucht 166
Ricotta-Ravioli 168

ROTE AROMEN 170

Warme Vorspeisen:
Chili-Essenz mit Eierstich 172
Rote-Bete-Salat mit gebratenem Ziegenkäse 174
Dreierlei Minipizze 176
Garnelen und Kalbsschwanz mit Kaiserschotensalat 180
Kaisergranat mit Auberginenmus 182
Gefüllte Paprika mit Olivenkartoffeln 184
Salat von Ofenkartoffeln 186

Chili 188
Pfeffer 189

Fisch:
Kabeljau mit Rosenkohlsalat 190
Garnelen mit Linsensauce und Melone 192
Kartoffeltäschchen mit Langostinos 194
Drachenkopf mit Auberginensauce 198
Gebackene Miesmuscheln mit Paprika 200
Thunfisch mit Aprikosen 202

Senf 204
Salz 205

Fleisch:
Lackierte Entenbrust mit Weißkrautsalat 206
Bohnen-Couscous mit Zicklein 210
Hirschsteak mit Zimtjoghurt 212
Lamm-Burger 214
Geschmortes und gebratenes Kaninchen 216
Spanferkelrücken mit Rhabarber 218
Lammbratwürste mit Feigensenf 220

Rosmarin 224
Salbei 225

Käse und Dessert:
Essigbirne mit Münster 226
Mandarinentarte mit Schokoladensauce 228
Blumenkohleis mit Mandarinensauce 230

Fencheleis mit Schokoladensauce 234
Bleu d'Auvergne mit Sauerkirschen 236

BRAUNE AROMEN 238

Warme Vorspeisen:
Aperitif von Holunderblüten 240
Datteln im Speckmantel 242
Grünkohlsalat mit gebratener Taube 244
Kalbsbries mit Schwarzwurzelsalat 248
Ochsenbrust mit Linsenmayonnaise 250
Geschmorter Blumenkohl 252
Gegrillte Steinpilze 254

Zimt 256
Gewürznelke 257

Fisch:
Kabeljau mit Gewürzlinsen 258
Rettichgemüse mit Steinbeißer 260

Sternanis 264
Muskat 265

Fleisch:
Kaninchenragout mit Kartoffelpüree und Zimtbutter 266
Preiselbeerravioli mit Rehleber 268
Rote Beten mit Kalbsleber 270
Reh mit Kürbisgemüse 272
Gefüllter Kalbsschwanz 274
Gegrillte Zwiebeln mit Hirschfilet 278
Kalbshaxe mit Gemüsequark 280
Wildschweinmedaillons mit Wirsing 282

Anis 284
Kümmel und Kreuzkümmel 285

Käse und Desserts:
Tomme de Savoie mit Birnensauce 286
Schokoladencreme mit Milchlikör 288
Gefüllter Schokoladenpudding 290
Schokoladenblinis mit Himbeeren 292
Mohrenköpfe 296
Topfentaschen mit Holunder 298
Arme Ritter mit Apfelsauce 300

Basisrezepte 302

Bezugsquellen 318

Zu diesem Buch

Die Würze ist es, die aus einem Nahrungs- ein Genußmittel macht. Der Duft der ätherischen Öle läßt uns das Wasser im Mund zusammenlaufen. Die Aromen von Wurzeln, Blüten, Samen, Rinden und Früchten der Gewürzpflanzen sind es, die Zunge und Gaumen wecken.
Wie ein gutes Parfüm die Ausstrahlung eines Menschen unterstreicht, tut dies ein Gewürz bei einer Speise. Gekonnt zu würzen bedeutet deshalb niemals, den Eigengeschmack eines Produktes zu überdecken. Im Gegenteil: Würzen heißt für uns, guten Lebensmitteln einen passenden Rahmen zu verschaffen. Das kann bedeuten, daß man Gemüse, Fisch oder Fleisch mit Hilfe von Aromaten geschmacklich ergänzt. Es kann aber auch heißen, daß man ein Produkt zur Geltung bringt, indem man mit Hilfe von Kräutern und Gewürzen einen geschmacklichen Gegenpol setzt.
Wir haben die Sammlung unserer Rezepte den vier Farben Grün, Gelb, Rot und Braun zugeordnet. Dabei haben wir Anleihe in der Parfümindustrie genommen. Auch dort benutzt man Farbwerte, um den Charakter von Duftwässern zu bestimmen. Entscheidend ist dabei nie die einzelne Zutat, sondern die Komposition eines Parfüms. Wir haben unsere Gerichte einer ähnlichen Prüfung unterzogen und versucht, die Ausstrahlung der Kompositionen zu bestimmen. Grün steht dabei für frisch und kräuterduftend, Gelb für fruchtig bis blumig, Rot für feurig-prononciert und Braun für winterlich, warm und üppig.
Die vier Farbkapitel ermöglichen Ihnen, die richtigen Rezepte zum jeweiligen Anlaß zu finden: passend zur Jahreszeit, zum Wetter, zu Ihren Gästen, zu Ihrer Stimmung. Gleichzeitig können Sie mit Hilfe dieser Gliederung gezielt Menüs zusammenstellen: nur frühlingsfrisch oder weihnachtlich-üppig, einem einzigen aromatischen Bereich zugehörig oder die Sinne durch möglichst viel Abwechslung reizend.
Würze in unserem Sinne ist niemals Schminke für schlechte Ausgangsprodukte. Basis eines guten Essens sind stets gute Viktualien. Schlechte Kartoffeln lassen sich genauso wenig „gutwürzen" wie alter Fisch. Achten Sie deshalb zuallererst auf den Eigengeschmack der Lebensmittel. Dieser wird dann besonders gut und intensiv sein, wenn Sie beim Einkauf die jeweilige Saison berücksichtigen: Tomaten können

im Treibhaus zwar rot werden, Aroma entwickeln sie jedoch nur, wenn ihnen ausreichend Sonne auf die Blätter brennt.
Dazu kommt, was in der Landwirtschaft bisher einzig der Qualitätsweinbau begriffen zu haben scheint: Quantität schließt Qualität normalerweise aus. Ob Massenträger bei Obstbäumen oder Turboschweine – geschmackliche Intensität liefert eine ausschließlich ertragsorientierte Agrarindustrie nicht. Produkte, die von Natur aus soviel Aroma besitzen, daß sie neben einer interessanten Würze nicht untergehen, können deshalb nur aus kleinbäuerlicher, möglichst kontrolliert biologischer Produktion oder aus dem eigenen Garten stammen. Reduzieren Sie angesichts der etwas höheren Preise von „Bio-Kost" Ihren Fleischkonsum ein klein wenig (siehe die Mengenangaben in unseren Rezepten), und Ihr Haushaltsbudget wird auch weiterhin ausreichen.
Gute Produkte lassen sich fast restlos verwerten. Ob nun Schalen, Gräten oder Geflügelkarkassen – fast alle Abfälle dienen noch für Fonds oder zum Aromatisieren von Ölen.
Geschmacklich gute Küche ist selten das Ergebnis stundenlanger Herdakrobatik. Vielmehr empfindet ein passionierter Esser ein Gericht dann als gelungen, wenn es geschmacklich ausbalanciert ist. Aromaten sollten deshalb ein Gericht nicht dominieren. Ein zartes Produkt bedarf zurückhaltender Würzung und schonender Garmethoden. Ein deftigeres Lebensmittel kann prononcierter aromatisiert und weniger vorsichtig gegart werden. Am besten kommen die meisten Aromaten zur Geltung, wenn ihre Inhaltsstoffe schnell und bei sehr großer Hitze aufgeschlossen werden. Wir bevorzugen deshalb das kurze Braten von Fleisch, Fisch und Gemüsen auf sehr großer Flamme. Sollen die Gewürze nicht über einem Gericht liegen, sondern mit den Zutaten geschmacklich verschmelzen, ist das langsame Schmoren im Ofen die beste Garmethode.
Würzen ist zwar eine Kunst, aber keine Wissenschaft. In diesem Sinne soll unser Buch Sie ermuntern, zu experimentieren, zu probieren und Ihren Geschmack einzusetzen. Letztlich sind es nämlich Ihre Nase, Ihre Zunge und Ihr Gaumen, auf die es ankommt. Wie alle Kunst braucht auch die des Würzens zwei Dinge: Spaß und Mut – in diesem Fall am und mit dem eigenen Geschmack.

Ein Gewürzmenü

Ein Menü voller Aromen darf Zunge und Gaumen nicht überfordern. Vielmehr sollte die Abfolge der Gerichte den Genuß an jedem einzelnen Gang erhöhen. Komponieren Sie deshalb ein Menü wie ein Maler sein Bild: Kontraste verstärken die Leuchtkraft der Farben, sanfte Übergänge und gemischte Farben steigern die sinnlichen Empfindungen ganz allmählich. Grüne Gerichte sind Appetitmacher, sie passen deshalb an den Anfang einer Speisenfolge, aber auch in die Mitte eines besonders üppigen Menüs. Als Dessert munden sie auch dann noch, wenn längst jeglicher Hunger gestillt ist. Gelbe Gerichte fügen sich perfekt und unproblematisch in jede Speisefolge. Rot hingegen fordert Beachtung und kann vorher oder nachher servierte Gänge leicht übertrumpfen. Braun schließlich sättigt die Geschmackspapillen. Um die Sinne nicht zu ermüden, sollte Braun stets ein erfrischendes Gericht an die Seite gestellt werden.

Rot & Grün
Geschmortes und gebratenes
Kaninchen mit Frühlingszwiebeln
1997 Grüner Veltliner „Alte Point" Wachau
Weinkellerei Kirchmayr, Mostviertel, Österreich

Gelb
Currymuscheln mit gegrilltem Pfirsich
1997 Savennières „Château des Varennes"
Château de Fesles, Loire, Frankreich

Grün
Dorade im Gemüsefond
1997 Châteauneuf-du-Pape Blanc
Domaine de la Janasse, Rhône, Frankreich

Braun
Reh mit Blumenkohlgemüse
1997 „Vieilles Vignes" Côtes du Roussillon-Villages
Domaine Gauby, Roussillon, Frankreich

Gelb

Aprikosentarte mit Orangeneis
1996 Tokaji Aszu 6 Puttonjos
M. W.-B. Pince, Marta Wille-Baumkauff, Tokaji, Ungarn

Den ersten Hunger stillt das geschmorte und gebratene Kaninchen mit appetitanregender Würze. Durch das zusätzliche Braten nach dem Schmoren fast süß, besitzt es deftig-saftige Textur. Die knackige, deutlich grün schmeckende Frühlingszwiebel sorgt für Frische in diesem sehr assoziativen Gericht. Der trockene Grüne Veltliner unterstützt durch pfeffrig-animierende Frische.

Der Gaumen ist gereizt, jetzt geht es um Lust auf mehr. Die gebratenen Currymuscheln mit gegrilltem Pfirsich strotzen vor würzig-süßen intensiven Orientaromen, dazu liefert die feine Säure des süß-saftigen Pfirsichs animierende Frische. Ein faszinierender Wein, fett, weich, mit exotischen Obstaromen im Bukett und ziemlich körperreich, schürt mit barocker Aromenfülle voller Finesse die Lust auf das, was kommt.

Puristische Frische: Die meeresfrische Dorade, nur mit Salz und Pfeffer gewürzt, liefert natürlichen Geschmack. Die Zunge kommt zur Ruhe. Im dunkelwürzigen, leicht scharfen Gemüsefond steckt der Kontrapunkt: Der aromatische Faden setzt sich in dessen Würze fort, die Balance von Süß und Sauer sorgt für neue Spannung. Ein exotischer Wein setzt Akzente: Weich und fast cremig unterstützt er die Textur der Ingredienzien, intensiv und würzig orientiert er sich aromatisch am Gemüsefond.

Der Hauptgang schwelgt in intensiven Gefühlen. Das kurzgebratene, saftig-mürbe Reh, würzig durch die Süße des Currys, wird umhüllt von der braunen Würze des cremig-intensiven Blumenkohls: ein Gericht, das auf der Zunge dahinschmilzt und ganz von der Textur seiner Bestandteile lebt – Harmonie in Reinform. Der Wein setzt sie fort mit feinen reifen Gerbstoffen voller Finesse und südlicher Würze.

Die Aprikosentarte greift die schmelzende Textur des Vorgerichtes auf, doch leichte, luftige Frische durch Bitterkeit und Säure ersetzt schwere Süße. Der Gang lebt von der Balance zwischen Süße und Säure, unterlegt von der dezenten Bitterkeit des Orangeneises. Als Wein paßt dazu eine Tokajer Auslese mit wenig Alkohol und frischer Säure, zugleich aber auch satter, intensiver Süße voller gelber Aromen.

Damit die Würze nicht „verduftet"

Gewürze enthalten ihr volles Aroma nur in unverarbeiteter Form. Durch Mahlen oder Mörsern kommen die in den Gewürzen eingeschlossenen ätherischen Öle mit Sauerstoff in Kontakt. Damit beginnen sie sich zu verändern und zu verflüchtigen. Dieser Prozeß beschleunigt sich unter dem Einfluß von Wärme. Der falsche Umgang mit Kräutern und Gewürzen kann sie deshalb rasch wertlos machen.
Dünnblättrige Kräuter, deren Aromastoffe besonders hitzeempfindlich sind, dürfen niemals mitgekocht werden. Man sollte sie stets erst unmittelbar vor dem Servieren zerkleinern und zu den Speisen geben. Ganz anders sieht es mit typisch mediterranen Kräutern aus. In ihren dicken Blättern sind die Aromastoffe gut geschützt. Damit sie ein Gericht würzen, müssen solche Pflanzen einige Zeit mitgegart werden. Sind die Aromastoffe jedoch erst einmal freigesetzt, beginnen sie mit den Kochdämpfen zu entschwinden.
Das gleiche gilt für die sogenannten Gewürze, also getrocknete Teile von Pflanzen. Die verschiedenen Aromastoffe sind hier regelrecht eingeschlossen. Um sie freizusetzen, kann man die Gewürze zerkleinern. Je feiner die Stücke, desto schneller werden die würzenden Substanzen frei. Pulverisierte Gewürze mitzukochen ist deshalb meist sinnlos: Ihre ätherischen Öle „verduften" in kurzer Zeit. Perfekt eignen sie sich hingegen, um ein Gericht am Ende der Garzeit abzuschmecken. Dabei empfiehlt es sich, mit einem Hauch des jeweiligen Gewürzes anzufangen, zu probieren und erst dann weiterzuwürzen. Bedenken sollte man zudem, daß viele Gewürze zur Entfaltung ihres Aromas ein bißchen Zeit brauchen. So kann beispielsweise Cayennepfeffer nach einigen Minuten eine geradezu teuflische Schärfe entwickeln. Möchte man Gewürze mitgaren, sollte man sie allenfalls grob zerbrechen. In der Garflüssigkeit werden die ätherischen Öle allmählich freigesetzt und verbinden sich am intensivsten mit dem Kochgut.
Gewürze sind Naturprodukte und deshalb niemals von gleichbleibender Qualität. Je nach Herkunft, Behandlung und Alter variieren sie in der geschmacklichen Intensität und Ausprägung. Mengenangaben für Gewürze in Rezepten können deshalb nur Näherungswerte sein. Entscheidend ist am Ende stets Ihr eigener Geschmack.

Alle Gewürze und Kräuter enthalten ätherische Öle in mehr oder weniger großen Mengen. Diese flüchtigen Substanzen sind für Duft und Geschmack der Aromaten verantwortlich. Je nach Art des Gewürzes sind die ätherischen Öle unterschiedlich fest gebunden. Besonders dünnblättrige Kräuter (zum Beispiel Minze, Basilikum, Petersilie) verlieren nach der Ernte relativ rasch ihre Aromen. Sie lassen sich deshalb kaum trocknen.

Die typischen Wildkräuter mediterraner Länder (wie Rosmarin, Salbei, Thymian) besitzen hingegen Blätter, die entweder besonders dick, klein oder behaart sind. Damit schützen sich die Pflanzen gegen allzu großen Wasserverlust. Gleichzeitig sind damit auch ihre ätherischen Öle gut konserviert. All diese Kräuter lassen sich relativ gut trocknen und aufbewahren.

Generell sind die ätherischen Öle in Gewürzen fester eingebunden als in Kräutern. Solange Früchte und Samen unverletzt sind, lassen sie kaum Aroma entweichen. Alle Gewürze kann man deshalb in nicht pulverisierter Form einige Zeit aufbewahren. Ihre Haltbarkeit variiert allerdings zwischen einigen Monaten und mehreren Jahren. Entscheidend hierbei ist zum einen die Zusammensetzung der ätherischen Öle, unter denen es besonders fragile und besonders stabile gibt, und die Dicke der jeweiligen Schale. So rauchen beispielsweise Anis- und Fenchelsamen erheblich schneller aus als Sternanis und Muskatnuß. Zerkleinert jedoch verströmen Gewürze ihre Düfte regelrecht. Auch aus verschlossenen Gefäßen entweicht das Aroma innerhalb weniger Wochen. Viele Gewürze büßen in Pulverform zudem die Breite ihres aromatischen Spektrums ein, da die verschiedenen ätherischen Öle unterschiedlich schnell verfliegen. In Pfeffer beispielsweise bleibt am Ende nur noch Schärfe übrig. Der Verlust an Duft- und Geschmacksstoffen von Gewürzpulvern kann deshalb nicht einfach durch eine größere Menge an Gewürz ausgeglichen werden.

Wärme, Licht und Feuchtigkeit sind die größten Feinde feiner Gewürze. Das Gewürzregal sollte deshalb niemals direkt neben dem Herd, sondern in der kühlsten und dunkelsten Ecke der Küche hängen. Besondere Spezereien, die man sich beispielsweise von einer Reise in exotische Länder mitgebracht hat, sollte man am besten in kleine, dicht schließende Metalldosen verpacken, um ihre ganze Aromatik zu erhalten.

Gepfefferte Preise

Gewürze gehörten jahrtausendelang zu den begehrtesten und damit wertvollsten Handelsgütern. Um die exotischen Spezereien wurden erbitterte Kriege geführt, jahrelange Seereisen und lebensgefährliche Expeditionen durchgeführt. Auch Christoph Kolumbus zog aus, einen schnelleren Weg in das Land zu finden, „wo der Pfeffer wächst", und entdeckte dabei Amerika.

Bereits um 1000 v. Chr. brachten Araber Gewürze bis in die Türkei, von wo aus sie nach Europa gelangten. Eine erste Blüte erlebte der Handel zwischen Orient und Okzident, nachdem Alexander der Große auf seinen Feldzügen bis an den Indus gekommen war und seine Landsleute „scharf gemacht" hatte auf all die exotischen Spezereien, die ihm dort untergekommen waren. Aus ihren asiatischen Herkunftsländern wurden die Gewürze über Karawanenstraßen bis in die Häfen der Levante gebracht. Dort wurden sie von zumeist venezianischen Händlern aufgekauft und über das Mittelmeer nach Europa transportiert. Vom Hauptumschlagplatz Venedig kamen sie dann nach Nürnberg, einem der wichtigsten nördlichen Handelszentren für die wertvollen Stoffe.

Der sagenhafte Reichtum der Lagunenstadt und die ungeheuren Vermögen der Nürnberger Kaufmannschaft beruhten wesentlich auf der Kontrolle des Gewürzhandels. Um an dem lukrativen Geschäft teilzuhaben, wurden im Mittelalter immer wieder große Anstrengungen unternommen, den arabisch-türkischen Zwischenhandel zu umgehen. Letztlich gelang dies jedoch erst im ausgehenden 15. Jahrhundert den großen europäischen Seefahrernationen. Nach der Kapumseglung 1498 durch Vasco da Gama übernahmen zunächst die Portugiesen das gewinnbringende Geschäft. Zwar war der Fernhandel voller Risiken, doch dafür lockten riesige Gewinne. Obwohl jetzt erheblich größere Mengen an Pfeffer, Nelken und Muskatnuß nach Europa kamen, blieb der Preis astronomisch. So kostete beispielsweise Pfeffer noch im 16. Jahrhundert am Ende seiner Reise vom Orient in den Okzident das Dreißigfache seines Einstandspreises. Um sich diese Einnahmequelle zu sichern, errichtete Portugal zunächst einen Stützpunkt in Indien, dann eroberte es gezielt die Häfen, mit denen man die Seehandelsrouten zwischen dem Fernen Osten und Europa kontrollieren konnte. Das gesamte 16. Jahrhundert hindurch unternahmen Franzosen, Spanier und Engländer weitere waghalsige und kostspielige Expeditionen – Triebfeder war stets die Hoffnung, näher an die Quelle der begehrten Gewürze zu kommen. Am erfolgreichsten im Krieg um die Gewürze waren schließlich die Holländer. Mit kühler Berechnung, taktischem Geschick und perfekter Organisation jagte das kleine protestantische Land innerhalb eines halben Jahrhunderts dem spanisch-portugiesischen Riesenreich die wichtigsten Kolonien unter den Gewürzländern ab. Nach der Eroberung der Molukken, die den Niederländern das Handelsmonopol für Nelken und Muskatnuß einbrachten, füllten sich die Geldtruhen in Amsterdam. Das ganze 17. Jahrhundert über dominierten die Holländer den Handel mit „Kolonialwaren". Mit unerbittlicher Grausamkeit verteidigten sie ihr molukkisches Gewürzmonopol gegen jeden Eindringling und vor allem gegen jeden Versuch, Schößlinge der begehrten Nelken- und Muskatbäume außer Landes zu bringen. Darüber hinaus hielten sie die Preise für Gewürze hoch, indem sie diese – notfalls auch durch das Niederbrennen von Lagerhäusern – künstlich verknappten. Erst im 18. Jahrhundert gelang es, die begehrtesten Gewürze auch außerhalb ihrer ursprünglichen Herkunftsländer anzubauen. Doch zu diesem Zeitpunkt hatten sie bereits einen Teil ihres Reizes eingebüßt. Die Mode, jedes Gericht zu pfeffern, bis den Essern die Tränen in die Augen traten, war vorbei. Die bessere Gesellschaft entdeckte jetzt Zucker, Kakao und Kaffee als Statussymbole eines aristokratischen Lebensstils. Eine Renaissance erlebten die Spezereien erst wieder mit der Entdeckung exotischer Welten und Speisen durch Globetrotter und Fernreisende nach dem Zweiten Weltkrieg.

Wein und Speisen

Zum aromatischen Gesamtkunstwerk wird ein gut gewürztes Gericht durch die Kombination mit einem passenden Wein. Für die Wahl der richtigen Flasche genügt angesichts der geschmacklichen Fülle und Vielfältigkeit unserer Gerichte die gängige Regel „Weiß zu Fisch, Rot zu Fleisch" jedoch nicht. Vielmehr gilt es, jede einzelne Speise individuell mit einem Wein zu vermählen, um ihren Geschmack nicht zu trüben oder zu verfälschen. Im besten Falle mag es sogar gelingen, die geschmackliche Eigenart eines Gerichtes durch einen ungewöhnlichen Wein noch hervorzuheben.
Bei der Kombination von Speisen und Weinen sollte man sich stets bewußt sein, daß die menschliche Zunge ein relativ primitives Organ ist. Sie vermag lediglich die fünf Geschmacksrichtungen süß, sauer, bitter, salzig und scharf wahrzunehmen. Alle anderen, feineren und differenzierteren Aromen, die die eigentliche Qualität einer Speise wie eines Weins ausmachen, werden erst im Nasen-Rachen-Raum wahrgenommen. Sie werden also streng genommen nicht geschmeckt, sondern gerochen. Die Zunge, die jedoch den ersten und damit für die Kombination Wein/Speise wesentlichen Geschmackseindruck vermittelt, kann außer dem Basisgeschmack noch die Textur, also Eigenschaften wie beispielsweise dünn, ölig, körnig, samtig, weich oder hart von Speisen und Getränken feststellen.
Diese beiden Aspekte, Basisgeschmack und Textur, sind der Ausgangspunkt jeder Überlegung zur Kombination von Essen und Trinken. Dabei helfen einige einfache Regeln: Süße wird von der Zunge am nachhaltigsten wahrgenommen; sie überdeckt relativ rasch andere Geschmackseindrücke und bleibt am längsten „haften". Süße und Säure verstärken sich gegenseitig. Bitterkeit von Weinen und Speisen hingegen addiert sich rasch zu einem sehr unangenehmen Geschmackseindruck. Und ganz generell gilt, daß intensive Aromen einen feinen, filigranen Geschmack übertönen.
Konkret bedeutet dies also, daß der Süße in einem Gericht stets Süße im Wein entgegengesetzt werden muß. Das muß jedoch keineswegs bedeuten, daß Zucker in Essen und Trinken stecken muß. Der geschmackliche Eindruck von Süße wird nämlich durch verschiedene Faktoren hervorgerufen. Im Wein sind dies neben Restzucker vor allem der Alkohol

und Holzfaßaromen. In Speisen wirken beinahe alle geschmorten Gemüse, reduzierten Fonds und Sahnesaucen süßlich. Bei der Wahl eines Weines zu solchen Gerichten sollte man deshalb auf absolut trockene Weine verzichten. Sie werden nämlich mager und sauer schmecken. Vorsicht ist freilich auch geboten bei allzu süßen Weinen, die die Würze eines Gerichtes unharmonisch erscheinen lassen können. Versuchen Sie deshalb, die Intensität der Süße einer Speise zu erschmecken, und wählen Sie dann einen „gleichgewichtigen" Wein.

Auch Salz wird von der Zunge intensiv wahrgenommen. Der einzige mögliche Gegenpol im Wein ist auch hier Süße. Säure und Bitterkeit im Wein werden hingegen von salzigen Speisen unangenehm verstärkt. Trockener Rotwein paßt deshalb nur zu sehr wenigen Käsen! Zu intensiv schmeckenden Blauschimmelkäsen beispielsweise kann man nur einen weißen Dessertwein reichen.

Saure Gerichte, allen voran mit Essig angemachte Salate, werden den gängigen Benimm-Regeln zufolge meist ohne Wein genossen. Das ist schade, ist ein dezent gewürzter Salat, dessen Säure durch eine Fisch- oder Fleischbeigabe weiter gemildert wird, doch eine der wenigen Speisen, die tatsächlich zu einem gänzlich trockenen, säurebetonten Weißwein passen. Ansonsten machen sich diese unkomplizierten Weine vor allem zu Meeresgetier gut, das weitgehend naturbelassen, also ohne Sauce, serviert wird. Hier kann die Säure des Weines durchaus die ansonsten zu solchen Speisen gereichte Zitrone ersetzen.

Am schwierigsten ist es, mit Bitterkeit in Wein oder Speise umzugehen, da diese sehr rasch ausgesprochen störend wirken kann. Wollen Sie also beispielsweise einen relativ jungen Bordeaux servieren, empfiehlt es sich, seine rauhen, bitteren Tannine durch den Schmelz einer intensiven, reduzierten Sauce mit leicht süßlicher Note aufzufangen.

Daneben gilt für die Auswahl der Weine zu einem Menü das gleiche, was auch für die Zusammenstellung der Speisenfolge selbst zu beachten ist: Die Zunge ist ein Organ, dessen Aufnahmefähigkeit sehr rasch ermüdet. Intensives, ob nun Wein oder Speise, sollte stets nach Feinem an die Reihe kommen. Sehr Süßes sollte ein Menü beenden. Süßwein zum Aperitif ist immer dann unangebracht, wenn im Anschluß sehr filigrane Weine oder Speisen auf den Tisch kommen. Daneben sollte die Zunge durch möglichst viel Abwechslung wach gehalten werden.

GRÜNE AROMEN

Grün ist frisch und klar. Grüne Gerichte sind leicht. Ihre geschmackliche Ausstrahlung ist eindeutig und unverwechselbar. Grün ist die Farbe des Pflanzenreichs, vor allem des sprossenden Frühlings. In der Küche sind es die jungen, zarten Kräuter des Nordens, die den Gerichten grüne Aromen verleihen. Grünes ist nicht lange geschmort, nicht aufwendig gewürzt. Grünes lebt von der Frische und aromatischen Ausstrahlung der Produkte. Grüne Gerichte machen Appetit und schmecken auch an glühend heißen Tagen. Und – grüne Gerichte sind meist kalorienarm.

Bohnenbutter

Aromen: Bohnenkraut

Kräuterbutter ist seit dem Siegeszug des Steakhauses in Mitteleuropa jedermann bekannt. Butter, eines der vielfältigsten Fette überhaupt, läßt sich jedoch auch anders aromatisieren. Unsere Bohnenbutter zum Beispiel schmeckt wunderbar auf knusprigem Brot, eignet sich aber auch zum Aromatisieren und Binden von Suppen und Saucen oder zum Ausbacken von Gemüse.

Zutaten:
für 4 Personen

180 g grüne Bohnen
1 Zweig Bohnenkraut
250 g Butter
1–2 TL Olivenöl
Brot nach Geschmack

Vorbereiten:
Die Bohnen waschen und kleinschneiden. Die Bohnenkrautblättchen von den Zweigen zupfen. Die Hälfte der Butter langsam erwärmen, bis sie flüssig ist.
Die Bohnen in etwas Olivenöl anbraten, ohne sie braun werden zu lassen. Das Bohnenkraut zugeben, salzen und pfeffern. Die Bohnen in die flüssige Butter mixen.
Die restliche Butter mit einem Kochlöffel durchrühren und die flüssige Bohnenbutter durch ein Sieb hineinpassieren. Alles gut verrühren, mit Salz und Pfeffer abschmecken und kalt stellen.

Fertigstellen:
Von der Butter die gewünschte Menge abschneiden und mit frischem oder geröstetem Brot servieren.

Variationen:
Eine schmackhafte Gemüsebutter läßt sich auch mit Kaiserschoten herstellen.

Tip:
Eingefrorene Bohnenabschnitte und -reste lassen sich für unsere Gemüsebutter problemlos verwerten: Einfach direkt aus der Tiefkühltruhe in die Pfanne geben und vorsichtig anbraten.

Wein:
Mit Bohnen verbindet man unweigerlich die Farbe Grün. Um mit dem Geschmack im Bild zu bleiben, würden wir zu unserer Bohnenbutter einen Wein servieren, der diese Assoziation aufgreift wie kaum ein anderer: Sauvignon Blanc. Er eignet sich auch als begleitender Aperitif ideal. Aus der großen geschmacklichen Bandbreite würden wir einen Sauvignon Blanc von wirklich grünem Stil wählen, z. B. einen guten Sancerre, einen Reuilly oder Quincy aus der Nachbarschaft von Sancerre oder einen neuseeländischen Sauvignon, dessen Bukett allerdings schon grasgrün daherkommt, mit deutlichen Anklängen an grüne Paprika. Alle anderen Sauvignons enthalten exotische Obst- und Fruchtnuancen, die eher mit der Farbe Gelb zu charakterisieren sind.
Auch ein knochentrockener fränkischer oder elsässischer Silvaner ist zu dieser Butter nicht zu verachten.

Kalte Gurkensuppe mit Tomatenbaguette

Aromen: Dill, Koriandersaat

Gurken gehören neben Tomaten und Kartoffeln zu den von der Agrarindustrie am meisten verzüchteten Gemüsen: Weitgehend geschmacklos, dafür jedoch makellos geformt, kommen Salatgurken zumeist aus dem Gewächshaus. Dergleichen agrarindustrielle Produkte besitzen zu Recht keinerlei kulinarisches Renommee. Schade nur, daß damit auch die kleinen aromatischen Gärtnergurken aus dem Blickfeld der Feinschmecker verschwunden sind. Das mineralstoffreiche Kürbisgewächs läßt sich nämlich zu vielerlei Delikatessen verarbeiten und schmeckt roh ebenso gut wie gekocht oder geschmort. Unser kühler Snack, der unbedingt aus Freilandtomaten und -gurken zubereitet werden sollte, versteht sich als Hommage an den Sommer und seine üppigen Aromen.

Zutaten:
für 4 Personen

1,5 kg Gärtnergurken
18 Kirschtomaten
150 g Sauerrahm
150 g Joghurt
3 Zweige Dill
1/2 Knoblauchzehe
Korianderpulver
2 cl Kräuteressig
4 cl Sonnenblumenöl
1/2 Baguette
Butter
Chili-Öl (s. Basisrezepte)

Vorbereiten:

Die Gurken waschen und ungeschält grob würfeln. Vom Dill die feinen Ästchen mit den Blättern abschneiden und beiseite stellen. Die Dillstiele mit den Gurkenwürfeln, Sauerrahm, Essig, Sonnenblumenöl, Salz und Pfeffer pürieren. Durch ein feines Sieb streichen, eventuell nachwürzen und kalt stellen.
Den Joghurt mit zerquetschtem Knoblauch, Salz, Pfeffer und etwas Chili-Öl abschmecken.
Die Tomaten waschen und vierteln, die Stielansätze entfernen. Die Tomatenstücke zum Joghurt geben.

Fertigstellen:

Das Baguette in Scheiben schneiden.
Reichlich Butter in einer Pfanne aufschäumen lassen, die Brotscheiben darin schwimmend knusprig braten; salzen und pfeffern.
Die abgezupften Dillspitzen in die Suppe geben und nochmals aufmixen.
Den Tomatenjoghurt auf den Baguettescheiben verteilen und mit einer Prise Koriander würzen.
Die Suppe in gekühlte Teller geben. Die Tomatenbrote extra dazu servieren.

Wein:

Nur nichts allzu Seriöses zu diesem (farben)frohen Gericht! Servieren Sie einen üppig-blumigen, beinahe schon parfümiert wirkenden Wein, der leicht perlend und gut gekühlt ebenso wie unser Snack gleichermaßen erfreut und erfrischt. Wir empfehlen einen Brachetto aus dem Piemont oder einen seriösen trockenen Lambrusco aus der Emilia-Romagna (jawohl, sowas gibt es!).

Gegrillte Avocado mit Gemüsesuppe

Aromen: grüne Currypaste

Der Name „Avocado" stammt aus dem Aztekischen und bedeutet „Butter des Urwalds". Tatsächlich ist das Fleisch der birnenförmigen Steinfrucht cremig und fett, wobei Avocadoöl – anders als Butterfett – als sehr gesund gilt. Avocados, die in Mittelamerika heimisch sind, kommen vor allem aus Israel, Südafrika und Spanien auf unsere Märkte. Leider sind die Butterfrüchte meist alles andere als buttrig, da sie normalerweise sehr unreif geerntet werden. Solche steinharten Exemplare werden auch in Zeitungspapier gewickelt und an einen warmen Ort gelegt nicht reif, sondern allenfalls faul. Kaufen Sie deshalb Avocados nur in der Saison von Oktober bis April und wählen Sie Exemplare mit möglichst dunkler Schale, die auf sanften Druck leicht nachgeben muß. Die beste Sorte ist die braunviolette, hartschalige Winteravocado.

Zutaten:
für 4 Personen

1 Avocado
1 Gärtnergurke
250 g Tomaten
3 rote Paprikaschoten
1 Knoblauchzehe
1 Ei
Rotweinessig
4 EL Olivenöl
Chili-Öl (s. Basisrezepte)
2 EL grüne Currypaste (s. Basisrezepte)

Vorbereiten:
Die Avocado schälen, entkernen und vierteln, mit dem grünen Curry bestreichen und kühl stellen.
Die Paprika vierteln, entkernen, mit einem Sparschäler schälen und klein schneiden.
Tomaten und Gurke waschen und klein schneiden.
Die Gemüse mit dem Pürierstab mixen und durch ein Spitzsieb drücken.
Das Ei trennen. Aus Eigelb und Olivenöl eine Mayonnaise rühren, den Gemüsesaft hineinmixen, so daß die Gemüsesuppe etwas Bindung erhält. Mit Salz, Pfeffer, Chili-Öl und einem Spritzer Rotweinessig abschmecken. Die geschälte Knoblauchzehe in die Suppe legen.

Fertigstellen:
Die Avocado salzen, pfeffern und grillen.
Die Knoblauchzehe aus der Suppe entfernen und die Suppe nochmals aufmixen.
Die Avocado in einem tiefen Teller anrichten, die Suppe vorsichtig angießen.

Tip:
Der deftige Geschmack des Knoblauchs soll die feine Aromatik der frischen Gemüse nicht übertönen. Deshalb keinesfalls in die Suppe mixen.

Wein:
Was für den Knoblauch gilt, gilt auch für den Wein: Er soll die feinen Aromen der Gemüse nicht übertönen. Eine Rebsorte, die auf geradezu ideale Weise zum leichten Raucharoma der Avocado paßt, ist die Sémillon-Traube. Wenn diese nicht mit zu hohen Erträgen gelesen wurde, bringt sie bei Ausbau im Holzfaß einen würzigen, manchmal fast speckigen Charakter ins Glas. Häufig wird Sémillon mit Sauvignon Blanc verschnitten (vor allem in und um Bordeaux), um mehr Charakter und Ausstrahlung in den Wein zu bekommen, was diesem Gericht durchaus gut ansteht. Ein guter Graves Blanc oder einer der wenigen attraktiven weißen Bergeracs ist also eine gute Empfehlung zu diesem hauchzart strukturierten Gemüsegang.

Spargel mit Kräutervinaigrette

Aromen: Gartenkräuter, Ingwer

Spargel gehört zu den feinsten und teuersten Gemüsen auf unseren Märkten. Um keine kulinarische Enttäuschung zu erleben, sollte man sich beim Einkauf eines stets klar machen: Spargel verdirbt sehr rasch, ist er doch nichts anderes als eine Sprosse ohne schützende Schale. Bereits zwei bis drei Tage nach der Ernte hat Spargel soviel an Feuchtigkeit verloren, daß er unangenehm holzig und bitter wird. Kaufen Sie deshalb die leckeren weißen Stangen nur in der Saison von Ende April bis Ende Juni möglichst direkt beim Erzeuger oder einem zuverlässigen Händler auf dem Gemüsemarkt. Lassen Sie die Finger von Importware. Ignorieren Sie die deutschen Güteklassen, die lediglich nach der Optik des Gemüses verliehen werden. Achten Sie einfach darauf, daß der Spargel keine bräunlichen Verfärbungen hat und daß er taufrisch ist (erkennbar an der auf leichten Druck hin feucht glänzenden Schnittfläche).

Zutaten:
für 4 Personen

1,6 kg weißer Spargel
1 Lauchstange
1 Fenchelknolle
1 Zitrone
6 Zweige Petersilie
6 Zweige Kerbel
6 Zweige Estragon
6 Zweige Minze
1 Bund Schnittlauch
10 g Ingwer
0,1 l Olivenöl
0,1 l Sonnenblumenöl
Chili-Öl (s. Basisrezepte)

Vorbereiten:
Den Spargel großzügig schälen und die holzigen Enden abschneiden.
Lauch und Fenchel putzen, waschen und in Stücke schneiden.
Die Blätter von Petersilie, Estragon, Kerbel und Minze von den Zweigen zupfen und beiseite stellen. Die Stiele mit den Gemüsewürfeln in 2 l Wasser aufkochen lassen und mit Zucker und Salz kräftig abschmecken. Durch ein Sieb passieren und in den Topf geben, in dem der Spargel gegart werden soll.
Den Spargel in den kochenden Fond geben, noch einmal aufkochen lassen, vom Herd nehmen und in der Brühe garziehen lassen.
Die beiden Ölsorten in ein hohes Rührgefäß geben. Schnittlauch und Petersilie mit dem Schneidstab untermixen; erst dann Minze, Estragon und Kerbel zugeben und nochmals kurz durchmixen. Etwa 0,1 l des abgekühlten Spargelfonds unter das Kräuteröl rühren. Mit Salz, Pfeffer und einigen Tropfen Chili-Öl abschmecken.

Fertigstellen:
Den Spargel gut abtropfen lassen.
Die Zitronenschale und den Ingwer in das Kräuteröl reiben.
Die Zitrone auspressen, den Saft beiseite stellen.
Das Kräuteröl mit Salz und Pfeffer abschmecken und erst unmittelbar vor dem Servieren mit dem Zitronensaft zu einer Vinaigrette aufschlagen.
Den Spargel auf Tellern anrichten, die Vinaigrette darübergießen.

Tip:
Kräuter werden beim Zerkleinern oder beim Zusammentreffen mit Zitronensaft häufig grau. Wer knackig-grüne Kräutersaucen will, sollte sie unmittelbar vor dem Servieren bereiten.

Wein:
Wählen Sie zu Spargel stets einen relativ neutralen Weißwein, etwa einen Grünen Veltliner oder einen Mosel-Riesling, um den feinen Geschmack des Gemüses nicht zu übertönen.

Roher Spargelsalat mit Lachs

Aromen: Kerbel, Koriandersaat

Mit Spargel ist es wie mit Fisch: Roh ist er nur wirklich absolut topfrisch ein Genuß. Wem es freilich gelingt, beim Bauern am besten auf dem Acker die gerade erst gestochenen Stangen zu kaufen, der sollte unbedingt unseren rohen Spargelsalat ausprobieren – notfalls auch ohne Lachs oder ersatzweise mit einem besonders nussigen spanischen oder italienischen luftgetrockneten Schinken.

Zutaten:
für 4 Personen

4 Scheiben Lachs à 60 g
12 mittelgroße Stangen weißer Spargel
150 g Kaiserschoten
1/2 Zitrone
1 Bund Kerbel
1 Sternanis
1/2 TL Koriandersaat
Meersalz
Olivenöl

Vorbereiten:
Den Spargel schälen und in 6 cm lange Stücke schneiden; diese längs möglichst fein spalten.
Die Kaiserschoten putzen und in feine Streifen schneiden.
Die Kerbelblättchen vom Zweig zupfen.
Koriander und Sternanis in einer Pfanne ohne Fett nacheinander anrösten und getrennt im Mörser fein zerstoßen.

Fertigstellen:
Den Ofen auf 150 Grad vorheizen. Den Lachs mit etwas Olivenöl, Meersalz, Pfeffer und einer Prise Sternanis würzen und im Ofen auf der mittleren Schiene etwa 3 Minuten dünsten, so daß er innen noch roh ist.
Die Kaiserschoten in etwas Olivenöl knackig braten, salzen, pfeffern und abkühlen lassen. Spargel und Kerbel zugeben und mit Olivenöl, etwas Zitronensaft, Salz und Pfeffer zu einem Salat anmachen. Zum Schluß vorsichtig mit Koriander abschmecken.
Den Lachs neben oder auf dem Spargelsalat anrichten.

Tip:
Bei rohem Spargel stören holzige Fasern noch mehr als bei gekochtem. Deshalb die Stangen besonders gründlich schälen und großzügig die unteren Enden abschneiden.

Wein:
Roher Spargel reagiert noch empfindlicher auf Wein als gekochter – oder ist es umgekehrt? Auf jeden Fall benötigt man einen würzigen, knochentrockenen Weißwein ohne aufdringliche Säure für diesen raffinierten Gang. Versuchen Sie es mit regionalen deutschen Weißweinen unter folgenden Prämissen: Es dürfen keinerlei Bitterstoffe den Geschmack stören; die Weine sollten trocken sein, aber keinesfalls dünn und spitz; ihre Säure sollte nicht zu dominant sein, sondern in Stoff und Extrakt eingebunden; zudem sollten sie einen Hauch Mineralität und Würze besitzen; sie sollten so reif gelesen und deshalb von so hoher Qualität sein, daß sie trotz trockenen Ausbaus den Eindruck von reifer feiner Süße auf der Zunge hinterlassen. Dann kann fast nichts mehr schiefgehen mit der Kombination Wein und Spargel.

Kalbshirn mit Paprikasalat

Aromen: Minze, Koriandersaat

Hirn auf dem Speisezettel jagt sogar vielen erklärten Feinschmeckern kalte Schauder über den Rücken. Möglicherweise hat das beim einen oder anderen ja mythologische Gründe. Kulinarische jedenfalls kann es nicht haben, ist das Organ mit seinem feinen, nußartigen Geschmack doch eine absolute Delikatesse. Entgegen landläufiger Meinung handelt es sich bei der Innerei auch nicht um eine schwabbelige Masse, die allenfalls im Rührei unterzubringen ist. Frisches Hirn – erkennbar an der feuchten Oberfläche und der gleichmäßig runden Form – läßt sich mit ein wenig Fingerspitzengefühl sogar schneiden.

Zutaten:
für 4 Personen

350 g Kalbshirn
100 g junger Spinatsalat
1 weiße Zwiebel
2 rote Paprika
1 gelbe Paprika
4 Zweige Petersilie
1 Zweig Minze
1 Zweig Dill
1/2 TL Koriandersaat
2 Eier
2 altbackene Brötchen
Olivenöl
Rotweinessig

Vorbereiten:
Vom Kalbshirn alle Häute und Adern entfernen; vorsichtig, aber gründlich abwaschen. Die Innerei in 4 Portionen zerschneiden.
Den Spinat putzen, waschen und gut abtropfen lassen.
Die Brötchen entrinden und in Würfel schneiden. Die Blätter von 2 Petersilienzweigen abzupfen. Die Brötchenwürfel mit dem Dill und den Petersilienblättern im Mixer zu Semmelbröseln zerkleinern.
Die Koriandersaat in einer Pfanne ohne Fett anrösten und grob zermörsern.

Fertigstellen:
Die Paprika vierteln, entkernen und in feine Streifen schneiden.
Die Zwiebel schälen und in kleine Würfel schneiden.
Die restliche Petersilie und die Minze vom Zweig zupfen und in feine Streifen schneiden.
Die Eier verquirlen. Das Hirn im Ei wenden, mit den Semmelbröseln panieren, salzen und pfeffern.
Die Butter in einer Pfanne aufschäumen lassen und das Hirn darin von beiden Seiten knusprig braten.
Erst jetzt Paprika, Zwiebel, Kräuter und Spinat vermengen und mit Olivenöl, Rotweinessig, Salz, Pfeffer, Chili-Öl und Koriandersamen zu einem Salat anmachen. Mit dem Hirn servieren.

Wein:
Hier geht es um Textur, also um geschmacklich erfaßbare Struktur: Hirn gehört zum Feinsten, was die Zunge an Geschmack auflösen kann. Auf der anderen Seite konterkariert der kräftige, knackige Salat den Geschmackseindruck. Der Frische der Salatgemüse würden wir einen ebenso frischen Weißwein zur Seite stellen, der aber das panierte Hirn nicht durch Säure oder Aromaintensität übertönen darf. Man macht also gewiß keinen Fehler mit einem frischen, aber weitgehend neutralen Weißwein, wie einem Friauler Ribolla oder einem Picpoul de Pinet aus dem Languedoc, einem Sauvignon Blanc aus Cheverny an der Loire oder einem weißen Entre-deux-Mers.

Wachtel mit Pfifferlingssalat

Aromen: grüne Currypaste

„Pückwerrück" ertönte es noch zu Beginn dieses Jahrhunderts den Sommer über allenthalben in den Getreidefeldern. Dort nämlich fraßen sich die Wachteln dick und rund, um für ihre herbstliche Reise in den sonnigen Süden gerüstet zu sein. Der unersättliche Hunger der Feinschmecker in ganz Europa nach dem vorzüglichen Fleisch machte dem kleinsten Federwild aus der Familie der Feldhühner schließlich beinahe den Garaus. Wachteln dürfen deshalb nicht mehr gejagt werden und kommen nur noch aus Zuchten in den Handel. Meist werden sie dort leider wenig artgerecht gehalten. Fragen Sie deshalb Ihren Händler nach Freiland-Wachteln. Ihr Fleisch schmeckt etwa so wie das der wild lebenden Verwandten.

Zutaten:

als Vorspeise für 4 Personen

2 Wachteln (à 200 g)
300 g kleine Pfifferlinge
1 Zwiebel
1 Knoblauchzehe
2 Zweige Thymian
2 frische Lorbeerblätter
150 g Blattsalat je nach Angebot
Balsamicoessig
Rotweinessig
Olivenöl
4 TL grüne Currypaste (s. Basisrezepte)

Vorbereiten:
Die Pfifferlinge putzen, schnell und gründlich waschen; gut abtropfen lassen.
Die Zwiebel schälen und in feine Würfel schneiden. Die Knoblauchzehe ungeschält mit dem Handballen etwas anquetschen. Zwiebel, Knoblauch und Kräuter in einem Schmortopf in etwas Olivenöl anschwitzen. Die Pfifferlinge zugeben, salzen, pfeffern und mit etwas Olivenöl beträufeln. Im geschlossenen Topf im Backofen bei 180 Grad etwa 15 Minuten schmoren.
Die Knoblauchzehe und die Kräuter aus dem Topf nehmen, die Pilze mit Balsamicoessig leicht säuerlich abschmecken. Zugedeckt bei Zimmertemperatur ziehen lassen.
Den Salat putzen, waschen und gut abtropfen lassen.
Die Wachteln in etwas Olivenöl von allen Seiten anbraten, salzen und pfeffern. Aus der Pfanne nehmen und bei Raumtemperatur stehen lassen.

Fertigstellen:
Die Wachteln im Ofen bei 180 Grad in etwa 5 Minuten fertig garen, auslösen.
Den Salat mit Rotweinessig, Olivenöl, Salz und Pfeffer anmachen.
Die Pfifferlinge in der Mitte des Tellers verteilen; den Salat darauf anrichten. Die Wachtelstücke auf den Salat legen; mit etwas Pfifferlingmarinade beträufeln. Einige Tupfer grüne Currypaste um den Salat setzen.

Wein:
Grüne und erdige Nuancen spielen hier die Hauptrolle. Die Schärfe des Gerichts verbietet hohen Alkohol, aber auch ausgeprägte Säure. Ein Verschnitt der alten südfranzösischen Rebsorten Macabéo und Bourboulenc paßt hier mit seinen trockenen Aromen von Heu und getrockneten Früchten vielleicht am besten.

Minze

Mentha piperita

Minze ist beinahe in aller Munde, ist sie doch das wichtigste Gewürz für Kaugummi. Doch schon vor ihrer amerikanischen Karriere spielten die verschiedenen Minzearten in der Koch- und Heilkunst Europas eine wichtige Rolle. Bereits in der Antike soll krause Minze in Gärten kultiviert worden sein. Bei dem in der Bibel erwähnten „wilden Balsam" dürfte es sich um Roßminze handeln. Eine beispiellose Vorrangstellung unter allen anderen Kräutern erlangte die Minze schließlich in England, wo sie zum charakteristischen Küchenaroma schlechthin avancierte. Auf dem europäischen Kontinent mußte sich die besonders viel Menthol enthaltende Pfefferminze lange mit der Rolle eines brauchbaren Teelieferanten für die Hausapotheke begnügen. Erst mit dem wachsenden Interesse für die Küchen des Vorderen Orients und der Türkei konnte sich die Minze auch als Küchenkraut durchsetzen.
Auf den Märkten werden vor allem zwei Varietäten angeboten: Pfefferminze und grüne Minze. Während Pfefferminze, die bis zu zwei Prozent ätherisches Öl enthalten kann, Gerichten eine gewisse Schärfe verleiht, wirkt grüne Minze etwas weniger prononciert. Sie verleiht einem Gericht Frische und reinigt den Mundraum.
Minze sollte man stets frisch verwenden: Kleingehackt wird sie unter fertige Speisen gemischt, niemals wird sie mitgegart. Die Blätter aller Minzesorten enthalten kurz vor der Blüte das meiste Aroma. Die Stiele sollte man in der Küche nicht verwenden.
Minze läßt sich gut trocknen, sie eignet sich dann aber nur noch für Aufgüsse. Die Minzen, die zur Gattung der Lippenblütler zählen, wachsen wild an feuchten Standorten und lassen sich problemlos in einem Blumentopf oder im Kräutergarten ziehen, wo sie schnell wie Unkraut zu wuchern beginnen.

Dill

Anethum graveolens

Der Volksmund nennt Dill auch Gurkenkraut. Tatsächlich ist die Pflanze mit ihrem erfrischenden, leicht kümmel- und anisartigen Aroma ein perfektes Gewürz für Gurkengerichte, ob nun Essiggurken, Gurkensalat oder geschmorte Gurken. Das einjährige Kraut, das vermutlich aus China stammt, ist gut an heißes Klima angepaßt. So ist bei den charakteristisch luftig gefiederten, dünnen Blättchen die Oberfläche, aus der Wasser verdunsten kann, auf ein Minimum reduziert. Eine feine Wachsschicht auf dem Stengel verhindert auch hier die Verdunstung.

Älteste Zeugnisse der Verwendung von Dill stammen aus der Zeit um 3000 v. Chr. aus dem Zweistromland, auch nördlich der Alpen konnte das Kraut in derselben Epoche in jungsteinzeitlichen Siedlungen nachgewiesen werden. Dann wurde Dill als Kulturpflanze in Ägypten bekannt. Vergil beschrieb duftende Kränze, die aus blühenden Dillpflanzen geflochten wurden. Seltsamerweise gedeiht die optimal an Hitze angepaßte Pflanze auch in kühlen Regionen so gut, daß sie schließlich zu *dem* Gewürz des Nordens wurde, der das duftende Kraut bis heute mehr schätzt als der Süden.

In der Küche können alle oberirdischen Teile der Pflanze – Blätter, Stiele, Blüten, Fruchtdolden – verwendet werden. Am aromatischsten schmecken die jungen zarten Dillspitzen. Das meiste ätherische Öl enthalten die Blätter während der Blüte. Die zarten Blätter sollte man niemals mitgaren, sondern immer erst unmittelbar vor dem Servieren untermischen. Die Stiele hingegen können beispielsweise in einer Sauce einige Zeit mitköcheln.

Dill läßt sich trocknen, er verliert dabei aber die Frische seines Aromas. Besser ist es, ihn mit etwas Wasser einzufrieren. Am besten ist Dill zwar noch immer zwischen Mai und September, es gibt ihn mittlerweile jedoch ganzjährig zu kaufen. Erkennbar ist der geschmacklich minderwertige Gewächshausdill an seinen überlangen Fiederblättern.

Dill soll den Appetit anregen und Verdauungsstörungen lindern. Eine besondere Wirkung werden jedoch Dillkraut und Senf im Schuh einer Braut zugeschrieben: „Ich habe Senf und Dill, mein Mann muß tun, was ich will", heißt es in einer alten nordostdeutschen Legende.

Zucchinisuppe mit Roquefort

Aromen: Minze

„Nein, diese Suppe eß' ich nicht" werden Sie bei dieser Vorspeise nicht zu hören bekommen, denn dazu läuft sie viel zu samtig-cremig über die Zunge. Die Zugabe von einem Eßlöffel Roquefort verleiht der Suppe übrigens keinerlei käsigen Geschmack. Vielmehr verströmt der französische Blauschimmelkäse aus Schafsmilch ein feines Aroma von Pilzen und Nüssen, was wunderbar zu den Zucchini paßt. Da Roquefort viel Salz enthält, sollten Sie die Suppe jedoch erst nach dem Untermixen des Käses abschmecken.

Zutaten:

für 4 Personen

400 g Zucchini
200 g Wurzelgemüse (Karotten, Sellerie, Lauch)
5 Zweige Minze
0,3 l Sahne
60 g Butter
1 EL Roquefort
4 EL Weißwein
1,5 l Geflügelfond (s. Basisrezepte)
Chili-Öl (s. Basisrezepte)

Vorbereiten:

Den Geflügelfond aufkochen und bei mittlerer Hitze auf 1 l reduzieren. Sahne und kleingeschnittenes Wurzelgemüse zugeben, nochmals aufkochen und wieder auf 1 l reduzieren. Den Fond durch ein Sieb passieren.

Die Minzblätter von den Zweigen zupfen.

Die Zucchini in kleine Würfel schneiden, mit der Hälfte der Minze in etwas Sonnenblumenöl anschwitzen. Mit Weißwein ablöschen und leicht reduzieren. Den Fond zugeben und 5 Minuten köcheln lassen; mit dem Pürierstab gut durchmixen und durch ein Sieb passieren.

Fertigstellen:

Die Suppe aufkochen lassen, vom Feuer nehmen und die eiskalte Butter und den Käse untermixen. Mit Salz, Pfeffer und Chili-Öl abschmecken.

Die restliche Minze fein schneiden und über die Suppe streuen.

Wein:

Zu diesem cremig-samtigen Geschmackserlebnis würden wir einen Weißwein reichen, der nicht nur ähnlich cremig über die Zunge geht, sondern auch mit dem Blauschimmel und dem Salz des Käses zurechtkommt. Ein Schweizer Fendant zum Beispiel paßt wunderbar, ebenso ein guter Pinot Blanc aus dem Elsaß oder der Wachau, oder aber ein weißer Bergerac aus Sauvignon Blanc und Sémillon.

Minzspinat mit Garnelen

Aromen: Minze, Senfsaat, Orange

Generationen von Säuglingen wurden mit Spinat traktiert – viele Erwachsene erholten sich von diesem kulinarischen Schock niemals. Dabei läßt sich Spinat ganz einfach zu einer wahren Delikatesse verwandeln: Er muß nur besonders gründlich geputzt und darf nicht mit Stumpf und Stiel durch den Fleischwolf gedreht werden. Wer sich die Mühe macht, Blatt für Blatt die dicken Blattrippen mitsamt dem Stiel zu entfernen, wird staunen, welch feinen, nussigen Geschmack das verhaßte Gemüse plötzlich entfaltet. Der unangenehm stumpfe Eindruck, den Spinat im Mund hinterläßt, resultiert nämlich aus der sogenannten Oxalsäure (steckt in großen Mengen auch in Rhabarber), die in den Versorgungsleitungen verschiedener Gemüse konzentriert ist. Denen, die auch unser Rezept nicht von ihrer Spinatphobie heilen kann, sei für künftige Auseinandersetzungen am Mittagstisch verraten: Spinat enthält zumeist mehr Krankmachendes (Nitrat, Cadmium, Oxalsäure) als Gesundheitsförderndes. Es gibt also keinen besonderen Grund, Spinat zu essen – außer man mag ihn.

Zutaten:
für 4 Personen

20 große Garnelen
500 g Spinat aus biologischem Anbau
100 g Joghurt
1 TL Butter
1 Orange
6 Zweige Minze
2 EL Senfsaat
Chili-Öl (s. Basisrezepte)

Vorbereiten:
Den Spinat waschen und abtropfen lassen. Alle dicken Blattrippen entfernen, um die Oxalsäure zu reduzieren.
Die Minzblätter von den Zweigen zupfen und klein schneiden, zum Joghurt geben, alles mit Salz, Pfeffer und Chili-Öl abschmecken.
Die Garnelen aus den Schalen brechen, am Rücken leicht einschneiden und den Darm entfernen.
Von der Orange mit einem scharfen Messer feine Zesten ohne das Weiße schneiden; beiseite stellen. Dann die Orange auspressen.
Die Senfsaat in einer Pfanne ohne Fett anrösten, etwas abkühlen lassen und im Mörser fein zermahlen.

Fertigstellen:
Den Spinat mit etwas Olivenöl braten, salzen, pfeffern und mit etwas geriebener Muskatnuß würzen. In eine Schüssel geben; wenn der Spinat nur noch lauwarm ist, mit dem Minzjoghurt verrühren und nochmals abschmecken.
Senfpulver auf die Garnelen streuen und leicht andrücken, damit es besser haftet. Die Garnelen in etwas Olivenöl braten. Kurz vor dem Ende der Garzeit Butter und Orangenschale zugeben; die Garnelen gut in der Orangenbutter schwenken. Aus der Pfanne nehmen und das Bratfett wegschütten. Den Orangensaft in die Pfanne geben, einmal aufkochen lassen und mit Salz und einem Hauch Chili-Öl abschmecken.
Den Spinat auf die Teller geben, die Garnelen darum herumlegen und mit dem Orangensaft beträufeln.

Wein:
Die im Spinat enthaltene Oxalsäure macht die Kombination mit Wein schwierig, da diese chemische Substanz bittere Geschmacksempfindungen prononciert. Der zu diesem Gericht gereichte Weißwein sollte deshalb keinesfalls Bittertöne, etwa durch den Ausbau in kleinen Holzfässern, aufweisen. Die süß-fruchtigen Komponenten der Garnelenzubereitung legen einen Wein ähnlicher Aromatik nahe, beispielsweise einen Tokay Pinot Gris Grand Cru aus dem Elsaß.

Zickleinterrine mit Gurkensalat

Aromen: Pimpinelle, Ingwer

Zicklein sind Frühjahrsboten auf den Weiden, Pimpinelle, Petersilie und Kerbel im Kräuterbeet. Das zarte Fleisch der Ziegenkitze kommt als Aspik besonders gut zur Geltung: Die von zartem Gelee überzogenen Fleischstücke zergehen auf der Zunge. Das Geheimnis unseres Gerichts steckt in den Kalbsfüßen. Diese nämlich enthalten sehr viel Collagen, das beim Kochen aus Haut, Sehnen, Knochen und Bindegewebe austritt. Dieses Eiweiß bildet beim Abkühlen ein elastisches Gelee mit der Fähigkeit, relativ große Mengen Wasser zu binden und somit Saucen erstarren zu lassen.

Zutaten:

für 4 Personen

1 Zickleinschulter
1 Kalbsfuß, längs halbiert
400 g Gärtnergurken
10 Kirschtomaten
2 Zwiebeln
1 Lauchstange
2 Karotten
4 Knoblauchzehen
1 Petersilienwurzel
10 g Ingwer
8 Zweige Pimpinelle
1/2 Bund Thymian
5 Zweige Petersilie
5 Zweige Kerbel
3 frische Lorbeerblätter
10 Pfefferkörner
0,1 l Sahne
8 cl Weißwein
weißer Balsamicoessig

Vorbereiten:
2 Knoblauchzehen, Zwiebeln, Lauch, Karotten und Petersilienwurzel putzen und klein schneiden. Vom Thymian 4 Zweige zur Seite legen; den Rest mit Pfeffer und Lorbeer zu den Gemüsen geben und in einem Schmortopf anschwitzen. Mit Weißwein ablöschen, etwas einkochen lassen und so viel Wasser zugeben, daß die Gemüse gut bedeckt sind. Zicklein und Kalbsfuß auf das Gemüse setzen, salzen, pfeffern und im verschlossenen Topf 1 1/2 Stunden bei 180 Grad garen. Zickleinschulter herausnehmen, den Kalbsfuß und die Gemüse noch 1 Stunde schmoren lassen. Die Schulter auslösen, das Fleisch kleinzupfen und in eine Schüssel geben. Den Kalbsfuß auslösen, in sehr feine Streifen schneiden und zum Zickleinfleisch geben.
Den Schmorfond durch ein Sieb abgießen, dabei die Gemüse gut auspressen; auf 0,1 l einkochen, entfetten und etwas abkühlen lassen. Petersilien- und Kerbelblätter vom Zweig zupfen und in den Fond mixen. Die Sauce zum Fleisch geben, alles gut vermengen, mit Salz und Pfeffer abschmecken. Die Masse in Tarteförmchen von 10 cm Durchmesser pressen und im Kühlschrank fest werden lassen.
Den Ingwer schälen. Die Pimpinelle zupfen. Die Gurken schälen, der Länge nach vierteln, entkernen und in grobe Würfel schneiden.

Fertigstellen:
Die Gurkenwürfel mit 2 angequetschten Knoblauchzehen und dem restlichen Thymian in etwas Sonnenblumenöl anbraten; salzen, pfeffern und etwas Ingwer dazureiben. Mit der Sahne in eine Schüssel geben und 20 Minuten ziehen lassen. Die Kirschtomaten vierteln und mit den Pimpinelleblättern zum Salat geben.
Das Fleisch aus den Tarteförmchen stürzen und in einer heißen Pfanne von beiden Seiten ganz kurz anbraten; zusammen mit dem Salat servieren.

Wein:
Der zarte und doch deutliche Geschmackseindruck des Salats braucht feine und „trockene" Aromen. Ein deutlich nach frischen Kräutern duftender, nicht allzu schwerer Sauvignon Blanc von der Loire, z. B. ein Quincy oder ein Reuilly, greift perfekt die Aromatik des Gerichts auf.

Grüner Spargel mit Kartoffelfond

Aromen: Dill

Grüner Spargel gehört zur selben Pflanzenfamilie wie weißer Spargel. Anders als dieser wächst er jedoch nicht in aufgeschichteten Erdwällen, die ihn vor Lichteinfluß schützen, sondern überirdisch. Solchermaßen der Sonnenstrahlung ausgesetzt, können die Stengelsprossen Chlorophyll entwickeln. Grüner Spargel schmeckt intensiver und gemüsiger als weißer. Außerdem enthält er wesentlich mehr Vitamin C. Die grünen Sprossen müssen meist nur am unteren Ende geschält werden und benötigen eine kürzere Garzeit als ihre bleichen Verwandten.

Zutaten:
für 4 Personen

1 kg grüner Spargel
150 g neue festkochende Kartoffeln
2 kleine weiße Zwiebeln
1 ungespritzte Orange
1/2 Lauchstange
1/2 Knoblauchzehe
3 Zweige Dill
2 Zweige Thymian
2 Zweige Majoran
1 frisches Lorbeerblatt
weißer Balsamicoessig
Sonnenblumenöl
4 EL Olivenöl
1 EL Butter
0,4 l Geflügelfond (s. Basisrezepte)

Vorbereiten:
Die Zwiebeln und den Knoblauch schälen, den Lauch putzen und alles in kleine Würfel schneiden. Die Kartoffeln gründlich waschen und mit der Schale klein schneiden.
Die Gemüsewürfel glasig anschwitzen, die Kartoffelwürfel dazugeben und ebenfalls kurz anschwitzen; mit dem Geflügelfond auffüllen und Lorbeer sowie Thymian zugeben. Die Kartoffeln auf kleiner Flamme in 15 bis 20 Minuten im offenen Topf weichköcheln. Vom Herd nehmen, die Majoranzweige zugeben, alles abkühlen lassen.
Den Spargel schälen und längs halbieren. Den Dill vom Zweig zupfen.
Den Fond durch ein Sieb abgießen und die Gemüse- und Kartoffelwürfel dabei leicht ausdrücken.
Von der Orange die Schale sehr dünn abschneiden.

Fertigstellen:
Den Dill fein schneiden.
Den Spargel in etwas Sonnenblumenöl braten. Kurz vor dem Ende der Garzeit Butter und Orangenschale zugeben und fertigbraten. Vom Herd nehmen, den Dill zugeben und durchschwenken; mit Salz, Pfeffer und etwas Zucker abschmecken. Die Orangenschale entfernen.
Das Olivenöl langsam in den zimmerwarmen Kartoffelfond rühren, so daß dieser leicht bindet, mit Salz, Pfeffer und einem Spritzer Balsamicoessig abschmecken.
Den Spargel in der Tellermitte anrichten, die Sauce darum herum angießen.

Tip:
Spargel trocknet sehr schnell aus; deshalb nach dem Schälen stets in ein feuchtes Tuch einschlagen.

Wein:
Den immer idealen Spargelwein gibt es leider nicht, dazu schmeckt das Stangengemüse je nach Zubereitung viel zu unterschiedlich. Fest steht jedoch, daß sich Weine aus dem kleinen Holzfaß nicht eignen. Sie werden nämlich zusammen mit dem Spargel bitter auf der Zunge. Wir neigen zu neutraleren Weißweinen mit wenig Alkohol, niedriger Säure und damit einem eher weichen Geschmacksbild, also z. B. einem reifen Grünen Veltliner aus der Wachau oder dem Kamptal, einer trockenen, erste Zeichen der Reife zeigenden Riesling-Spätlese aus dem Rheingau; oder wir greifen gleich zu halbtrockenen Weinen, die aber keinerlei bittere Töne aufweisen dürfen.

Gefüllte Gurken

Aromen: Bärlauch, Thymian

Gemüse mit Fleischfüllung ist eine der harmonischsten Verbindungen zwischen tierischen und pflanzlichen Nahrungsmitteln. Ursache für die wechselseitige aromatische Durchdringung ist der Garvorgang des Schmorens, der besonders langsam und schonend abläuft. Das Gemüse bildet für die Füllung dabei gewissermaßen einen Topf im Topf, so daß sich kaum Geschmacksmoleküle verflüchtigen können.

Zutaten:
für 4 Personen

300 g Lammfleisch aus der Schulter
100 g grüner Speck
5 Gärtnergurken
1 Zwiebel
1 Karotte
1 Petersilienwurzel
1 Knoblauchzehe
4 Zweige Thymian
5 Bärlauchblätter
2 frische Lorbeerblätter
1/2 l Sahne
1 Ei

Vorbereiten:
Zwiebel, Petersilienwurzel und Karotte schälen und würfeln. Mit etwas Olivenöl, Salz und Pfeffer in einem verschlossenen Topf im Ofen bei 180 Grad in 25 Minuten weichschmoren.
Das Lammfleisch und den grünen Speck durch die feine Scheibe des Fleischwolfs drehen. Die Gemüsewürfel und das Ei mit dem Fleisch vermengen und mit Salz sowie Pfeffer abschmecken.
Die Gurken schälen, quer vierteln und mit Hilfe eines Apfelausstechers entkernen.
Die Lammfüllung in die Gurken drücken.

Fertigstellen:
Die Gurken vorsichtig mit der Schnittfläche nach unten in eine feuerfeste Form setzen. Die Sahne angießen, Knoblauch, Lorbeer sowie Thymian zugeben, salzen und pfeffern. Im 180 Grad heißen Ofen 30 Minuten schmoren.
Den Bärlauch fein schneiden, darüberstreuen und die Gurken mit der Schmorsahne anrichten.

Wein:
Gurken und Wein vertragen sich nicht immer. Wir würden zu diesem eher deftig gehaltenen Gericht einen frischen, dezent säurebetonten Weißwein servieren, der durchaus Regionalcharakter besitzen darf, also zum Beispiel einen trockenen Silvaner aus Franken, einen Riesling aus Rheinhessen, einen trockenen Furmint aus Ungarn oder einen Edelzwicker aus dem Elsaß, um nur einige Beispiele zu nennen.

Pimpinelle

Mit dem Namen Pimpinelle bezeichnet der Volksmund mehrere Kräuter mit ähnlich geformten Blättern. Für die Küche interessant ist jedoch nur die aus dem Mittelmeerraum stammende Pflanze, die auch kleiner Wiesenknopf genannt wird. Die gefiederten Blätter des unscheinbaren Krauts haben einen feinbitteren, nußartigen Geschmack, der Geruch wirkt gurkenartig. Bei Menschen mit empfindlichem Magen kann das pikant-würzige Kraut durchaus als Pfefferersatz dienen. Pimpinelle ist sehr reich an Vitaminen, macht Appetit und ist so gesund, daß sie der Legende zufolge sogar Tote ins Leben zurückholen kann. In Europa wurde sie als Heilpflanze gegen Pest und Cholera eingesetzt. Mit diesen mittelalterlich-frühneuzeitlichen Krankheiten verschwand auch die Kenntnis um die Pimpinelle und ihre Bedeutung.
Das feine Aroma der Pimpinelle ist sehr empfindlich. Man sollte die Blätter deshalb immer erst unmittelbar vor Gebrauch zupfen und hacken. Da sich die ätherischen Öle des Krautes in Hitze sofort verflüchtigen, sollte man es in gegarte Speisen, denen es ein angenehm frisches Aroma verleiht, erst unmittelbar vor dem Servieren rühren. Da sich der Geschmack von Pimpinelle gut mit anderen Aromen verträgt, ist es besonders gut geeignet für Kräuterdips und -saucen. Die von den Stielen gezupften jungen Blätter kann man auch ganz zum Salat geben.
Am besten ist Pimpinelle zwischen Juni und September. Sie läßt sich nicht trocknen, aber – am besten in einen milden Essig eingelegt – einfrieren. Das mehrjährige Kraut bevorzugt trockene, kalkhaltige Erde und kann relativ problemlos im Blumenkasten gezogen werden.

Kerbel

Anthriscus cerefolium

Kerbel ist eines der ersten Kräuter, die im Frühjahr austreiben. Mit seinem ausgewogenen Aroma von Anis, Fenchel und Petersilie ist es besonders fein und wohlschmeckend. Schon im Kochbuch des Apicius aus der römischen Kaiserzeit gibt es ein Rezept, das Kerbel als Gewürz zu Huhn empfiehlt. Nördlich der Alpen spielte das Doldengewächs mit den feinen, gefiederten Blättern vor allem in den mittelalterlichen Klosterküchen eine besondere Rolle. Hier gehörte es unbedingt zur Fastenkost. Zu höchsten kulinarischen Ehren kam das Kraut schließlich in der klassischen französischen Küche, wo es Bestandteil der Kräutermischung „Fines herbes" ist. Ursprünglich stammt der Gartenkerbel aus Südosteuropa, wo er sicherlich auch zuerst kultiviert wurde und in Küche sowie Heilkunde Verwendung fand. Heute wächst die einjährige Pflanze in ganz Europa.

Längeres Erhitzen zerstört die Würzkraft des Kerbels. Man sollte ihn deshalb stets erst unmittelbar vor dem Servieren an die Gerichte geben. Eine Kerbelsuppe darf nach dem Einmixen des Krauts keinesfalls mehr aufgekocht werden.

Kerbel läßt sich kaum konservieren. Getrocknet schmeckt er wie Heu, tiefgekühlt nach gar nichts mehr. Er läßt sich jedoch problemlos im Garten oder in einem Blumenkasten ziehen. Einzig zuviel Sonne mag das fragile Pflänzchen nicht. Um im Frühjahr geerntet werden zu können, muß Kerbel im Herbst im Freiland ausgesät werden. Er treibt dann nach dem Ende der Frostperiode sehr rasch aus. Um die Erntezeit für Kerbel zu verlängern, sollte man die sich bildenden Blütenstengel abschneiden. Unmittelbar vor der Blüte schmecken die Blätter am intensivsten.

Makrele mit Gurkenfond

Aromen: Kerbel, Pimpinelle, Anis

Makrelen sind besonders beliebte Speisefische. Allerdings finden die blausilbrigen Schwarmfische auf den Grillrosten fahrender Händler oft ein unrühmliches Ende: Über viel zu heißem Feuer viel zu lange gegart kommen sie trotz ihres hohen Fettgehalts unangenehm trocken auf den Teller. Wir empfehlen deshalb, die Makrelen zu filetieren, um so eine gleichmäßigere Hitzeeinwirkung zu ermöglichen. In Kombination mit dem feinen Gurkenfond wird so auch aus der eher deftig schmeckenden Makrele ein elegantes delikates Gericht.

Zutaten:
für 4 Personen

4 Makrelenfilets mit Haut (à 100 g)
4 kleine ungespritzte Gärtnergurken (à 150 g)
2 Zwiebeln
1 Lauchstange
5 Zweige Kerbel
5 Zweige Pimpinelle
1 Msp. Anis
2 EL Olivenöl
2 EL kaltgepreßtes Sonnenblumenöl
1,5 l Fischfond (s. Basisrezepte)

Vorbereiten:
Den Fischfond auf 0,5 l einkochen und abkühlen lassen.
Die Zwiebel schälen und in feine Würfel schneiden.
Den Lauch halbieren, waschen und ebenfalls in kleine Würfel schneiden.
Zwiebel- und Lauchwürfel in etwas Olivenöl im Backofen zugedeckt bei 180 Grad weich schmoren.
Die Gurken waschen und schälen, die Schalen beiseite stellen; die Gurken vierteln, entkernen und klein schneiden.
Die Gurkenschalen mit dem Pürierstab in den kalten Fischfond mixen und durch ein Sieb passieren.
Kerbel- und Pimpinelleblätter von den Zweigen zupfen.
Den Anis ohne Fett anrösten und grob hacken.
Die Haut der Makrelen leicht einritzen.

Fertigstellen:
Die Gurken in etwas Olivenöl anschwitzen, mit Salz, Pfeffer und etwas Zucker würzen. Mit dem Gurkenfond aufgießen, einmal aufkochen lassen, dann die geschmorten Lauch- und Zwiebelwürfel zugeben. Die beiden Öle in das Gemüse rühren, mit Salz, Pfeffer, Chili-Öl und etwas Zitronensaft abschmecken. Zum Schluß die kleingeschnittenen Kräuter unterziehen.
Die Makrelen salzen, pfeffern und mit dem Anis bestreuen, grillen.
Den Gurkenfond in tiefe Teller schöpfen, die Makrele darauf anrichten.

Wein:
Gurken und Wein sind eine schwierige Kombination. Sehr schnell nämlich schmeckt die Gurke in Verbindung mit Wein metallisch und blechern. Dieser Gang verlangt ein wenig Säure, frische „grüne" Aromatik und einen klaren, stahligen Geschmack, der das Fett der Makrele puffert. Natürlich gewährleistet dies ein guter Sauvignon Blanc mit nicht zu aufdringlichem Bukett. Wir reichen dazu gerne aber auch einen frischen ligurischen Pigato oder einen Vermentino aus Sardinien. Auch ein spanischer Albariño aus Rías Baixas bringt die nötige Struktur mit, um diesem frischen, aber deftigen Gericht den entscheidenden sommerlichen „Kick" zu vermitteln.

Glacierter Heilbutt mit Lauch

Aromen: Brunnenkresse, Anis, Soja

Gutes Olivenöl ist weitaus mehr als einfach Fett, es ist stets auch Gewürz: fruchtig, pikant, rauchig, grasig. Solche von der Olivensorte, der Lage und dem Erntezeitpunkt beeinflußte Aromen besitzen freilich nur wirklich hochwertige Öle. Achten Sie deshalb bei Öl aus Frankreich auf die Bezeichnung „vierge extra", aus Italien „extra vergine" und aus Spanien „virgen extra". Diese „Jungfernöle" der obersten Kategorie, die durch mechanische Kaltpressung gewonnen wurden, haben mit einem Anteil von weniger als einem Prozent freier Fettsäure eine geringe Ranzidität – Hinweis auf ihre besonders sorgfältige Herstellung. Am besten geeignet zum Abschmecken von Speisen sind Öle, die zudem aus nur einer Olivensorte gepreßt wurden und damit einen prononcierteren Geschmack besitzen. Für unser Gericht empfehlen wir ein Öl mit „grünen" Aromen aus der Sorte Nocellara del Belice aus Sizilien.

Zutaten:
für 4 Personen

600 g Filet vom weißen Heilbutt
100 g Brunnenkresse
2 Lauchstangen
1 Knoblauchzehe
1 kleines Stück Ingwer
3 EL Sojasauce
1/2 TL Honig
1/2 TL Anis
geröstetes Sesamöl
weißer Balsamicoessig
0,1 l Olivenöl

Vorbereiten:
Ingwer und Knoblauch schälen und kleinschneiden, zu gleichen Teilen mischen. Honig, Sojasauce und einige Tropfen geröstetes Sesamöl mit 1 TL der Ingwer-Knoblauch-Mischung verrühren. Die Brunnenkresse von den Stengeln zupfen, waschen, gut abtropfen lassen und mit dem Olivenöl mixen. Durch ein feines Sieb passieren, mit Salz und Pfeffer abschmecken.
Den Lauch putzen, längs halbieren, waschen und in feine Streifen von 5 cm Länge schneiden.
Den Anis ohne Fett anrösten und im Mörser grob zerkleinern.
Den Heilbutt in 4 Portionen schneiden.

Fertigstellen:
Den Fisch mit der Sojamarinade von allen Seiten einstreichen und pfeffern. In einer Pfanne den Fisch langsam braten, so daß die Sauce glaciert und das Fleisch glasig bleibt.
Den Lauch braten, mit Salz, Pfeffer, einem Spritzer weißem Balsamico und Anis würzen.
Den Fisch auf dem Lauch anrichten, mit Brunnenkresseöl umgießen.

Wein:
Hier ist ein pikanter, frischer Wein mit würzigen Akzenten im Geschmack gefordert. Er darf keinerlei saure Noten besitzen, denn der Lauch wirkt süß, was die Sojamarinade noch verstärkt. Ein kräftiger, weicher Sauvignon Blanc aus der Steiermark könnte passen, eine hochkarätige Spät- oder Auslese von Scheurebe aus der Pfalz kann mithalten, und auch ein Rieslaner, spät gelesen und mit gutem Körper versehen, erfährt hier durchaus fröhliche Renaissance.

Zackenbarsch mit Bohnensauce

Aromen: Minze, Bohnenkraut

Weiße Bohnen provozieren rustikale Kost. Das liegt wahrscheinlich daran, daß die lange Kochzeit der getrockneten Hülsenfrüchte ähnlich wie bei Sauerkraut oder Kartoffeln zum Eintopf verführt. Wir hingegen präsentieren in unserem Gericht die feine, elegante Seite der weißen Bohnen, die übrigens nur dann vor dem Kochen eingeweicht werden müssen, wenn sie überlagert sind.

Zutaten:
für 4 Personen

1 Zackenbarsch (etwa 1 kg)
300 g grüne Bohnen
250 g weiße Bohnen
1 Zwiebel
1 Karotte
1 Stück Sellerie
5 Zweige Minze
5 Zweige Bohnenkraut
50 g geräucherter Speck
Olivenöl
8 cl Minzöl (s. Basisrezepte)

Vorbereiten:

Den Zackenbarsch filetieren. Die Filets portionieren. Etwas Olivenöl auf einen Teller geben, 10 Blätter Minze klein schneiden und hineinstreuen. Die Fischstücke mit der Hautseite nach oben hineinsetzen, zudecken und kühl stellen.

Zwiebel, Karotte und Sellerie schälen. Mit den weißen Bohnen, dem Speck und 3 Zweigen Bohnenkraut in 1 l Wasser zum Kochen bringen; den sich bildenden Schaum abschöpfen. Auf kleiner Flamme köcheln lassen, bis die Bohnen weich sind. Gemüse, Bohnenkraut und Speck aus dem Fond entfernen. Den Rest pürieren und durch ein Tuch drücken. Die dünnflüssige Sauce noch etwas reduzieren, vom Herd nehmen, die Minze zugeben und ziehen lassen; salzen und pfeffern.

Die grünen Bohnen putzen und in feine Streifen schneiden.

Fertigstellen:

Die Bohnensauce durch ein Sieb passieren und aufkochen. Langsam das Minzöl einrühren, so daß eine leichte Bindung entsteht. Das restliche Bohnenkraut von den Zweigen zupfen. Die grünen Bohnen in etwas Olivenöl kurz braten, das Bohnenkraut zugeben, salzen und pfeffern.

Den Zackenbarsch salzen, pfeffern und knusprig braten oder grillen. Den Fisch auf den Bohnen anrichten, mit Sauce umgießen.

Tip:

Zum Filetieren des Fisches siehe Rezept „Dorade im Gemüsefond".

Wein:

Zu diesem leichten, aber geschmacksintensiven Gericht empfehlen wir einen glasklaren würzigen Wein, der nicht zu viel Säure besitzt und einen eher weichen Geschmackseindruck hinterläßt. Er sollte die grünen Aromen der Bohnen durch Frische widerspiegeln. Ein hochkarätiger Grüner Veltliner aus Wachau, Kamptal oder Donauland hat sich als idealer Partner erwiesen, es kann aber durchaus auch ein Sauvignon Blanc sein, der nicht von der Loire kommt, also z. B. einer aus Neuseeland oder Südafrika.

Dorade im Gemüsefond

Aromen: Pimpinelle, Kerbel

Dorade ist eigentlich die französische Bezeichnung für verschiedene Arten von Brassen. Dennoch kommen die aus Atlantik und Mittelmeer stammenden Fische auch hierzulande häufig als „Dorade" auf den Markt. Gemeint ist damit die edle Goldbrasse, die ihren Namen einem goldfarbenen Band zwischen den Augen verdankt, das allerdings nach ihrem Tod verblaßt. Die silbern leuchtenden, seitlich abgeflachten Fische werden mittlerweile auch gezüchtet. Wollen Sie auf jeden Fall einen Fisch aus Wildfang, verlangen Sie ein Exemplar, das schwerer als ein Kilogramm ist. Aus den Zuchten nämlich kommen normalerweise sogenannte Portionsfische, also erheblich kleinere Tiere.

Zutaten:
für 4 Personen

1 Dorade (etwa 1,2 kg)
250 g Kaiserschoten
1 Knolle Fenchel
3 kleine Karotten
4 Eiszapfenrettiche
2 EL frische Erbsen
8 Shiitakepilze
3 Frühlingszwiebeln
5 Zweige Kerbel
5 Zweige Pimpinelle
3 EL Olivenöl
3 EL kaltgepreßtes Sonnenblumenöl
1/2 Zitrone
1,5 l Fischfond (s. Basisrezepte)
Chili-Öl (s. Basisrezepte)

Vorbereiten:

Die Dorade filetieren.

Alle Gemüse gründlich waschen und putzen. Karotten, Eiszapfen und Fenchel schälen, die Pilze entstielen, vom Lauch die dunkelgrünen Partien entfernen. Alle Gemüseabfälle aufbewahren. Die Hälfte der Kaiserschoten schräg halbieren, Karotten und Eiszapfen längs in dünne Scheiben schneiden, die Pilzköpfe vierteln. Den Fenchel halbieren und längs in sehr feine Scheiben schneiden; alle Scheiben, die nicht vom Strunk zusammengehalten werden, zu den Gemüseresten geben. Den Lauch in feine Ringe schneiden. Kerbel- und Pimpinelleblätter vom Zweig zupfen.

Den Fischfond mit den Gemüseabfällen und Kräuterstielen auf 1/2 l einkochen.

Die zweite Hälfte der Kaiserschoten in einem Topf anschwitzen, den reduzierten Fischfond durch ein Sieb dazugießen, einmal aufkochen lassen und mit einem Mixstab pürieren. Den Kaiserschotenfond durch ein Sieb passieren.

Fertigstellen:

Die Kräuter fein schneiden.

Die Gemüse in etwas Olivenöl anschwitzen, mit dem Kaiserschotenfond ablöschen, einmal aufkochen lassen. Die Kräuter und Frühlingszwiebeln zugeben und die Öle in den Fond rühren; mit Salz, Pfeffer, Chili-Öl und etwas Zitronensaft abschmecken.

Den Fisch braten, salzen und pfeffern. Den Gemüsefond in tiefe Teller geben, den Fisch darin anrichten.

Tip:

Zum Filetieren der Dorade alle Flossen abschneiden, den Fisch zum Kopf hin schuppen. Den Kopf nach einem Schnitt hinter beiden Kiemen abtrennen. Mit einem langen Messer mit flexibler Klinge zunächst am Rückgrat einschneiden, dann auf der Gräte entlangfahren und die Filets ablösen. Restliche Gräten mit einer Pinzette aus den Filets ziehen.

Wein:

Eine autochthone italienische Rebsorte mit zarten Bittertönen und feiner Frucht: Ribolla Gialla aus dem Friaul, ein „echter" Soave aus Garganega-Trauben oder ein hochkarätiger Arneis aus dem Piemont.

Bohnenpüree mit Seehecht

Aromen: Anis, Gartenkräuter

Das weiße Fleisch des Seehechts ist mager, dennoch fest und aromatisch. Der zur großen Gruppe der Dorsche zählende Räuber, der mit seinen relativ wenigen Gräten ausgesprochen genußfreundlich ist, eignet sich deshalb besonders gut als Begleiter zu unserem kräuterduftenden Bohnenpüree: Frühlingsgenüsse pur – zumal Seehecht in den wärmeren Monaten besser schmeckt als im Winter.

Zutaten:
für 4 Personen

500 g Seehechtfilet mit Haut
100 g weiße Bohnen
1 Zwiebel
2 Lauchstangen
1 Knoblauchzehe
2 frische Lorbeerblätter
2 Zweige Thymian
4 Zweige Bohnenkraut
1/2 Bund Petersilie
1/2 Bund Basilikum
10 Bärlauchblätter
2 Zweige Minze
1 TL Anissamen
0,1 l Olivenöl
Chili-Öl (s. Basisrezepte)
0,6 l Fischfond (s. Basisrezepte)

Vorbereiten:
Zwiebel und Knoblauch schälen und klein schneiden. 1 Lauchstange gründlich putzen und klein schneiden. Das Gemüse mit dem Lorbeer anschwitzen, die Bohnen zugeben, mit 0,4 l Wasser auffüllen und auf kleiner Flamme in 1 bis 2 Stunden weich köcheln lassen; zwischendurch abschäumen. Das Bohnenkraut zu den weichen Bohnen geben, 30 Minuten ziehen lassen und herausnehmen. Die Bohnen mit etwas Kochfond und 3 EL Olivenöl pürieren und durch ein Sieb streichen. Soviel Fond zugeben, daß das Püree eine cremige Konsistenz bekommt; mit Salz, Pfeffer und einem Hauch Chili-Öl abschmecken.
Die zweite Lauchstange gut putzen und klein schneiden. Petersilie, Basilikum und Minze zupfen. Kräuterzweige und Lauch in den Fischfond geben und auf die Hälfte einkochen lassen. Die Zweige aus dem Fond nehmen, den Lauch hineinmixen; durch ein Sieb passieren und kalt stellen. Die Kräuter in den gelierten Fond mixen und nochmals durch ein Sieb passieren.
Den Seehecht portionieren. Den Anis in einer Pfanne ohne Fett anrösten und den Fisch damit bestreuen.

Fertigstellen:
Das Bohnenpüree erwärmen. Den Kräuterfond erhitzen und das restliche Olivenöl langsam einrühren.
Den Fisch salzen und pfeffern, auf der Hautseite knusprig braten, umdrehen und nur so lange weitergaren, daß er innen noch glasig ist. Das Bohnenpüree in der Mitte eines tiefen Tellers anrichten, den Fisch darauf geben und mit dem Kräuterfond umgießen.

Wein:
Wir servieren zu diesem frühlingsgrünen Gericht gerne einen saftig-würzigen Grünen Veltliner aus der Wachau – das nicht nur, um der Farbe Grün erneut zu huldigen. Vielmehr passen seine würzige Frische und seine trockene Art, die keineswegs sauer wirkt, sondern eher mit einem gewissen Schmelz über die Zunge geht, einfach wunderbar zu diesem cremig grünen Gericht.
Ein spanischer Albariño, ein süditalienischer Greco di Tufo oder gar ein Fiano wirken etwas neutraler, aber nicht minder erfrischend, und sind ebenso gut zu kombinieren.

Dorade mit Melonen-Gurken-Salat

Aromen: Knoblauch, Koriandersaat

In Melonen stecken weitaus mehr kulinarische Möglichkeiten als Obstsalat, Bowle und der vermeintliche italienische Klassiker Schinken mit Melone. Insbesondere die sogenannten Zuckermelonen mit ihrem festen, süßen, aromatischen Fleisch und ihrem ananas- bis moschusartigen Duft passen vorzüglich als fruchtiger Gegenpol in die salzige und scharfe Küche.

Zutaten:
für 4 Personen

1 Dorade (etwa 1 kg)
1 Gärtnergurke (etwa 150 g)
8 Kirschtomaten
1/2 Zitrone
1 Knoblauchzehe
1 schmale Spalte Honigmelone
3 Zweige Minze
8 Zweige Pimpinelle
10 g frischer Ingwer
1/2 TL Koriandersaat
0,2 l Sahne
weißer Balsamicoessig
Olivenöl
Chili-Öl (s. Basisrezepte)

Vorbereiten:
Die Dorade filetieren und portionieren.
Die Minzblätter von den Zweigen zupfen und in feine Streifen schneiden. Den Fisch mit etwas Olivenöl und der Minze marinieren.
Die Tomaten kurz in heißes Wasser tauchen, abschrecken, enthäuten, halbieren und den Strunk entfernen. Die Tomaten im Ofen bei 180 Grad in 25 Minuten zu einer Paste verköcheln lassen.
Pimpinelleblätter von den Zweigen zupfen, klein schneiden und in die Sahne geben. Die Knoblauchzehe schälen und dazuquetschen, dann die abgekühlten Tomaten unterrühren. Mit Salz, Pfeffer, einem Spritzer weißem Balsamicoessig und etwas Chili-Öl abschmecken und kalt stellen.

Fertigstellen:
Die Gurke schälen, längs halbieren, entkernen und in kleine Würfel schneiden.
Den Koriandersamen ohne Fett anrösten und fein mahlen. Den Ingwer schälen.
Die Dorade salzen und pfeffern, grillen oder in der Pfanne knusprig braten.
Die Melone entkernen und fein würfeln, nach Geschmack 1 bis 2 EL davon zur Gurke geben. Den Ingwer dazureiben. Den Salat mit Olivenöl und etwas Zitronensaft anmachen, mit Salz, Pfeffer und Koriander abschmecken.
Die Dorade auf den Gurken anrichten.
Die kalte Knoblauchsahne um die Gurken geben.

Wein:
Der Wein zu diesem erfrischend gewürzten Fischgericht sollte nicht minder erfrischend sein und zu den verwendeten Aromen passen. Keine leichte Aufgabe. Wir servieren dazu gerne eine der aromatischsten Rebsorten, die die Weißweinwelt kennt: Viognier. Natürlich paßt hier kein schwerer Condrieu, der wohl bekannteste Weißwein aus dieser Rebsorte. Aber einer der neuen frischen Viognier-Vins-de-Pays oder ein Verschnitt mit dieser Rebsorte aus dem Languedoc oder von der südlichen Rhône gibt einen idealen Begleiter ab. Servieren Sie den Wein entsprechend gekühlt, um seine meist recht niedrige Säure dennoch frisch erscheinen zu lassen.

Tintenfisch mit gebratenen Kräutern

Aromen: Basilikum, Minze, Kerbel

Wie so manch anderes Weichtier schmeckt auch Tintenfisch häufig zäh. Dies ist jedoch nicht naturbedingt, sondern außer bei zu großen Tieren auf Fehler bei der Zubereitung zurückzuführen. Ob zehn- oder achtarmig, ob Sepia, Kalmar oder Krake, all diese sogenannten Kopffüßler müssen ausreichend lange gegart werden. Nur dann wird ihr Fleisch in der Konsistenz an Krustentiere erinnern und nicht an Radiergummi. Den unter Köchen gehandelten Tip, Tintenfisch immer zusammen mit einem Weißweinkorken zu kochen, halten wir übrigens eher für Aberglauben.

Zutaten:
für 4 Personen

1 Tintenfisch (knapp 1 kg)
2 Zwiebeln
2 Knoblauchzehen
1 Lauchstange
1 Fenchelknolle
2 Selleriestangen
1 Birne
1 Zitrone
insgesamt 500 g junger Spinat, Basilikum, Minze und Kerbel
10 Korianderkörner
15 weiße Pfefferkörner
2 Stück Sternanis
2 Zweige Thymian
2 Lorbeerblätter
0,1 l trockener Weißwein
4 cl trockener Wermut (z. B. Noilly Prat)
2 in Salz eingelegte Sardellenfilets
20 g Butter
rote Currypaste (s. Basisrezepte)
0,2 l Gemüsefond (s. Basisrezepte)

Vorbereiten:

Vom Tintenfisch Beißwerkzeug und Tintenbeutel abschneiden und wegwerfen.

Zwiebeln und Knoblauch schälen. Lauch, Fenchel und Stangensellerie waschen. Alles grob würfeln.

Den ganzen Tintenfisch mit den Gemüsen und den Gewürzen in einem Schmortopf anbraten, mit Weißwein und Noilly Prat ablöschen, so viel Wasser zugießen, daß alles knapp bedeckt ist. Etwa 2 Stunden köcheln lassen, bis der Tintenfisch weich ist; im Sud abkühlen lassen. Anschließend in Stücke von gewünschter Größe schneiden und mit dem roten Curry marinieren.

Die Kräuter und den Spinat putzen, vorsichtig waschen und gut abtropfen lassen.

Die Sardellenfilets säubern und in kleine Würfel schneiden.

Die Birne schälen, das Kerngehäuse entfernen, Fruchtfleisch in kleine Würfel schneiden und mit den Sardellen mischen. Einige Tropfen Zitrone zugeben, damit sich die Fruchtstücke nicht verfärben.

Fertigstellen:

Den Gemüsefond aufkochen, vom Feuer nehmen. Das Olivenöl in dünnem Strahl in den Fond gießen und mit einem Schneebesen so lange schlagen, bis der Fond leicht bindet; mit Salz, Chili-Öl und Zitronensaft abschmecken.

Die Butter in einer Pfanne erhitzen, bis sie zu bräunen beginnt. Die Kräuter und den Spinat darin braten. Die Birnen-Sardellen-Mischung zugeben und alles mit Salz, Pfeffer und Muskat würzen.

Die Tintenfischstücke kurz braten.

Den Tintenfisch auf den Kräutern anrichten. Mit der Sauce umgießen.

Wein:

Zu diesem Gericht schmeckt jeder säurebetonte, nicht zu fruchtige Weißwein. Wer eine perfekte Kombination sucht, sollte auf einen Sauvignon von der Loire zurückgreifen. Seine an grüne Früchte erinnernde Aromatik setzt die Parfüms der gebratenen Kräuter ins rechte Licht.

Loup de mer mit Minztomaten

Aromen: Zimt, Minze

Der auch in Deutschland meistens unter seinem französischen Namen „Loup de mer" verkaufte Wolfsbarsch gehört hierzulande zu den begehrtesten Fischen der feinen Küche. Mit seinem zwar mageren, aber festen weißen Fleisch ist er sehr vielseitig zu verwenden. Unsere mediterran inspirierte Version zielt vor allem darauf, die Frische und Finesse dieses in Mittelmeer, Atlantik, Nord- und Ostsee lebenden Raubfisches zu unterstreichen.

Zutaten:
für 4 Personen

1 Loup de mer von etwa 800 g
400 g Kirschtomaten
1 Orange
1 Zitrone
1/2 Bund Minze
0,1 l Zimtöl (s. Basisrezepte)
Meersalz
Olivenöl
Balsamicoessig

Vorbereiten:
Den Fisch filetieren und portionieren.
Von der Orange feine Zesten reißen.
Die Zitrone auspressen.
Das Zimtöl in eine flache feuerfeste Form gießen, die Orangenzesten sowie 1 EL Zitronensaft dazugeben und die Fischstücke daraufsetzen.
Die Kirschtomaten waschen, halbieren, den Stielansatz entfernen.
Die Minzblätter von den Zweigen zupfen.

Fertigstellen:
Den Fisch mit Meersalz und Pfeffer würzen. Im Backofen auf der mittleren Schiene bei 180 Grad etwa 8 Minuten garen; der Fisch sollte im Innern noch glasig sein.
Die Kirschtomaten mit den Minzblättern, etwas Olivenöl, Salz und Pfeffer mischen. Auf einen Teller geben und mit etwas Balsamicoessig beträufeln.
Den Fisch darauflegen und mit etwas Garfond überziehen.

Wein:
Das prononcierte Gegenüber süßer und saurer Geschmacksnuancen in diesem Gericht macht die Weinauswahl schwierig. Zitrone und Tomaten ließen einen Wein mit Restsüße nämlich schlichtweg plump erscheinen. Ein vor allem säurebetonter Wein würde dünn und spitz wirken. Unser Vorschlag: Eine Cuvée aus den weißen Traubensorten Sémillon und Sauvignon aus Bergerac oder Graves. Die mineralische Prägung dieses Weins hilft ihm, der Säure standzuhalten. Gute Extraktwerte und der Ausbau im Holzfaß lassen ihn auch gegen die Süße von Orange, Tomaten und Balsamicoessig bestehen.

Basilikum

Ocimum basilicum

„Königskraut" nannten die alten Griechen die würzige Pflanze, die sie auf den Feldzügen Alexanders des Großen kennen- und schätzengelernt hatten. Ursprünglich nämlich kommt der Lippenblütler, der heute überall in Südeuropa kultiviert wird, aus Indien. Dort galt er als das Lieblingskraut Vishnus, eines der wichtigsten Götter des Hinduismus. Bei den Römern hatte Basilikum jedoch einen zweifelhaften Ruf. Es galt als die Pflanze des Hasses und als medizinisch schädlich. Während des gesamten Mittelalters und noch bis in die Neuzeit provozierte das duftende Kraut schauerliche Legenden. Dennoch wurde es stets kultiviert, und neue, aus Indien importierte Formen fanden rasch Eingang in Hof- und Klostergärten. Zum beliebtesten fremdländischen Kraut nördlich der Alpen wurde Basilikum jedoch erst im Zuge der Entdeckung der mediterranen Küche durch reisende Feinschmecker.
Basilikum gibt es in vielen verschiedenen Sorten. Zumeist wird die großblättrige, saftiggrüne Variante angeboten. Ihr Aroma ist süßlich-würzig mit einer Nuance Zimt und Minze. Daneben gibt es auf den Märkten mittlerweile gelegentlich rotes, besonders intensiv schmeckendes und kleinblättriges, sehr zartes Basilikum. In Asienläden kann man darüber hinaus Thai-Basilikum finden, das jedoch in seiner exotischen Aromatik eher an Koriandergrün erinnert.
In der Küche paßt Basilikum überall da, wo Gerichten eine gewisse spielerische Note verliehen werden soll: Salate, Suppen, Fisch- und Geflügelgerichte, ja sogar Desserts kann man mit den duftenden Blättern würzen. In den meisten Fällen schmeckt Basilikum frisch am besten. In gekochte Speisen sollte man die Blätter deshalb erst zum Ende der Garzeit geben. Hitze läßt das feine ätherische Öl rasch verfliegen, zurück bleibt dann nur Bitterkeit.
Basilikum ist ganzjährig auf Märkten und bei einigermaßen engagierten Gemüsehändlern zu bekommen. Am besten schmeckt es jedoch nach wie vor im Sommer kurz vor der Blüte. Die einjährige Pflanze läßt sich problemlos an einem sonnigen Platz auf der Fensterbank oder dem Balkon ziehen. Getrocknet besitzt das Kraut nichts mehr von seiner südländischen Expressivität.

Thymian

Thymus vulgaris

Thymian ist eine optimal an karge Lebensbedingungen angepaßte Pflanze. Der Busch bleibt stets niedrig, verbreitert sich eher, als daß er in die Höhe schießt. Seine dünnen Stiele verholzen sehr rasch, und seine Blätter sind nicht nur winzig, sondern auf der Unterseite stark behaart und an den Rändern eingerollt. Das alles läßt die Pflanze auch mit extrem wenig Wasser überleben. Auf zu düngerreichem Boden entwickelt die Pflanze sogar weniger ätherische Öle als auf nährstoffarmem Kalkboden.
Die Geschichte des Thymians liegt im dunkeln, dürfte er doch immer wieder mit anderen Pflanzen verwechselt worden sein. So bezweifeln Botaniker die bekannte Geschichte, daß mit Thymian schon die Pharaonen einbalsamiert worden seien, mit dem Hinweis, daß das Kraut nirgendwo in Ägypten wächst. Angepflanzt wurde es auf jeden Fall in den Gärten Roms, wo der Halbstrauch auch den Namen „Thymus" erhielt. Zu dieser Zeit war Thymian bei Köchen ebenso beliebt wie bei Ärzten. Heute spielt Thymian vor allem in der Küche Südfrankreichs eine große Rolle. So ist er einer der Hauptbestandteile der berühmten „Herbes de Provence", gehört zum klassischen französischen Kräutersträußchen „Bouquet garni" und würzt im Süden alles, was geschmort wird. Insbesondere in Verbindung mit Tomaten verleiht er Gerichten ein unverwechselbar mediterranes Aroma.
Die verdunstungsresistenten Blättchen geben ihre ätherischen Öle nur bei Hitzeeinwirkung an eine Flüssigkeit oder an Fett ab, müssen also stets einige Zeit mitgegart werden. Thymian läßt sich sehr gut trocknen. Er verändert dabei seinen Charakter kaum, schmeckt dann lediglich intensiver.
Thymian entwickelt je nach Standort ganz unterschiedliche Aromen. Insbesondere der Gehalt an Thymol, dem Hauptbestandteil des ätherischen Thymian-Öls, variiert stark. Beim Sammeln von wildem Thymian sollte man deshalb stets ein Blättchen probieren, bevor man von einer Pflanze erntet.
Geschmacklich verwandt und auch häufig verwechselt werden Thymian und Quendel. Man könnte Quendel als den Thymian des Nordens bezeichnen. Das duftende Kraut wächst auf mageren, trockenen Gebirgswiesen. Besonders viel davon soll es im Karwendelgebirge geben, das nach dieser Pflanze benannt ist.

Kaninchen mit gebratenem Bärlauch

Aromen: Sauerampfer, Bärlauch

Ein Rezept für diejenigen Leser unseres Buches, die beim ersten Frühlingsspaziergang unwillkürlich den manchen Menschen noch innewohnenden Instinkt des Jägers und Sammlers verspüren. Weder Bärlauch noch wilden Sauerampfer gibt es nämlich normalerweise auf dem Markt. Wer unser Rezept originalgetreu umsetzen möchte, sollte also mit einer kleinen Schere bewaffnet ins Grüne aufbrechen, um an Feldrainen einige Stauden Sauerampfer und in einem feuchten Waldgrund einige Handvoll Bärlauch (s. a. Rezept Lammrücken mit Avocado) zu ernten.

Zutaten:
für 4 Personen

600 g Kaninchenrückenfilets
4 Birnen
8 Stangen grüner Spargel
1 Bund Sauerampfer
150 g Bärlauch
1 Orange
1 Knoblauchzehe
4 frische Lorbeerblätter
10 Körner Szechuanpfeffer
10 Körner schwarzer Pfeffer
1/2 TL Kreuzkümmel (Cumin)
1/2 Zimtstange
1 EL Zucker
2 cl Birnenbrand
0,1 l Sonnenblumenöl
Chili-Öl (s. Basisrezepte)

Vorbereiten:

Die Schale der Orange sehr dünn ohne das Weiße abschneiden. Die Hälfte der Orangenschale und 2 Lorbeerblätter in sehr feine Streifen schneiden. Die Knoblauchzehe schälen und fein hacken. Kreuzkümmel, Szechuanpfeffer und schwarzen Pfeffer ohne Fett anrösten und im Mörser zerstoßen. Das Öl leicht erwärmen und Gewürze, Orangenschale, Lorbeer und Knoblauch zugeben. Die Kaninchenrückenfilets damit marinieren.

2 Birnen schälen, entkernen und klein schneiden. Die anderen Birnen entkernen und entsaften. Den Zucker karamelisieren, mit dem Birnenbrand ablöschen, etwas einkochen und mit dem Birnensaft aufgießen. Die Birnenwürfel, die restliche Orangenschale, 2 Lorbeerblätter und die Zimtstange zugeben. Die Fruchtstücke weich köcheln und abkühlen lassen.

Den Sauerampfer waschen und gut abtropfen lassen. Lorbeerblätter, Zimtstange und Orangenschale aus dem Birnenkompott entfernen; den Sauerampfer zugeben und mit dem Pürierstab zu einem homogenen Püree mixen; mit Chili-Öl abschmecken.

Den Spargel schälen und in grobe Streifen schneiden.

Den Bärlauch waschen und gut abtropfen lassen.

Fertigstellen:

Das Fleisch aus der Marinade nehmen, salzen und grillen.

Den Spargel braten, mit Salz, Pfeffer und einer Prise Zucker würzen; den Bärlauch zugeben und kurz mitbraten; nochmals abschmecken.

Die Kaninchenfilets aufschneiden und auf dem Spargel anrichten. Das Birnen-Sauerampfer-Püree dazu geben.

Wein:

Ein perfekter Wein zu diesem Gericht greift das Aroma der Birnen auf, besitzt aber keinerlei Bitterkeit oder Säure. Tunlichst sollte der Ausbau im Holzfaß für eine cremig-weiche Struktur gesorgt und dem Wein einen Hauch Süße mitgegeben haben. Ein „modern" vinifizierter weißer Châteauneuf-du-Pape aus Roussanne- und Marsanne-Trauben, ein weißer Hermitage oder eine entsprechende Cuvée aus dem Languedoc wären solche guten Begleiter. Aus Italien könnte es ein umbrischer Grechetto sein oder ein Vermentino aus den Marken.

Lammrücken mit Avocado

Aromen: Garam Masala, Kräuter

Ein echtes Frühlingsgericht: Nur in den Monaten März und April nämlich gibt es den wild wachsenden Bärlauch, und um die Osterzeit gibt es auch besonders gute Lämmer aus heimischer Weidehaltung, die dem meisten Importfleisch geschmacklich den Rang ablaufen. Falls Ihr Gemüsehändler keinen Bärlauch anbietet: Machen Sie einen Osterspaziergang in einem etwas feuchten Buchenwald. Ein durchdringender Knoblauchduft wird Ihnen den Weg zu den lanzettförmigen Blättern weisen. Vorsicht: Optisch ist Bärlauch leicht mit Maiglöckchenblättern (giftig!) zu verwechseln. Eine Bitte: Schneiden Sie nur so viele Blätter ab, wie Sie wirklich brauchen, und treten Sie nicht unnötig auf die empfindlichen Liliengewächse, denn vielleicht möchten Sie ja auch nächstes Jahr wieder Bärlauchsauce genießen.

Zutaten:
für 4 Personen

600 g ausgelöster Lammrücken
2 Avocados (à 250 g)
12 Kirschtomaten
3 Zweige Minze
2 Blätter Bärlauch
3 Blätter Basilikum
60 g cremiger Joghurt
1 EL Butter
Chili-Öl (s. Basisrezepte)
2 EL Garam-Masala-Paste (s. Basisrezepte)

Vorbereiten:
Das Lamm salzen und pfeffern, in etwas Olivenöl von beiden Seiten anbraten.
Die Avocados schälen, halbieren und entkernen, in kleine Würfel schneiden.
Die Tomaten vierteln und den Strunk entfernen.
Die Kräuter kleinschneiden.
Avocados, Tomaten und Kräuter in den Joghurt rühren, mit Salz, Pfeffer und Chili-Öl abschmecken.

Fertigstellen:
Den Lammrücken mit der Garam-Masala-Paste einreiben und in der Butter in 4–7 Minuten fertig braten. Das Fleisch aus der Pfanne nehmen und fünf Minuten ruhen lassen. Den Lammrücken portionieren und mit der Avocado anrichten.

Wein:
Die Gegensätzlichkeit von süßlich-würzigen und grünen Aromen läßt nicht viele Möglichkeiten bei der Weinauswahl. Letztlich vermag nur ein reifer, würziger Cabernet Franc hier standzuhalten. Um angesichts der Cremigkeit der Avocado nicht allzu rauh zu wirken, sollte ein europäischer Wein, beispielsweise von der Loire, unbedingt aus einem guten Jahrgang stammen. Einfacher ist es, einen Cabernet Franc aus Südafrika oder einen Malbec aus Argentinien zu wählen, die auch in durchschnittlichen Jahren viel Schmelz und Reife besitzen.

Kalbsbrust mit Erbsensauce

Aromen: Sternanis, Basilikum

Kalbsbrust wird normalerweise für eher rustikale Kost verwendet und kommt meist als Schmorbraten mit deftiger Füllung auf den Tisch. Unser Rezept hingegen verzaubert das besonders wohlschmeckende Fleisch in eine knusprige Köstlichkeit, der Gartenkräuter und Erbsen eine leichte, frühlingsgrüne Aromatik verleihen.

Zutaten:
für 4 Personen

500 g Kalbsbrust ohne Knochen
150 g Tiefkühl-Erbsen
2 Bund Frühlingszwiebeln
4 Zwiebeln
2 Lauchstangen
100 g Champignons
1 Zitrone
20 g frischer Ingwer
1 Stengel Zitronengras
4 frische Lorbeerblätter
1 Bund Basilikum
1/2 Bund Thymian
6 Blätter Minze
10 Pfefferkörner
1 Stange Zimt
2 Stück Sternanis
6 cl Weißwein
6 cl weißer Portwein
1 l Sonnenblumenöl
0,4 l Geflügelfond (s. Basisrezepte)
6 EL Tempurateigpulver (s. Basisrezepte)
Chili-Öl (s. Basisrezepte)

Vorbereiten:
Zwiebeln schälen, Lauch und Champignons putzen, alles klein schneiden. Den Ingwer schälen und klein schneiden. Das Zitronengras klein schneiden. Von der Zitrone die Schale sehr dünn abschälen, den Saft auspressen.
Die Hälfte der Gemüse zusammen mit Ingwer, Zitronengras, Zimtstange, Pfefferkörnern, 2 Lorbeerblättern, der Hälfte des Thymians und der Zitronenschale in einem Schmortopf anschwitzen. Den Zitronensaft und so viel Wasser zugeben, daß die Gemüse gut bedeckt sind. Die Kalbsbrust salzen, pfeffern und auf die Gemüse setzen, im geschlossenen Topf bei 180 Grad im Ofen in etwa 2 Stunden weich schmoren.
Die restlichen Gemüse, 2 Lorbeerblätter und den restlichen Thymian anschwitzen, mit dem Weißwein ablöschen und einkochen lassen. Den Portwein zugeben und auf die Hälfte reduzieren. Dann den Geflügelfond zugeben und wieder langsam auf die Hälfte einkochen; durch ein Sieb passieren und abkühlen lassen.
Die Erbsen blanchieren, in Eiswasser abschrecken und abtropfen lassen. Mit den Minzblättern in den Fond mixen und durch ein feines Sieb passieren. Mit Salz, Pfeffer und Chili-Öl abschmecken.
Die Kalbsbrust in etwa 4 x 4 cm große Würfel schneiden. Die Frühlingszwiebeln putzen und in Streifen schneiden. Basilikumblätter vom Zweig zupfen. Den Sternanis ohne Fett anrösten und fein mahlen.

Fertigstellen:
Das Sonnenblumenöl auf etwa 180 Grad erhitzen. Das Tempurateigpulver mit etwa 50 Grad warmem Wasser zu einer cremigen Masse anrühren. Die Fleischstücke hineintauchen und knusprig fritieren, mit Sternanis würzen.
Die Frühlingszwiebeln anbraten, das Basilikum zugeben und kurz mitbraten, salzen und pfeffern. Das Fleisch auf dem Lauch anrichten; mit der kalten Erbsensauce umgießen.

Wein:
Die Süße dieses Gerichts verlangt nach einem Chardonnay internationalen Zuschnitts: cremige, fruchtbetonte, weiche Struktur, leicht exotisches Bukett. Es muß kein fetter kalifornischer Chardonnay, es kann ein spanischer, ein italienischer neuer Machart oder einer der modernen Vins de Pays aus dem kleinen Holzfaß sein.

Gegrillte Lammkoteletts mit lauwarmem Bohnensalat

Aromen: Ingwer, Fenchel

Verwenden Sie für dieses Rezept unbedingt Koteletts von Weidelämmern aus Deutschland oder Frankreich. Nur Fleisch von Tieren, die sich wenigstens einige Monate von frischen Wiesenkräutern ernährt haben, besitzt genug Geschmack, um etwas deftigeren Aromen standzuhalten. Zudem bleiben nur Koteletts mit einer ausreichenden Fettmaserung auf dem Grill saftig. Also: Finger weg von sogenanntem Milchlamm, soll das Fleisch nicht fad und trocken schmecken.
Die ungewöhnliche Würze des Bohnensalats mit Sardellenfilets hinterläßt keinen unangenehm fischigen Nachgeschmack. Vielmehr verleihen die eingesalzenen kleinen Heringsfische den Bohnen eine besonders interessante, leicht erdige Note.

Zutaten:
Für 4 Personen

8 Lammkoteletts
800 g breite grüne Bohnen
1 Birne
2 Knoblauchzehen
20 g frischer Ingwer
1 EL Fenchelsamen
3 Zweige Bohnenkraut
3 Sardellenfilets
0,1 l Sonnenblumenöl
Rotweinessig
Olivenöl

Vorbereiten:
Den Fenchelsamen in einer trockenen Pfanne anrösten und im Mörser grob zerkleinern. Ingwer und Knoblauch schälen und in das Sonnenblumenöl reiben. Den Fenchel dazugeben, verrühren und die Lammkoteletts damit marinieren.
Die Bohnen putzen und quer in feine Streifen schneiden.
Die Birne schälen und fein würfeln.
Die Sardellenfilets in kleine Stücke schneiden.
Das Bohnenkraut von den Stielen zupfen und fein hacken.

Fertigstellen:
Die Bohnen in etwas Olivenöl kurz, aber kräftig anbraten, salzen, pfeffern und in eine Schüssel geben. Die Birnen- und die Sardellenwürfel untermischen. Den Salat mit Rotweinessig, Salz und Pfeffer abschmecken.
Die Lammkoteletts aus der Marinade nehmen, salzen, pfeffern und grillen.

Tip:
Der Bohnensalat kann mit Artischocken-Chips abgerundet werden. Dafür rohe Artischockenböden in hauchdünne Scheiben schneiden und in Öl knusprig fritieren. Unmittelbar vor dem Servieren unter den Salat heben.

Wein:
Der Wein sollte so unkompliziert sein wie dieses Gericht. Sommers auf der Terrasse paßt ein fruchtiger Roter aus dem Languedoc, beispielsweise eine syrahbetonte Cuvée aus der Lage Pic Saint-Loup. An etwas kühleren Tagen werden die fenchelduftenden Lammchops auch perfekt von einem sehr guten, mit reifen Tanninen beladenen Rotwein aus Cahors begleitet.

Warmer Ziegenkäse mit Kräuteröl

Aromen: Basilikum, Petersilie, Knoblauch

Der Duft von Basilikum kündet in der Küche vom Nahen des Sommers. In dieser Zeit werden auch die kleinen Zicklein geboren, deren Mütter jetzt die beste und nahrhafteste Milch geben. Zusammen mit Königskraut, wie Basilikum einstmals genannt wurde, werden sie zu einer ebenso feinen wie aromatischen Delikatesse. Dieser Appetitanreger eignet sich hervorragend als Entree zu einem sommerlichen Menü.

Zutaten:
für 4 Personen

2 Ziegenfrischkäse (à 125 g)
16 große Frühlingszwiebeln
1/2 Knoblauchzehe
1 Bund Petersilie
1 Bund Basilikum
1 Zweig Rosmarin
4 Zweige Thymian
0,15 l Olivenöl
1/4 l Sahne

Vorbereiten:
Die Frühlingszwiebeln putzen, alle dunkelgrünen Teile wegschneiden, längs halbieren. In einer feuerfesten Form flach ausbreiten, mit Salz und Pfeffer würzen und die Sahne dazugießen. Im Backofen bei 180 Grad etwa 5 Minuten garen, auf Zimmertemperatur abkühlen lassen. Dabei die Zwiebeln einmal wenden, damit sich ihr Aroma besser in der Sahne verteilt.
Den Ziegenkäse quer halbieren.
Die Kräuter von den Zweigen zupfen und mit der Knoblauchzehe in das Olivenöl mixen; mit Salz und Pfeffer abschmecken.

Fertigstellen:
Jeweils 8 halbe Frühlingszwiebeln in der Auflaufform zusammenschieben. Eine Käsehälfte darauf setzen und mit Kräuteröl überziehen. Im 180 Grad heißen Backofen 4 Minuten erwärmen.
Jeweils eine Zwiebeln-Käse-Portion in der Mitte eines Tellers anrichten und mit etwas Schmorsahne umgießen.

Tip:
Aus Kräuteröl-Resten läßt sich mit geriebenem Parmigiano und feingehackten Pinienkernen ein duftender Pesto rühren.

Wein:
Ein trockener Vouvray aus gutem Jahrgang. Seine frische Säure paßt zum grünen Öl, seine cremige Textur hält dem Fett des Käses sowie der Sahne stand, und seine fast süß wirkende Reife harmoniert vortrefflich mit der Süße der Zwiebeln. Ein trockener Riesling wäre zu „dünn“, ein italienischer Pinot Grigio zu neutral.

Joghurttarte

Aromen: Zitrone, Früchte

Torten gelten als schwer im doppelten Wortsinn: Erstens dauert es Stunden, bis Böden gebacken, Cremes aufgeschlagen sind und schließlich alles so zusammengesetzt ist, daß die Torte der Kaffeetafel tatsächlich zur Zier gereicht; zweitens - und das wiegt oft noch viel schwerer - liegt nach dem Genuß jeder Bissen kalorienschwer im Magen und schlägt auf der Waage zu Buche. Unsere Joghurttarte hingegen ist leicht im doppelten Wortsinn: Der Teig bäckt sich fast von alleine, und die sahnige Creme ist rasch gerührt (nichts kann gerinnen); zudem machen Joghurt und Früchte sie so frisch und leicht, daß sie sogar als Dessert nach einem üppigen Menü wunderbar mundet.

Zutaten:

für einen Kuchen von 28 cm Durchmesser

300 g Himbeeren
110 g Mehl
50 g Butter
0,15 l Crème double
0,15 l stichfester Sahnejoghurt
1 EL Milch
1 Ei
40 g Puderzucker
3 EL brauner Zucker
1 Zitrone
2 Löffelbiskuits
getrocknete Bohnen zum Blindbacken

Vorbereiten:
Die zimmerwarme Butter mit Mehl, Puderzucker (1 EL übriglassen), 1 Eigelb, Milch und einer Prise Salz zu einem Teig verkneten; eine Stunde kalt stellen. Dann den Teig so dünn ausrollen, daß er etwa 1,5 cm größer ist als die Backform. Die Form ausfetten, den Teig hineinlegen und den Rand leicht festdrücken; mehrmals mit einer Gabel einstechen. Mit Pergamentpapier abdecken und getrocknete Bohnen daraufgeben. Auf der mittleren Schiene des Ofens bei 180 Grad knapp 10 Minuten backen. Pergamentpapier und Bohnen entfernen.
Joghurt und Rahm mit 1 EL Puderzucker und der abgeriebenen Zitronenschale verrühren.
Den Teig mit den Biskuitbröseln bestreuen. Die Himbeeren daraufgeben, mit der Joghurtmasse bestreichen. Die Tarte auf der mittleren Schiene des Backofens bei 180 Grad 6-7 Minuten backen. Etwa eine Stunde auskühlen lassen.

Fertigstellen:
Die Oberfläche der Tarte mit braunem Zucker bestreuen und bei starker Oberhitze im Backofen gratinieren.

Variationen:
Für die Tarte kann man ganz nach Geschmack und Jahreszeit die unterschiedlichsten Früchte verwenden. Eine leckere Wintervariante läßt sich mit getrockneten, in Orangensaft eingelegten Aprikosen bereiten.

Tip:
Der Zucker auf der Tarte karamelisiert besonders schön zu einer knusprigen Kruste, wenn man ihn mit einem Gasbrenner (aus dem Heimwerkermarkt) erhitzt.

Wein:
Wählen Sie einen Wein mit ausreichender Restsüße. Er muß nämlich nicht nur dem Zuckergehalt der Tarte standhalten, sondern auch ihrer cremigen Konsistenz. Je nach Belag paßt besonders gut ein Süßwein, der die fruchtige Aromatik in seinem Duft widerspiegelt, also beispielsweise zur Himbeerversion ein duftiger Moscato d'Asti, zur etwas üppigeren Ausführung mit Aprikosen eine Riesling-Beerenauslese von der Mosel.

Apfelsuppe mit Basilikumeis

Aromen: Basilikum

„Grün, grün, grün sind alle meine Kleider, weil ich aus Granny Smith gemixt bin." Der beliebte Tafelapfel ist ob seiner leuchtend grünen Schale, seines leicht grünen Fleisches und seiner ebenso grünen Aromatik die ideale Frucht zur Herstellung dieses Desserts. Sie können natürlich auch andere saftige Äpfel verwenden. Achten Sie dann darauf, daß die Suppe zum Eis nicht zu süß wird.

Zutaten:

für 4 Personen

600 g grüne Äpfel (am besten Granny Smith)
1 l Sahne
8 Eier
130 g Zucker
2 Blatt Gelatine
1 1/2 Bund Basilikum
1 Msp. Salz
1 Msp. Zimt
Puderzucker

Vorbereiten:
Die Gelatine in kaltem Wasser einweichen.
Die Äpfel waschen, vierteln und das Kerngehäuse entfernen. Die Apfelviertel kleinschneiden und entsaften.
2 EL des Apfelsaftes erwärmen und die gut ausgedrückte Gelatine darin auflösen, in den restlichen Apfelsaft zurückgeben und auf Eiswasser kaltrühren, bis die Suppe eine leichte Bindung entwickelt und der grüne Apfelfarbstoff gleichmäßig verteilt ist.
Die Suppe mit Puderzucker abschmecken und kaltstellen.
Die Basilikumblätter vom Stiel zupfen.
Die Sahne aufkochen, die Basilikumstiele, Salz sowie Zimt zugeben, vom Feuer nehmen und 1 Stunde ziehen lassen.

Fertigstellen:
Die Eigelbe mit dem Zucker schaumig schlagen. Die Sahne nochmals aufkochen und durch ein Sieb auf die Eiermasse passieren. Die Mischung auf kleiner Flamme aufschlagen, bis eine cremige Bindung entsteht. Abkühlen lassen und die Basilikumblätter hineinmixen; nochmals durch ein Sieb passieren und in der Eismaschine gefrieren.
Das Eis in einer Suppentasse anrichten und mit der kalten Apfelsuppe umgießen.

Tip:
Wenn Sie die Apfelstücke vor dem Mixen mit einem Hauch Knödelhilfe überstäuben, bleiben Äpfel und Saft leuchtend grün.

Wein:
Kein Wein zu diesem Eis, bei dem grüne Frische absolut im Vordergrund steht. Es betäubt die Geschmackspapillen zu sehr, als daß man gleichzeitig einem Wein gerecht werden könnte.

GELBE AROMEN

Gelb ist das Leuchten des Sommers und seiner schönsten Blumen. Ihre üppige Duftigkeit findet sich in unseren gelben Gerichten wieder. Sie verströmen stets voller Überschwang ihre Aromen, die an orientalische Basars erinnern und in die Welt von Tausendundeiner Nacht entführen. In gelben Gerichten halten fruchtige Noten der Würze die Balance. Leicht süßliche Töne bilden die aromatische Basis, feine Schärfen geben Länge. Frisch gerieben sind Ingwer und Galgant typische Vertreter gelber Aromatik.

Rohe Jakobsmuscheln mit Gewürzen

Aromen: Ingwer, Sternanis, Lorbeer, Koriander

Jakobsmuscheln gehören zu den feinsten Vertretern der riesigen Familie der Kammuscheln. Wirklich frisch sind sie eine Delikatesse ersten Ranges. Allerdings sind sie nach dem Fang nur wenige Tage haltbar. Kaufen Sie keine Muscheln, die schon geöffnet sind und – was noch schlimmer ist – deren Fleisch schon bräunlich anläuft. Vergewissern Sie sich, daß die Muscheln frisch riechen, der Rogen glänzend orangefarben und der Muskel fast weiß ist. In Europa dürfen Jakobsmuscheln – bis heute Trinkgefäß und Erkennungszeichen der Pilger auf dem Weg nach Santiago de Compostela – nur von November bis März gefangen werden.

Zutaten:

für 4 Personen

12 Jakobsmuscheln
300 g Karotten
300 g Rettich
20 g Ingwer
1 Knoblauchzehe
1 Zitrone
100 g cremiger Joghurt
50 g Crème double
2 EL Orangensaft
3 EL Olivenöl
Meersalz
4 Stück Sternanis
6 Blätter getrockneter Lorbeer
1 EL Koriandersaat
Chili-Öl (s. Basisrezepte)

Vorbereiten:
Die Muscheln zum Öffnen mit der gewölbten Seite nach unten in die freie Hand nehmen, mit der Spitze eines Messers zwischen die beiden Muschelschalen stechen, mit der Schneide an der Innenseite des flachen Deckels entlangschaben. Den Deckel abnehmen, die Muschel herausheben und Häute sowie Rogen entfernen. Das Muschelfleisch kurz kalt abwaschen, trockentupfen und kalt stellen.
Karotten und Rettich schälen und in dünne, etwa 3 cm lange Streifen schneiden, Knoblauch und Ingwer schälen.
Die Gemüsestreifen in 1 EL Olivenöl bißfest anbraten. Ingwer und Knoblauch in das Gemüse reiben und alles in eine Schüssel geben. Joghurt und Crème double unterrühren, mit Salz, Pfeffer, Chili-Öl, einer Prise Zucker und etwas Zitronensaft abschmecken.
Die Gewürze einzeln ohne Fett anrösten und sehr fein mahlen.

Fertigstellen:
Die Muscheln in jeweils drei Scheiben schneiden, diese nebeneinanderlegen und mit grob zerstoßenem Meersalz und Pfeffer würzen. 2 EL Olivenöl mit dem Orangensaft und etwas Zitronensaft verrühren und damit die Muschelscheiben marinieren.
Den Gemüsesalat im oberen Drittel des Tellers anrichten; darunter die Muscheln in drei Reihen zu je drei Scheiben legen. Neben die Muschelreihen jeweils einen feinen Streifen Sternanis, Lorbeer und Koriander dekorieren.

Tip:
Vorsicht beim Anrösten des Lorbeers: Er wird rasch dunkel und verliert dann sein typisches, an Menthol erinnerndes Aroma.

Wein:
Der fragile Geschmack der Jakobsmuscheln braucht einen zurückhaltenden, fast neutralen Wein, der zwar weich und etwas füllig, aber ohne exotische oder gar bittere Aromen ist. Ideal: ein trockener Grüner Veltliner, ein etwas fülligerer Silvaner aus dem südlichen Franken oder ein hochkarätiger Muscadet sur lie.

Couscous-Salat

Aromen: geröstetes Sesamöl

Geröstetes Sesamöl, das bestimmende Aroma in unserem duftigen Salat, kommt aus Asien. Sein betörender Geruch und sein unvergleichlicher, intensiver Geschmack resultieren aus der Röstung der Sesamsaat vor der Pressung. Dieses in Asienläden erhältliche dunkelbraune Öl kann deshalb nicht durch das stets milde, kaltgepreßte helle Sesamöl ersetzt werden, das man zum Beispiel in Bioläden findet.

Zutaten:
für 4 Personen

200 g Weizen-Couscous
1/2 Kopf Eichblattsalat
1/2 Bund Rucola
70 g kernlose Trauben
8 Kirschtomaten
1/2 Lauchstange
1 Knoblauchzehe
2 Zweige Petersilie
2 Zweige Minze
2 EL Pinienkerne
Balsamicoessig
weißer Balsamicoessig
3 EL Olivenöl
2 EL geröstetes Sesamöl
Chili-Öl (s. Basisrezepte)
0,2 l Geflügelfond (s. Basisrezepte)

Vorbereiten:
Den Geflügelfond aufkochen und auf den Couscous gießen; zugedeckt etwa 15 Minuten quellen lassen, bis die ganze Flüssigkeit aufgenommen ist. Salat und Rucola putzen, waschen und trockenschleudern.
Die Pinienkerne ohne Fett anrösten. Die Knoblauchzehe schälen. Den Lauch putzen, in feine Streifen schneiden und in etwas Olivenöl anbraten, salzen und pfeffern, beiseite stellen. Die Kräuter von den Zweigen zupfen und in feine Streifen schneiden. Die Trauben waschen und vierteln. Die Tomaten waschen und vierteln, dabei den Strunk entfernen. Den Couscous mit Tomaten, Trauben, Pinienkernen, Kräutern, Lauch und geriebenem Knoblauch vermengen.

Fertigstellen:
Den Salat zum Couscous geben. Mit Sesamöl, etwas Olivenöl, den beiden Essigen, Chili-Öl, Salz und Pfeffer abschmecken.

Variationen:
Der Couscous-Salat läßt sich passend zur Fleischbeilage auch mit anderen Kräutern und Gewürzen aromatisieren.

Tip:
Der Couscous läßt sich besser mit den übrigen Salatzutaten vermengen, wenn Sie ihn auf einer großen Platte ausbreiten und Gemüse, Kräuter und Knoblauch gleichmäßig darüber verteilen.

Wein:
Speziell zu unserer Version des Couscous empfehlen wir einen gereiften Riesling, der durchaus einen Hauch Restzucker, allerdings möglichst keinen störenden Petrolton haben sollte. Das kann ein Elsässer Riesling sein; auch ein Pfälzer und eine hochkarätige Spätlese von der Nahe haben sich als wunderbare Begleiter erwiesen. Spielen Sie mit den Zutaten und passen Sie den Wein entsprechend an: mal trockener, mal exotischer, mal süßer, mal saftiger – Gewürztraminer oder Traminer, Rieslaner oder Muskateller. Je nach Lust und Laune lassen sich gerade gute deutsche Weißweine mit Aroma zu diesem orientalisch inspirierten Gericht kombinieren.

Kalbstatar mit pochiertem Ei

Aromen: Orange, Safran

Das wilde mongolische Reitervolk der Tataren soll der Legende zufolge rohes Fleisch unter dem Sattel mürbe geritten haben. Wir empfehlen statt dieses etwas mühsamen Verfahrens, beim Einkauf besonders auf die Fleischqualität zu achten: Das Keulenstück für unser Gericht sollte zart und ohne Fett sowie Sehnen sein. Verlangen Sie unbedingt Weidekalb, möglichst aus kontrollierter Bio-Zucht, da nur sein nussiges Fleisch mit unserer Würze standhalten kann. Meiden Sie nicht nur des Geschmacks, sondern auch Ihrer Gesundheit zuliebe Kalbfleisch, das von bläßlicher Farbe und wäßriger Struktur ist. Bei solchen Produkten aus industrieller Massenzucht sind Hormon- und Arzneimittelrückstände trotz Kontrollen nicht auszuschließen.

Zutaten:
für 4 Personen

400 g Kalbfleisch aus der Keule
5 Eier
50 g Parmigiano am Stück
1 EL Sahne
2 Schalotten
1/2 Zitrone
16 Kapern
5 Fäden Safran
0,18 l Olivenöl
0,1 l Essig
1 EL Orangensenf (s. Basisrezepte)

Vorbereiten:

Ein Ei trennen. Das Eigelb mit dem Safran verquirlen, zunächst einen Spritzer Zitrone, dann 5 EL Olivenöl und schließlich die Sahne langsam unterrühren. Die Mayonnaise mit Orangensenf, Salz und Pfeffer abschmecken.
Das Kalbfleisch in sehr feine Würfel schneiden.
Die Schalotten schälen und in feine Würfel schneiden.
Die Kapern kleinhacken.

Fertigstellen:

1 l Wasser zum Kochen bringen, den Essig und etwas Salz zugeben.
Das Kalbfleisch mit Schalotten, Kapern sowie 4 EL Olivenöl vermengen, mit Salz und Pfeffer abschmecken.
Die Eier aufschlagen und einzeln in Kaffeetassen geben. Die Eier aus den Tassen vorsichtig ins nur leicht köchelnde Essigwasser gleiten lassen. Den Topf vom Herd nehmen und die Eier solange ziehen lassen, bis sie wachsweich sind.
Das Kalbstatar mit einer Gabel auf flache Teller drücken, mit dem restlichen Olivenöl beträufeln und den Parmigiano in groben Flocken darüberraspeln. Jeweils ein Ei auf das Fleisch setzen und mit der Orangensenfmayonnaise überziehen.

Wein:

Ein ausgefallener Rosé sorgt für würdige gastronomische Begleitung. Es muß ja nicht gerade einer der vielen Industrie-Rosés sein. Wir ziehen einen der charaktervollen großen Rosés aus den südfranzösischen Anbaugebieten Tavel, Cassis oder Bandol vor, die aus den dafür idealen Rebsorten Mourvèdre und Cinsault zu anspruchsvollen Weinen verarbeitet werden. Sie besitzen jene spezifische Würze, verhaltene Fruchtigkeit und rare aromatische Frische, die sie zu so angenehm unauffälligen und doch hochkarätigen Durstlöschern und Essensbegleitern machen, daß man gerne zum nächsten Glas greift.

Ingwer und Galgant

Zingiber officinale, Alpinia galanga

Ingwer und der mit ihm verwandte Galgant werden in fast allen tropischen Regionen der Welt angepflanzt. Wo die Ingwerpflanze ursprünglich beheimatet war, läßt sich nicht mehr genau feststellen, vermutlich aber in China und Indien. Von dort kam sie mit den Kreuzrittern ins Abendland, das sie im Nu eroberte. In den Küchen der Reichen war Ingwer schließlich beliebter als Pfeffer, möglicherweise weil ihm der Ruf vorauseilte, ein kräftiges Aphrodisiakum zu sein.

Ingwer ist die Wurzel einer Gewürzlilie. Die Pflanze treibt schilfrohrartige, meterhohe Stengel und Blätter, die regelmäßig geschnitten werden müssen, soll die Wurzelknolle gut gedeihen. Sobald die Blätter zu welken beginnen, werden die Rhizome vorsichtig aus der Erde gegraben. Der sogenannte frische Ingwer wird mit Wasser überbrüht und einige Tage in der Sonne getrocknet. Daneben gibt es Ingwerpulver aus getrockneten Wurzeln, die erst relativ spät geernet werden und deshalb schärfer schmecken. Kandierter Ingwer kommt entweder in Sirup oder zerkleinert und anschließend in Zucker gewälzt als Konfekt auf den Markt. Eine Spezialität ist der japanische, in süßem Essig marinierte junge Ingwer, dessen durchscheinende lachsfarbene Scheiben traditionell zu Sushi gereicht werden. Darüber hinaus ist Ingwer in zahlreichen Gewürzmischungen enthalten.

Frischer Ingwer, der heute aus beinahe allen tropischen Ländern kommt, sollte fest sein und eine rauhe, leicht schimmernde Haut ohne Risse haben. Die ganze Frische und Fruchtigkeit seines Aromas entfaltet das Rhizom, wenn es unmittelbar vor dem Servieren über ein Gericht gerieben wird. Die scharfen Geschmackskomponenten treten beim Schmoren deutlicher hervor. Besonders gut eignet sich Ingwer für Auszüge in Sahne oder Zuckerwasser. Dafür einfach die Flüssigkeit mit der Knolle kurz aufkochen, vom Feuer nehmen und ziehen lassen.

Ingwer hält sich zwar relativ lang, verliert jedoch mit der Frische auch die Ausgewogenheit seines Geschmacks. Am besten ist es, die Knollen in Sand in einen Blumentopf zu legen und gelegentlich etwas zu gießen. Ingwer läßt sich geschält und zerkleinert auch einfrieren, taugt dann aber nur noch zum Mitschmoren.

Vanille

Vanilla planifolia

Die weltweite Produktion reicht längst nicht mehr aus, den Bedarf an Vanille zu decken. Die Hauptmenge des beliebten Aromas wird heute von der chemischen Industrie geliefert. Synthetisches Vanillin riecht und schmeckt freilich ausgesprochen simpel und eindimensional, wohingegen echte Vanille eine Vielzahl aromatischer Substanzen enthält, die ihren charakteristischen Duft und Geschmack ausmachen, in dem sich Fenchel und Anis ebenso finden wie Süßholz und Tabak.

Der hohe Preis für echte Vanille resultiert weniger aus der großen Nachfrage als aus dem sehr aufwendigen Herstellungsverfahren. Ursprünglich wuchs die lianenartige Orchidee nur in einigen küstennahen Regionen Südamerikas. Bis ins 19. Jahrhundert blieben alle Zuchtversuche in anderen Ländern erfolglos, bis ein französischer Botaniker entdeckte, daß die zweigeschlechtige Pflanze sich nicht selbst bestäuben kann, sondern dazu die Hilfsdienste einer bestimmten Bienen- oder Kolibri-Art benötigt. Seitdem haben auf Madagaskar, La Réunion und den Antillen Frauen die Arbeit der Bienen übernommen.

Die Schoten werden unmittelbar vor der Reife geerntet und einem langwierigen Trocknungs- und Fermentationsprozeß unterzogen. Erst wenn sie sich dunkel verfärbt haben, gehen die Schoten in den Export. Die berühmteste Vanille ist die sogenannte Bourbon-Vanille, die vor allem aus Madagaskar stammt. Die teuerste und seltenste Vanille kommt aus Tahiti und verleiht vor allem exklusiven Parfüms eine besondere Note. Kenner schwören hingegen auf „Natur"-Vanille aus Mexiko.

Ihr Aroma geben die Schoten am besten längs aufgeschlitzt in einem heißen, fetthaltigen Medium wie Milch oder Sahne ab. Der Geschmack wird um so intensiver, je länger man sie ziehen läßt. Vanille läßt sich in gut verschlossenen Gefäßen, am besten in dünnen Glasröhrchen, sehr lange aufbewahren. Sie ist eines der wenigen Gewürze, dessen Geschmack dabei nicht verliert, sondern – zumindest über einige Monate – sogar noch gewinnt. Die Sättigung der Schote mit Aromastoffen ist übrigens so groß, daß man sie durchaus zweimal verwenden kann. Eine bereits gebrauchte Schote dient – abgespült und getrocknet – auf jeden Fall noch zur Aromatisierung von Kristallzucker.

Currymuscheln mit gegrilltem Pfirsich

Aromen: Curry, Koriander, Zitronengras

Curry löst bei vielen Menschen unheilvolle Erinnerungen an Stehimbiß und Fast-Food aus. Urheber dieses schlechten Image der gelben Würzmischung sind die Engländer. In ihren indischen Kolonien hatten sie die köstlichen „Kari"-Saucen kennengelernt. Doch statt dafür täglich aufs neue Gewürze zu mörsern, reduzierten die Kolonialherren Curry auf eine ebenso banale wie aufdringliche Fertig-Gewürzmischung. Machen Sie sich jedoch die Mühe und mischen Sie Ihr Curry aus frischen Gewürzen selbst (Rezept im Anhang), werden Ihnen die überwältigenden Düfte eines fernöstlichen Gewürzbasars um die Nase streichen. Gepaart mit der feinen Duftigkeit weißer Pfirsiche wird dieses Gericht jeden „Nasenmenschen" überwältigen.

Zutaten:

Für 4 Personen

1,5 kg Miesmuscheln
2 weiße Pfirsiche
1 Bund Rucola
1 Zwiebel
1 Lauchstange
1 Fenchelknolle
2 Knoblauchzehen
2 Stück Sternanis
10 Korianderkörner
15 Körner weißer Pfeffer
0,1 l Sonnenblumenöl
1/8 l Weißwein
4 cl trockener Wermut (z. B. Noilly Prat)
1 Spritzer Pastis (z. B. Pernod)
Butter zum Braten
etwas Puderzucker
2 EL Zitronengrasöl (s. Basisrezepte)
Currypulver (s. Basisrezepte)
Chili-Öl (s. Basisrezepte)

Vorbereiten:
Die Muscheln waschen, alle bereits offenen Muscheln wegwerfen. Die Zwiebel und den Knoblauch schälen, Fenchel und Lauch waschen, anschließend in grobe Würfel schneiden.
Die Gemüse zusammen mit Sternanis, Koriander und weißem Pfeffer in einem großen Topf anschwitzen, mit Pastis, Weißwein und Wermut ablöschen. Die Muscheln zugeben und den Topf sofort mit einem Deckel verschließen; köcheln lassen, bis die Muscheln geöffnet sind, nicht geöffnete Muscheln wegwerfen. Das Muschelfleisch aus den Schalen holen und den Bart entfernen.
Die Pfirsiche schälen, vierteln und den Kern entfernen. Mit Zitronengrasöl und Puderzucker marinieren.
Die Rucolablätter waschen, mit dem Sonnenblumenöl mixen, mit Salz und Pfeffer abschmecken und ziehen lassen.

Fertigstellen:
Die Pfirsichstücke pfeffern und grillen.
In einer Pfanne etwas Butter und Sonnenblumenöl erhitzen, die Muscheln darin knusprig braten und mit Curry und etwas Pfeffer würzen.
Die Pfirsiche in der Mitte des Tellers anrichten, die Muscheln darüber verteilen. Außen herum einen dünnen Strahl des Rucolaöls gießen.

Wein:
Die üppige, blumige Aromatik dieses Gerichts braucht einen ebenso duftigen Gegenpart im Glas. Das kann ein trockener, weiniger Champagner sein (z. B. ein gereifter Jahrgangschampagner), der die Leichtigkeit dieses Gerichts unterstreicht; soll eher die Würzigkeit in den Vordergrund treten, paßt ein trocken ausgebauter Wein aus einer weißen Aromarebsorte, etwa ein Moscato Bianco aus dem Veneto.

Kalmar-Tempura mit Mangosalat

Aromen: Wasabi, Nelken, Zimt, Sternanis

Ein Paradestück der Gewürzküche, in dem sich frische und konservierte Zutaten nicht gegenseitig übertrumpfen, sondern sich vielmehr ins rechte aromatische Licht rücken. Mittler zwischen den Welten ist die japanische Variante des Meerrettichs, die als Wasabi-Pulver und -Paste in Asienläden zu haben ist. Seine frische, grasige Aromatik paßt zu den frischen Kräutern ebenso gut wie zur Säure von Zitrusfrüchten und Mango, seine trockene Schärfe schlägt einen Bogen zu den Ingredienzien des Fünf-Gewürz-Pulvers.

Zutaten:
für 4 Personen

12 Kalmare (à 40 g)
1 feste Mango (möglichst Thai-Mango)
1 Zweig Koriandergrün
1 Zweig Minze
1 Zweig Basilikum
1 Knoblauchzehe
1 kleines Stück Ingwer
1 kleines Stück Galgant
1 Kaffir-Limette
1/2 Stengel Zitronengras
1/2 Zitrone
1 Ei
2 cl Sahne
8 cl Sonnenblumenöl
1,5 l Fritieröl
asiatische Fischsauce
1 TL Wasabi-Paste
1/2 TL Koriandersaat
Puderzucker
1 TL Fünf-Gewürz-Pulver (s. Basisrezepte)
6 EL Tempurateigpulver (s. Basisrezepte)
Chili-Öl (s. Basisrezepte)

Vorbereiten:
Die Kalmare putzen und waschen (s. Tip).
Die Mango schälen und in sehr feine Streifen schneiden.
Die Kräuter von den Zweigen zupfen und sehr fein schneiden.
Ingwer, Galgant, Knoblauch, Zitronengras und Kaffir-Limetten-Schale sehr fein schneiden und zu gleichen Teilen vermengen. 1 EL Gewürzmischung und die Kräuter zu den Mangos geben, mit 4 Tropfen Fischsauce, 1 Prise Puderzucker, den zerstoßenen Koriandersamen und etwas Chili-Öl abschmecken.
Für die Mayonnaise das Eigelb mit der Wasabi-Paste und 4 Tropfen Zitronensaft verrühren. Das Sonnenblumenöl tröpfchenweise einrühren, so daß eine dicke Creme entsteht; zuletzt die Sahne unterrühren. Mit Salz und Pfeffer abschmecken.

Fertigstellen:
Das Öl zum Fritieren auf 180 Grad erhitzen.
Das Tempurapulver mit 50 Grad warmem Wasser zu einem dickflüssigen, schaumigen Teig verrühren.
Die Kalmare durch den Teig ziehen und goldbraun fritieren, mit dem Fünf-Gewürz-Pulver bestäuben.
Je drei Kalmare um den Mangosalat herum anrichten, einen Klecks Mayonnaise danebensetzen.

Tip:
Um die Kalmare zu putzen, die Tentakel zusammen mit den Innereien aus dem Körper ziehen, dann die Haut von dem beutelförmigen Körper abziehen; zum Schluß aus der Mitte der Tentakel die Kauwerkzeuge herausdrücken und entfernen.

Wein:
Würze und Schmelz müssen im Überfluß vorhanden sein, soll der Wein angesichts der Aromenfülle des Gerichts nicht zum x-beliebigen Getränk degradiert werden. Säure und Alkohol hingegen dürfen nicht besonders hoch sein, soll der Gaumen nicht von Schärfe und Säure betäubt werden. Der Wein sollte deshalb unbedingt aus einer relativ kühlen Region kommen und im Holzfaß ausgebaut worden sein: Chardonnay aus Westaustralien oder Tasmanien.

Gegrillte Sardinen mit Minzmayonnaise

Aromen: Orange, Minze

Sardinen müssen nicht zwangsläufig aus der Dose auf den Tisch. Auch als Frischfisch sind nämlich die kleinen Heringe ganz vorzüglich. Ihr Fleisch ist relativ fett und deutlich salzig. Damit sind Sardinen – die besten gibt es im Frühjahr und Sommer – die idealen Grillfische. Unsere Marinade mit frischen Kräutern nimmt den Fischen auch den geringsten Anflug von Tranigkeit. Zusammen mit dem fruchtsüßen Spitzkohlsalat sind Sardinen alles andere als ein Arme-Leute-Essen.

Zutaten:

für 4 Personen

10 Sardinen (ca. 500 g)
1 kleiner Spitzkohl
1 Bund glatte Petersilie
1 Bund Schnittlauch
15 schwarze Oliven
Kerbel
Majoran
etwas Zitronensaft
0,1 l Olivenöl
weißer Balsamicoessig
1 Eigelb
1 EL Sahne
Zuckersirup
5 EL Minzöl (s. Basisrezepte)
kandierte Orangenschale (s. Basisrezepte)

Vorbereiten:
Die Sardinen unter fließendem Wasser waschen, dabei die Schuppen entfernen. Zum Filetieren den Kopf abknicken und zusammen mit den Eingeweiden entfernen. Die Rückenflosse herausziehen, die Filets mit dem Daumen von der Hauptgräte lösen; vorstehende Gräten aus den Filets ziehen.
Aus Olivenöl, Petersilienblättern und Schnittlauch ein Kräuteröl mixen. Die Sardinenfilets damit marinieren.
Die Oliven entsteinen, halbieren und in einer feuerfesten Form im Ofen trocknen.
Kerbel- und Majoranblätter von den Zweigen zupfen.
Aus Eigelb und Minzöl eine Mayonnaise rühren. Die Sahne zugeben und mit Salz, Pfeffer und einem Spritzer Zitronensaft abschmecken.
Den Spitzkohl in Blätter zerteilen. Die dicken Rippen entfernen und die Blätter in feine Streifen schneiden.

Fertigstellen:
Den Spitzkohl in Sonnenblumenöl anbraten, mit Salz und Pfeffer würzen und in eine Schüssel geben. Oliven, Kerbel, Majoran sowie nach Geschmack kandierte Orangenschale (je mehr, desto süßer der Salat) untermischen.
Die Sardinen auf dem Spitzkohlsalat anrichten; die Mayonnaise separat dazu reichen.

Wein:
Nur ein Wein mit Restzucker kann der Süße des Kohlsalats Paroli bieten. Um die Sardinen nicht unangenehm fischig erscheinen zu lassen, darf die Süße des Weines jedoch nicht dominieren, sondern sollte von entsprechender Säure balanciert werden, wie dies bei einem guten Vouvray Demisec von der Loire der Fall ist.

Orangenspargel mit Knochenschinken

Aromen: Ingwer, Sternanis

Spargel wird seit jeher mit etwas Zucker gekocht, um sein Aroma besser zur Geltung zu bringen. Durch die Zugabe von Orangensaft verleihen wir den edlen Sprossen darüber hinaus eine ausgesprochen blumige Note, machen sie also zu wahren Frühlingsboten. Den ohne Sauce servierten Spargel kann man übrigens problemlos ganz nach traditioneller Sitte mit den Fingern essen – auch wenn heutzutage Messer normalerweise keine Klingen aus Eisen mehr haben, die das edle Gemüse unangenehm bitter schmecken lassen.

Zutaten:

für 4 Personen

2 kg Spargel
8 Orangen
20 g frischer Ingwer
5 Zweige Thymian
2 Stück Sternanis
1–2 EL Zucker
2 EL kaltgepreßtes Sonnenblumenöl
2 EL Butter
200 g spanischer Knochenschinken

Vorbereiten:

Den Spargel großzügig schälen und die holzigen Enden abschneiden.

Von zwei Orangen die Schale sehr dünn ohne das Weiße abschneiden. Alle Orangen auspressen, den Saft durch ein Sieb geben.

Sternanis, Ingwer, Thymian und Orangenschale in einen großen Bräter geben, die Spargelstangen nebeneinander auf die Gewürze legen, salzen und pfeffern, mit dem Sonnenblumenöl beträufeln und kurz anschwitzen. Mit dem Orangensaft ablöschen, einmal aufkochen lassen und 1/2 l Wasser zugeben. Den Spargel im Backofen je nach Dicke 10 bis 15 Minuten bei 180 Grad im geschlossenen Topf garen. Anschließend den Spargel im Fond abkühlen lassen.

Fertigstellen:

Den Schinken in Scheiben schneiden.

Die Butter in einer Pfanne leicht anbräunen, den Spargel darin goldgelb anbraten. Den Spargel mit dem Schinken servieren.

Tip:

Sollten Sie keinen ausreichend großen Bräter besitzen, bereiten Sie den Spargel mit jeweils der Hälfte an Gewürzen, Öl und Saft in zwei Portionen zu. Der Zeitaufwand ist nur geringfügig größer.

Wein:

Die blumig-duftigen, hier sogar süßen Aromen des Spargels stehen dem würzig-nussigen, leicht salzigen Geschmack des Schinkens gegenüber. Dieser Kombination tragen wir mit einem aromatischen, aber trockenen Weißwein Rechnung, etwa einem jungen frischen Riesling aus dem Rheingau, der Wachau, dem Kamptal oder von der Mosel. Aber Vorsicht: Sauer und dünn sollte er auf keinen Fall wirken!

Kalbskopf mit Ananassalat

Aromen: grüne Currypaste, Koriandersaat, Minze, Basilikum

Keine Sorge: Sie müssen vom Metzger keinen traurig glotzenden Kalbskopf nach Hause tragen und ihm dort das Fell über die Ohren ziehen. Eine sogenannte Kalbskopfmaske ist das bereits vom Knochen gelöste Gesichtsfleisch einschließlich der Haut. Dennoch müssen Sie die Maske wohl bei Ihrem Metzger bestellen, da sie von Privatleuten relativ selten verlangt wird. Die Deftigkeit des Fleisches wird in unserem Gericht durch die exotische Finesse des Salats geradezu konterkariert. Das Ergebnis ist ein echtes Aha-Erlebnis für Nase und Gaumen.

Zutaten:

für 4 Personen

500 g Kalbskopfmaske
1 kleine Ananas
2 Zwiebeln
1 Karotte
1 Lauchstange
2 Selleriestangen
1 Knoblauchzehe
2 frische Lorbeerblätter
4 Zweige Thymian
1 Zweig Koriandergrün
1 Zweig Minze
1 Zweig Basilikum
1/2 Zimtstange
10 Pfefferkörner
10 Körner Koriandersaat
1 Nelke
0,1 l Weißwein
2 EL grüne Currypaste (s. Basisrezepte)
1 EL Ingwer-Würzmischung (s. Basisrezepte)
Chili-Öl (s. Basisrezepte)

Vorbereiten:
Die Kalbsmaske kurz in kochendem Wasser blanchieren.
Alle Gemüse schälen und zerkleinern, mit den Lorbeerblättern, dem Thymian und den Gewürzen in etwas Sonnenblumenöl anschwitzen, mit dem Weißwein ablöschen und so viel Wasser zugießen, daß die Gemüse knapp bedeckt sind.
Den Kalbskopf auf die Gemüse setzen, salzen und pfeffern. Bei 180 Grad im Backofen zugedeckt in 2 bis 3 Stunden weichschmoren.
Die Ananas schälen, vierteln und den Strunk entfernen. Das Fruchtfleisch in kleine Würfel schneiden.
Minze-, Koriander- und Basilikumblätter vom Zweig zupfen und klein schneiden. Mit 1 EL Ingwer-Würzmischung vermengen.
Den Kalbskopf aus dem Topf nehmen und in mundgerechte Stücke schneiden, mit dem grünen Curry marinieren.

Fertigstellen:
Den Kalbskopf in einer Pfanne in etwas Sonnenblumenöl leicht knusprig braten, salzen und pfeffern.
Die Ananas zunächst mit der Hälfte der Kräuter-Ingwer-Mischung anmachen, dann nach Geschmack mehr davon zugeben. Mit Chili-Öl abschmecken.
Den Kalbskopf neben dem Ananassalat anrichten.

Wein:
Welch ein Gegensatz auf der Zunge! Das weiche Fleisch in Verbindung mit der frischen, gewürzten Ananas fordert einen Weißwein mit Struktur und Körper, zugleich aber Exotik und Frische. Wir entscheiden uns bei diesem Gang stets für einen kalifornischen Chardonnay, der keinen biologischen Säureabbau durchgemacht hat, wodurch er besonders frisch wirkt. Ein solcher Wein beeindruckt durch sein exotisches Fruchtbukett, das mit diesem Gericht ideal zu kombinieren ist. Fragen Sie Ihren Weinhändler nach einem vergleichbaren Burgunder oder Italiener, wenn Sie keinen entsprechenden Kalifornier bekommen können. Wichtig ist, daß er nach burgundischer Methode im Holzfaß ausgebaut und daß ihm kein Säureabbau erlaubt wurde.

Gefüllte Artischocken

Aromen: Ingwer, Orange, Minze

Wer Artischocken nur als Halbfertigprodukt in der Konserve kauft, bringt sich bei diesem edlen Gemüse um den größten Teil des Genusses. Zugegeben: Das Erscheinungsbild der Artischocke ist eher abweisend, handelt es sich dabei doch um die ungeöffnete Knospe einer Distel. Doch wie so oft verbirgt sich hinter der stachligen Schale ein besonders delikater Kern, den zu gewinnen sich wirklich lohnt. Verwenden Sie für unser Gericht nur frische Artischocken: Die Blätter müssen fest aneinander liegen und dürfen keine Flecken haben; der Stiel sollte nicht schrumpelig sein. Am besten ist das nicht nur leckere, sondern obendrein sehr gesunde Gemüse zwischen Mai und Oktober.

Zutaten:

für 4 Personen

12 mittelgroße Artischocken
100 g Ziegenfrischkäse
1 kleiner Weißkrautkopf
2 Zwiebeln
2 Knoblauchzehen
2 Zweige Minze
3 Zweige Thymian
1 Lorbeerblatt
Saft von einer Zitrone
frischer Ingwer
kandierte Orangenschale (s. Basisrezepte)
Chili-Öl (s. Basisrezepte)

Vorbereiten:
Den Zitronensaft in 1 l kaltes Wasser rühren. Von den Artischocken die Blätter abzupfen, bis der Boden sichtbar wird; dann vom Boden und Stielansatz die grüne Schale sowie die Spitze der Artischocke oberhalb des zarten Blattansatzes abschneiden. Das Heu mit einem Löffel aus dem Inneren herauskratzen. Die Artischocken sofort in das Zitronenwasser geben, da sie sich sonst verfärben.
Die Zwiebeln und den Knoblauch schälen, in feine Würfel schneiden, alles in einem großen Topf anschwitzen. Die Artischocken nebeneinander in den Topf setzen, salzen, pfeffern, Lorbeer und Thymian dazugeben; mit etwas Olivenöl beträufeln. Den Topf verschließen und die Artischocken im Backofen bei 180 Grad in etwa einer halben Stunde weich schmoren.
Das Weißkraut in feine Streifen schneiden, kurz anbraten, salzen und pfeffern, mit frisch geriebenem Ingwer aromatisieren. Die Minzblätter von den Stielen zupfen und in feine Streifen schneiden.

Fertigstellen:
Das Weißkraut mit Ziegenkäse, Minze und 1 EL kandierter Orangenschale (ohne Sirup) vermengen, mit Zitrone, Salz, Pfeffer und Chili-Öl abschmecken. Die Füllung in die Artischocken drücken. Die Artischocken mit der Füllung nach unten zurück in den Schmortopf setzen. Im geschlossenen Topf bei 180 Grad noch etwa 10 Minuten garen.
Zum Servieren die Artischocken mit dem Schmorfond beträufeln.

Wein:
Artischocken enthalten eine chemische Substanz, die die Geschmacksempfindung verändert: Nach dem Genuß des Gemüses, egal in welcher Form, schmeckt alles süßer. Um nicht völlig aus dem Gleichgewicht zu geraten, muß ein Wein zu Artischocken also eine relativ hohe Säure besitzen. Das kann ebenso ein absolut trockener deutscher Riesling sein wie ein portugiesischer Vinho Verde. Einen wirklich großen Wein sollte man jedoch niemals zu dem eigenwilligen Gemüse servieren.

Rotbarbe mit Tomaten und Rhabarber

Aromen: Ingwer, Basilikum, Minze

Die Kombination von Fisch und Rhabarber klingt für viele im ersten Augenblick befremdlich. Rhabarber wird in der mitteleuropäischen Küche normalerweise wie eine Frucht behandelt und zu Kompott, Marmelade und Grütze verarbeitet oder als Kuchenbelag verwendet. Das botanisch als Gemüse geltende Staudengewächs eignet sich jedoch wegen seines deutlich schmeckbaren Gehalts an Oxalsäure vorzüglich als Begleiter zu gegrilltem Fisch.

Zutaten:

für 4 Personen

4 Rotbarben (à 160 g)
400 g Kirschtomaten
1 Stange Rhabarber
1/2 Knoblauchzehe
6 schwarze Oliven
3 Zweige Basilikum
3 Zweige Minze
10 g Ingwer
4 Scheiben Kastenweißbrot
Balsamicoessig
Olivenöl
2 EL Butter
4 EL Zucker
Currypulver (s. Basisrezepte)

Vorbereiten:
Die Rotbarben filetieren. Den Ingwer schälen. Den Rhabarber schälen und in kleine Würfel schneiden; den Ingwer dazureiben, alles mit Zucker vermischen und mindestens 2 Stunden ziehen lassen.
Die Oliven entsteinen und kleinhacken.
Den Knoblauch schälen und fein würfeln.

Fertigstellen:
Die Tomaten halbieren und den Stielansatz entfernen.
Die Kräuter von den Zweigen zupfen und in feine Streifen schneiden. Mit Salz, Pfeffer, etwas Olivenöl und Balsamicoessig einen Salat zubereiten.
Den Rhabarber abtropfen lassen und in einer Pfanne mit 1/2 TL Butter anschwitzen. Die Oliven und den Knoblauch zugeben, mit etwas Currypulver und schwarzem Pfeffer würzen.
Das Brot entrinden und in der Butter knusprig braten.
Die Rotbarbe salzen, pfeffern und grillen.
Die Rhabarbermasse dünn auf den Brotscheiben verteilen, mit dem Tomatensalat und der Rotbarbe anrichten.

Wein:
Hier braucht man einen deftigen, kräftigen Weißwein, der die sehr unterschiedlichen Aromen miteinander vereint. Ein typischer trockener Regionalwein, etwa ein Trebbiano d'Abruzzo, ein Vernaccia di San Gimignano, ein Vin de Pays aus Südfrankreich oder ein weißer Gaillac, ja selbst ein heimischer Silvaner – sofern nicht dünn und sauer – leisten gute Dienste.

Perlgraupenrisotto mit Kürbisblüten

Aromen: Fenchel, Safran

Graupen gehören zu den beinahe vergessenen Lebensmitteln. Vor dem Aussterben hat sie einzig die Tatsache bewahrt, daß die auch „Kälberzähne" genannten rundgeschliffenen Getreidekörner besonders leicht verdaulich sind. So fristen Graupen bis heute als Krankenkost und Einlage für kräftigende Suppen ein Dasein weit unter ihrem kulinarischen Wert. Die aus geschälten und entspelzten Gersten- und gelegentlich auch Weizenkörnern hergestellten Graupen – die feinsten kommen als Perlgraupen in den Handel – sind nämlich ausgesprochen universell einsetzbar.

Zutaten:

für 4 Personen

80 g Fenchelsalami
200 g Perlgraupen
6 Kürbisblüten
1 Zwiebel
1 Knoblauchzehe
2 frische Lorbeerblätter
1 TL Fenchelgrün
5 Fäden Safran
60 g Butter
30 g Parmigiano
6 cl Weißwein
0,55 l Geflügelfond (s. Basisrezepte)

Vorbereiten:
Die Perlgraupen etwa 6 Stunden in lauwarmem Wasser einweichen.
Zwiebel und Knoblauch schälen und klein schneiden, in einem Topf mit 1 knappen EL Butter anschwitzen, die Lorbeerblätter zugeben, mit dem Weißwein ablöschen und leicht einköcheln. Die abgetropften Perlgraupen in den Sud geben, 1/2 l Geflügelfond zugießen, aufkochen lassen, den Safran zugeben und im geschlossenen Topf bei 180 Grad im Ofen 18 Minuten garen.
Das Fenchelgrün klein schneiden.
Die Salami in feine Streifen schneiden.
Von den Kürbisblüten den Stempel entfernen, ebenfalls in feine Streifen schneiden.
Den Parmigiano fein reiben.

Fertigstellen:
Die Salamistreifen anbraten, die Perlgraupen und den restlichen Geflügelfond dazugeben. Kurz aufkochen lassen, Fenchelgrün und Kürbisblüten zugeben. Zunächst den Parmigiano, dann 50 g kalte Butter zügig in kleinen Stücken unterrühren. Mit Salz und Pfeffer abschmecken.

Wein:
Vinologisch sehen wir zwei Möglichkeiten: Ein leichterer Rotwein, zum Beispiel ein frischer Côtes du Rhone mit etwas Syrahbetonung, der ohne aufdringlichen Gerbstoff, aber würzig, saftig, nachhaltig, hocharomatisch und frisch ins Glas kommt, macht gewiß Appetit zu diesem eher deftig gehaltenen Gericht. Als Weißwein würden wir einen saftig-kräftigen, typischen Regionalwein aus der Provence nehmen, beispielsweise einen Rolle/Vermentino mit seinen charakteristischen Blüten- und Sommeraromen, dessen gelbe Würze durch niedrige Säure unterstützt wird und damit perfekt zu diesem Gericht harmoniert.

Pfifferlingssalat mit Poulardenbrust

Aromen: Süßholz, Basilikum

Den Geschmack von Süßholz kennt jeder aus seiner Kindheit: Lakritze, respektive Bärendreck, erhält ihren charakteristischen Geschmack aus dem Wurzelsaft des Süßholzbaumes. Außer für Konfekt und einige Likör- und Biersorten konnte sich das bitter-süße Aroma jedoch als Würze nicht durchsetzen. Das Gros der Ernte geht in Hustensäfte, krampflösende Mittel und Medikamente gegen Magenkrankheiten. Man findet die getrockneten, leuchtend braunen Stangen deshalb am ehesten in Geschäften, in denen noch Kräutertees und sonstige Aufgüsse nach Bedarf gemischt werden.

Zutaten:

für 4 Personen

4 Poulardenbrüste à 150 g
400 g Pfifferlinge
1 Zwiebel
1 Karotte
1 kleines Stück Sellerie
1 Zitrone
1 Bund Rucola
1 Bund Basilikum
6 Zweige Thymian
2 Zweige Rosmarin
2 Stangen Süßholz
1 Ei
weißer Balsamicoessig
Olivenöl
0,2 l Geflügelfond (s. Basisrezepte)

Vorbereiten:
Den Rosmarin zupfen, klein schneiden und mit 3 EL Olivenöl vermengen. Die Poulardenbrüste damit einstreichen und kühl stellen.
Zwiebel, Karotte und Sellerie schälen und in sehr feine Würfel schneiden.
Von der Zitrone die Schale in sehr dünnen, breiten Streifen abschneiden.
Die Pfifferlinge putzen, kurz aber gründlich waschen und gut abtropfen lassen.
Die Süßholzstangen einige Male durchbrechen.
Den Rucola putzen, waschen und gut abtropfen lassen.
Das Ei trennen.
Die Basilikumblätter vom Zweig zupfen.
Aus dem Eigelb, dem Geflügelfond, 0,1 l Olivenöl, den Basilikumblättern und 1 großen EL Balsamicoessig eine Vinaigrette mixen; salzen und pfeffern.

Fertigstellen:
Die Gemüsewürfel in einem Schmortopf in etwas Olivenöl 7 Minuten anschwitzen, die Pfifferlinge zugeben, salzen und pfeffern. Zitronenschale, Thymianzweige und Süßholz zugeben und mit Olivenöl beträufeln, den Topf verschließen und die Pilze im Ofen bei 180 Grad 15 Minuten schmoren.
Die Poulardenbrust salzen und pfeffern, in der Pfanne mit etwas Olivenöl langsam glasig braten.
Zitronenschale, Thymian und Süßholz aus den Pilzen nehmen. Die Pfifferlinge etwas abkühlen lassen, dann den Rucola unterheben und mit Salz, Pfeffer sowie etwas weißem Balsamico abschmecken.
Die Poulardenbrüste auf den Pilzen anrichten und die Basilikumvinaigrette darum herumträufeln.

Wein:
Ein Wein, der ein gewisses „Pfefferl" mitbringt, paßt natürlich hervorragend zu einem Gericht wie diesem. Also auch auf die Gefahr hin, daß wir uns wiederholen: Ein trockener frischer Grüner Veltliner höherer Gradation, dieses Mal vielleicht nicht aus der Wachau, sondern von den kargen Urgesteinsböden des Kamptals oder den Verwitterungsböden des Donaulandes, kommt besonders pfeffrig und würzig daher und bietet sich deshalb hier auf ideale Weise an.

Lorbeer

Laurus nobilis

Lorbeerkränze werden Siegern und Dichtern gewunden, und wer genug davon hat, kann sich schon einmal auf seinen Lorbeeren ausruhen. In Hellas, so erzählt die griechische Mythologie, war die immergrüne Pflanze Apoll geweiht. Als dieser versuchte, Daphne die Unschuld zu rauben, wurde die Nymphe vor seinen Augen in einen Lorbeerbaum verwandelt. Seitdem muß der Führer der Musen einen Lorbeerkranz tragen. Im frühen Christentum galt der Lorbeer als Symbol der Unvergänglichkeit, weshalb Tote auf Lorbeerblätter gebettet wurden. Neben seinem ideellen Wert besaß das immergrüne Gewächs jedoch schon in der Antike eine gewisse Bedeutung als Heilmittel und Gewürz für Wurst, Geflügel und Fisch.

Der Lorbeer ist eine Pflanze gemäßigter Klimazonen. Ursprünglich war er in ganz Europa heimisch. Während der Eiszeiten wurde sein Verbreitungsgebiet jedoch in den Süden verschoben, wo er heute noch überall gedeiht. Die ledrigen Blätter des Lorbeerbaums besitzen frisch ein süßlich-zimtiges, getrocknet ein eher mentholisches Aroma. Stets muß man sie mitschmoren, damit sie ihre ätherischen Öle freisetzen. Zu lange gegart, schmeckt Lorbeer allerdings bitter. Lorbeer gilt es sparsam zu verwenden, sonst dominiert er zu sehr. Die dicken Blätter kann man nicht mitessen. Wenn man ein Gericht nicht ohnehin durch ein Sieb abgießt, sollte man sich also merken, wieviele Blätter man mitgekocht hat, um sie vor dem Servieren vollständig wieder aus Suppe oder Sauce zu entfernen. Lorbeer gehört unbedingt in ein „Bouquet garni", das französische Würzsträußchen zum Aromatisieren von Brühen, Suppen, Schmorgerichten und Saucen.

Ein Lorbeerbäumchen ist in einem Topf auf Balkon oder Fensterbank ohne Probleme zu ziehen. Wenn man Blätter trocknen will, sollte man sie in den heißen Sommermonaten ernten. Im Winter müssen die Kübelpflanzen unbedingt ins Haus.

Koriander

Coriandrum sativum

Die Korianderpflanze liefert für die Küche zweierlei: Samen und Kraut. Überraschenderweise ist der Geschmack der braunen kugeligen Früchte und des frischen Grüns völlig unterschiedlich. Während Koriandersaat einen feinen, frischen, beinahe blumigen Duft und einen leicht süßen Geschmack hat, verströmen die jungen Blätter ein beinahe seifiges Aroma. Botaniker beschreiben es sogar als wanzenartig, weshalb die Pflanze im Volksmund auch Wanzendill genannt wird.

Wie so viele würzende Kräuter stammt auch der Koriander, ein Doldenblütler, ursprünglich aus dem östlichen Mittelmeergebiet und Vorderasien. Schon im Zweistromland, im steinzeitlichen Griechenland und im alten Persien war es ein beliebtes Gewürz. Im antiken Rom zählte es zu den wichtigsten Aromaten überhaupt. Im römischen Kochbuch des Apicius stehen in Dutzenden von Rezepten Koriandersaat und -grün auf der Zutatenliste. Nördlich der Alpen hielt der Wanzendill erst in der frühen Neuzeit in größerem Stil Einzug in Haus- und Klostergärten. Allerdings fand er weniger in der Küche als in der Medizin Verwendung.

Die kugeligen, weißem Pfeffer ähnlichen Früchte entwickeln ein verführerisches Orangenaroma, wenn man sie kurz in einer Pfanne ohne Fett anröstet und dann zerstößt. Koriandersaat kann man mitgaren oder erst vor dem Servieren fein gemörsert über eine Speise streuen. Stets unterstützt seine feine, frische Aromatik die natürliche Süße von Gemüsen. Koriandergrün, das vor allem in der asiatischen Küche sehr beliebt ist, sollte man mit großer Vorsicht verwenden. Sein dominantes Aroma überdeckt leicht andere geschmackliche Nuancen. Die Blätter kann man mitschmoren oder sehr fein geschnitten unmittelbar vor dem Servieren unter Speisen rühren.

Koriander wächst problemlos im Garten oder in einem Blumentopf, sofern man ihm ein warmes Plätzchen und kalkhaltigen Boden zur Verfügung stellt. Für die Küche eignen sich die ersten breiten Blätter der Pflanze besonders gut. Das später erscheinende, fein gefiederte Grün enthält erheblich weniger Aromastoffe. Die Körner sollte man ernten, wenn sie braun zu werden beginnen. Allerdings muß man sie dann noch trocknen lassen, sollen sie nicht tatsächlich nach Wanzen riechen.

Glattbutt mit Koriandergemüsen

Aromen: Koriandergrün, Curry, Ingwer

Glattbutt ist eine preiswerte Alternative zum teuren Steinbutt. Wie dieser lebt der Glattbutt in Flachwassergebieten auf dem Meeresgrund und ernährt sich von kleinen Krebstieren, was sein Fleisch besonders delikat macht. Wählen Sie beim Einkauf möglichst dicke Filets – notfalls von einer anderen Plattfisch-Art –, denn sie bleiben beim Garen saftiger.
Unser Rezept ist ideal auch für Anfänger in der Kunst des Würzens. Die große Gefahr, ein Gericht zu stark oder einseitig zu würzen, ist hier nämlich kaum vorhanden, sorgt doch das hausgemachte Currypulver aufgrund seiner aromatischen Vielfalt für geschmackliche Balance.

Zutaten:

für 4 Personen

500 g Glattbuttfilet
70 g Kaiserschoten
70 g Okraschoten
1 Bund Frühlingszwiebeln
2 Stangen Spargel
100 g Kürbis
1 Bund Koriandergrün
20 g Ingwer
1 Knoblauchzehe
1 rote Zwiebel
1 grüne Chilischote
3 Zweige Thymian
1 Orange
1 Zitrone
20 Cashewkerne
5 cl Weißwein
2 cl Madeira
0,1 l Sonnenblumenöl
30 g Butter
1/4 l Fischfond (s. Basisrezepte)
Currypulver (s. Basisrezepte)
Chili-Öl (s. Basisrezepte)

Vorbereiten:
Ingwer und Knoblauch schälen und kleinschneiden. Die Chilischote entstielen und entkernen. Die Korianderblätter von den Stielen zupfen und mit Knoblauch, Chilischote, Ingwer und Sonnenblumenöl zu einer homogenen Paste mixen. Kaiserschoten, Frühlingszwiebeln und Kürbis putzen, Zwiebel und Spargel schälen. Alles in feine Streifen schneiden. Die Okraschoten je nach Größe vierteln oder halbieren. Die Cashewkerne längs halbieren.
Von einem Viertel der Orange die Schale sehr dünn abschneiden.
Weißwein und Madeira auf etwa 2 cl einkochen, mit dem Fischfond auffüllen und wieder auf die Hälfte reduzieren.

Fertigstellen:
Den Fisch portionieren und in eine feuerfeste Form legen, Thymian und Orangenschale dazugeben, salzen, pfeffern und mit etwas Sonnenblumenöl beträufeln. Im 180 Grad heißen Backofen je nach Dicke der Filets 6 bis 10 Minuten garen, so daß der Fisch innen noch glasig ist.
Die Gemüse mit den Nüssen in einer Pfanne in etwas Sonnenblumenöl bißfest braten, mit Zucker und Salz würzen und mit der Korianderpaste abschmecken.
Den Fischfond aufkochen und die eiskalte Butter hineinmixen, so daß die Sauce leicht bindet; mit Curry, Salz, Chili-Öl und etwas Zitronensaft abschmecken. Fisch und Gemüse nebeneinander anrichten; die Filets mit der Sauce beträufeln.

Tip:
Dicke Fischfilets bleiben beim Garen saftiger.

Wein:
Die kraftvollen Aromen dieses Gerichts, dem das Koriandergrün eine parfümige und der Curry eine blumige Note verleiht, kann nur von einem voluminösen Wein mit niedriger Säure, aber hohem Alkohol begleitet werden. Wir empfehlen einen weißen Rhônewein, beispielsweise einen Viog

Rochen mit Ananassenf

Aromen: Sternanis, Thymian

Rochenfleisch ist mit einem Fettanteil von nur 0,2 Prozent extrem mager und leicht verdaulich. Von den platten Knorpelfischen kommen meist nur die vergrößerten Brustflossen, die sogenannten Flügel, in den Handel. Besonders begehrte Speisefische sind der Vieraugen-, der Nagel- und der Fleckenrochen. Fragen Sie Ihren Händler nach der Qualität und seien Sie vorsichtig bei allzu günstigen Angeboten. In der großen Familie der Rochen gibt es nämlich auch Vertreter mit wäßrig-fadem oder zähem Fleisch. Rochen sind übrigens ausgesprochen verbraucherfreundlich: Sie besitzen keine Gräten, sondern ein knorpeliges Skelett, welches das Filetieren einfach macht.

Zutaten:

für 4 Personen

700 g Rochenflügel
2 Bund Rucola
10 reife kleine Tomaten
5 Zweige Thymian
4 Knoblauchzehen
Sternanis
Olivenöl
3 EL Sahne
3 EL Ananassenf (s. Basisrezepte)

Vorbereiten:
Die Tomaten in kochendes Wasser tauchen, abschrecken und enthäuten, vierteln, Stielansatz und Kerne entfernen. Die Tomatenviertel trockentupfen und nebeneinander in eine flache feuerfeste Form setzen, mit etwas Olivenöl beträufeln, salzen und pfeffern. Die Knoblauchzehen mit dem Handballen anquetschen und mit dem Thymian auf den Tomaten verteilen. Die Tomaten im Backofen bei etwa 100 Grad 2 bis 3 Stunden trocknen lassen.
Den Rucola putzen, waschen und gut abtropfen lassen.
Den Sternanis ohne Fett leicht anrösten und fein zermahlen.
Die Rochen filetieren.
Den Ananassenf mit der Sahne verrühren und die Rochenfilets auf beiden Seiten damit einstreichen.

Fertigstellen:
Den Fisch salzen, pfeffern und kurz von beiden Seiten goldbraun braten.
Den Rucola in etwas Olivenöl braten, salzen und pfeffern; die getrockneten Tomaten zugeben. Mit dem Sternanis dezent abschmecken. Den Rochen mit den Rucola-Tomaten anrichten.

Tip:
Zum Filetieren des Rochens mit einem scharfen Messer zwischen Gräte und Filet entlangschneiden. Genauso auf der anderen Seite verfahren. Erst jetzt mit dem Messer die Haut abtrennen.

Wein:
Die üppigen Ananasaromen fordern geradezu einen Chardonnay aus dem Holzfaß. Allerdings sollte er zum Fisch nicht zu schwer sein. Unser Vorschlag: ein frischer mineralischer Chardonnay aus dem Beaujolais.

Zwiebelsalat mit Lotte im Speckmantel

Aromen: Minze, Zitrone

Zwiebel ist nicht gleich Zwiebel. Da gibt es braun-, weiß- und rotschalige, große und kleine, scharfe, milde, süßliche und würzige Varianten. Zwischen Mitte April und Mitte Mai kommen die weißen, flachen Zipolle, gelegentlich unter der Bezeichnung Schaschlikzwiebel, auf unsere Märkte. Diese besonders milde, feinsüße Sorte treibt weder beim Schälen und Schneiden noch beim Genuß in ungekochter Form irgend jemandem Tränen in die Augen.

Zutaten:

für 4 Personen

400 g Lottefilet
8 sehr dünne Scheiben durchwachsener Speck
3 flache weiße Zwiebeln
2 Zweige Minze
1 EL Pinienkerne
weißer Balsamicoessig
Olivenöl
Chili-Öl (s. Basisrezepte)
1 EL kandierte Zitronenschale (s. Basisrezepte)

Vorbereiten:
Das Lottefilet von allen Häutchen befreien, in 8 Medaillons schneiden und jeweils in eine Speckscheibe wickeln.
Die Pinienkerne ohne Fett in einer Pfanne anrösten.
Die Minzblätter von den Zweigen zupfen.
Die Zitronenschale abtropfen lassen.

Fertigstellen:
Die Zwiebeln schälen und in hauchdünne Streifen schneiden. Die Minze in feine Streifen schneiden.
Die Zwiebeln mit der Minze, der Zitronenschale, den Pinienkernen sowie weißem Balsamicoessig und Olivenöl zu einem Salat anmachen; mit Salz, Pfeffer und etwas Chili-Öl abschmecken.
Die Lotte in einer Pfanne in etwas Olivenöl von allen Seiten knusprig braten, so daß der Fisch innen noch glasig ist; mit Pfeffer und Salz abschmecken.

Tip:
Vorsicht beim Würzen des Fisches, da der Speckmantel sehr viel Salz abgibt.

Wein:
Keine Angst, der Zwiebelsalat ist sehr mild, und Weingenuß dabei durchaus möglich. Wir raten zu einem Weißen, der zwar trocken ist und eine frische, pikante Säure sein eigen nennt, zugleich aber auch durch reifes Lesegut einen Hauch von Süße auf die Zunge bringt. Wir servieren hier zum Beispiel gerne hochkarätige Riesling Spät- oder Auslesen von der Obermosel oder der Nahe. Deren mineralischer Pfirsich- und Obstgeschmack paßt besonders gut zu dem aromatischen Spannungsfeld von salzigem Speck, fester Fischtextur und zitrustönigem Zwiebelsalat.

Zitronengras

Cymbopogon citratus

Erst die Entdeckung der asiatischen Küche durch Feinschmecker und Meisterköche brachte in den 1980er Jahren das Zitronengras in größerem Stil nach Europa. Die unscheinbare schilfartige Pflanze mit ihren langen, scharfkantigen Blättern wächst wild in den Tropen Südostasiens. Kultiviert wird sie mittlerweile auch in Südindien, Afrika, Brasilien und Nordamerika.

Zitronengras ist mit keiner der vielen Pflanzen verwandt, die auch die Zitrone in ihrem Namen führen. Die an der Basis zwiebelartig verdickten Halme werden dreimal im Jahr geerntet. In der Küche werden vor allem die hellen Partien der Stengel verwendet, die das meiste ätherische Öl enthalten. Dieses duftet zitronig frisch, ist dabei jedoch nicht sauer. Anders als Zitrone verleiht es deshalb Gerichten eine frischwürzige Note, ohne den Geschmack grundsätzlich zu beeinflussen. Zitronengras kann entweder – sehr fein geschnitten – roh zu Gerichten gegeben werden, oder man läßt die Bulben in großen Stücken mitkochen. Das aromatische Gras eignet sich auch für einen Auszug in Öl, aus dem sich unter anderem eine aromatische Mayonnaise rühren läßt.

Ihre kulinarische Hauptrolle spielen die Halme in der Küche Thailands. Hier würzen sie Salate und Suppen ebenso wie Fisch-, Fleisch- und Geflügelgerichte. Besonders schön kommt ihr Aroma hier in Gerichten mit Kokosmilch zur Geltung.

Zitronengras gibt es in Asienläden, mittlerweile aber auch bei gut sortierten Gemüsehändlern. Je fester sich die Stengel anfühlen, desto saftiger und aromatischer sind sie. Zitronengras wird auch geschnitten und getrocknet angeboten. Es läßt sich so allerdings nur in Schmorgerichten verwenden, wo man es vor dem Servieren wieder entfernen muß.

Zitronengras hält sich verpackt im Kühlschrank einige Tage. Es kann kleingeschnitten auch eingefroren werden.

Kardamom

Elettaria cardamomum, Amomum cardamomum

Kardamom gehört mit Vanille und Safran zu den teuersten Gewürzen der Welt. Sein hoher Preis resultiert neben der großen Nachfrage im Erzeugerland selbst vor allem aus der aufwendigen Ernte von Hand. Die Kardamompflanze, heimisch vor allem im südwestindischen Malabar und auf Ceylon, gehört zur Familie der Gewürzlilien. Auf einem schlank aufragenden Stengel wachsen zunächst Trauben weißer Blüten, aus deren Fruchtknoten die länglichen Kardamomkapseln heranreifen. Um die Pflanze nicht zu verletzen, müssen die Früchte behutsam eine nach der anderen abgeschnitten werden. Entscheidend für die spätere Qualität ist dabei – wie bei so vielen Gewürzen – der richtige Erntezeitpunkt. Die Früchte müssen so reif sein, daß sie ein Optimum an ätherischen Ölen entwickelt haben, aber noch so unreif, daß sie diese nicht schon wieder verströmen. Erst nach dem Waschen und Trocknen beginnen die Kapseln zu duften.

In der Küche wurden die Samen schon vor etwa 5000 Jahren im Zweistromland, später dann im antiken Rom genutzt. So gibt es bereits in der Rezeptsammlung des Apicius aus der römischen Kaiserzeit, dem ältesten überlieferten Kochbuch, eine „Verdauungssauce", die wesentlich mit Kardamom gewürzt wird. Im Mittleren Orient, den die duftenden Kapseln im Nu eroberten, dient er bis heute vor allem als Kaffeegewürz.

Kardamom besitzt ein minziges Aroma, das von einer leichten Schärfe unterlegt ist und von feinen Zitrus- und Blumentönen abgerundet wird. Es gibt süßen wie salzigen Gerichten eine frische exotische Note. Die empfindlichen Samenkapseln sollten stets unmittelbar vor dem Gebrauch zusammen mit der Schale grob zerstoßen, angeröstet und anschließend komplett zermahlen werden. Sie eignen sich leicht aufgebrochen auch für Aromaauszüge in Sahne oder Jus. Guten Kardamom erkennt man daran, daß die dreikantigen, geriffelten Kapseln fest geschlossen und blaßgrün bis bernsteinfarben sind. Sind die Kapseln grau, haben die Samen ihre Würzkraft verloren.

Kardamom wird gelegentlich auch mit Kalk gebleicht und kommt dann als weiße Variante auf den Markt. Sogenannter schwarzer Kardamom – größere, dunkelbraune Schoten – stammt von einer anderen Pflanze.

Wildente mit Kräutersalat

Aromen: Sternanis, Ingwer, Mango

Junge Wildenten sind besonders wohlschmeckende, nicht sehr fette Wasservögel. Wie auch anderes Wildbret eignet sich ihr aromatisches Fleisch gut für die Kombination mit fruchtig-süßen Saucen. Als Alternative zu Stock-, Knäk- oder Krickente aus freier Wildbahn, die in den Monaten Oktober und November am besten sind, kann man auf eine Nantaiser Ente ausweichen. Dieses Zuchtgeflügel schmeckt noch am ehesten wie seine wildlebenden Verwandten.

Achtung: Unser Gericht hat eine Vorlaufzeit von mindestens 8 Stunden.

Zutaten:
für 4 Personen

2 Wildenten (à 1 kg)
1 sehr reife Mango
200 g Kräutersalat (z. B. Rucola, Kerbel, Pimpinelle, Minze, Portulak)
1/2 Orange
20 g Ingwer
5 g Galgant
1/2 Stengel Zitronengras
1 Kaffirlimettenblatt
7 Stück Sternanis
1 Zimtstange
1 EL Anis
0,1 l Sonnenblumenöl
Olivenöl
Balsamicoessig
Chili-Öl (s. Basisrezepte)
1 Msp. Currypulver (s. Basisrezepte)

Vorbereiten:
Die Hälfte des Ingwers ungeschält klein schneiden. Von der Orange die Schale sehr dünn abschneiden. Sternanis, Anis und die kleingebrochene Zimtstange ohne Fett anrösten. Das Sonnenblumenöl leicht erwärmen; die Gewürze, die Orangenschale und den Ingwer dazugeben.
Die Wildenten zerlegen, die Keulen auslösen und enthäuten. Die 4 Brustfilets mit Haut und das Keulenfleisch mit dem Aromaöl von allen Seiten einstreichen; mindestens 8, besser 24 Stunden im Kühlschrank marinieren lassen.
Für die Sauce die Mango schälen, den Kern entfernen und das Fruchtfleisch klein würfeln. Den restlichen Ingwer und den Galgant schälen und klein schneiden; Kaffirlimettenblatt und Zitronengras ebenfalls klein schneiden. Alles zur Mango geben, gründlich pürieren und durch ein feines Haarsieb streichen. Das Püree mit Chili-Öl und Curry abschmecken.
Die Kräuter putzen, waschen und sehr gut abtropfen lassen.

Fertigstellen:
Die Entenbrüste auf der Hautseite knusprig anbraten, aus der Pfanne nehmen und abkühlen lassen. Keulenfleisch und Brüste salzen und pfeffern, im 180 Grad heißen Ofen in einem offenen Bräter in etwa 4 Minuten rosa braten.
Aus den Kräutern mit Olivenöl und Balsamicoessig einen Salat anmachen. Salat, Keulenfleisch, Brüste und Sauce nebeneinander auf Tellern anrichten.

Wein:
Ideale Bedingungen für eine wenig bekannte Rebsorte von ungewöhnlichem Charakter: Viognier. Ihre exotischen Obstaromen und die extrem niedrige Säure unterstreichen Frische und Aromaintensität dieses Gerichts. Ein Rotwein auch aus bestem Hause hat neben der parfümierten Opulenz der Mango keine Chance.

Lauwarmer Karottensalat mit Käse-Fleisch-Klößchen

Aromen: Ingwer, Koriandergrün, Orange

Fleischklößchen sind ein Standardgericht der deutschen Alltagsküche. Doch statt aus der Not des simplen Geschmacks eine Tugend zu machen und 1001 Ideen beim Würzen dieses kinderleichten Gerichtes in die Tat umzusetzen, bringen die meisten Menschen ihre Klopse, Buletten und Frikadellen immer in der gleichen Machart auf den Tisch. Mit unserer besonders saftigen Version der Verwertung von Fleischresten und alten Semmeln möchten wir Sie zum Experimentieren anregen. Und – servieren Sie doch einfach mal etwas anderes als Kartoffelsalat zu ihren Fleischklößchen.

Zutaten:

für 4 Personen

200 g halbfester, würziger Kuhmilchkäse (z. B. Comté)
400 g Schweinehackfleisch
600 g Karotten
100 g Schmand (ersatzweise Crème fraîche)
2 Eier
1 EL Butter
1 altbackenes Brötchen
2 Zwiebeln
2 Zweige Koriandergrün
einige Zweige Petersilie
1 Orange
etwas frischer Ingwer
Weißweinessig

Vorbereiten:

Das Brötchen in Wasser einweichen.
Die Zwiebeln schälen und in feine Würfel schneiden.
Den Käse grob raffeln.
Die Petersilie von den Zweigen zupfen und fein hacken.
Hackfleisch, die Hälfte der Zwiebelwürfel, Käse, Eier, Petersilie und das ausgedrückte Brötchen gut miteinander vermengen und mit Salz und Pfeffer abschmecken.
Die Karotten schälen und in 5 mm dicke Scheiben schneiden.
Von der Orange etwa ein Viertel der Schale dünn ohne das Weiße abschälen.

Fertigstellen:

Die Karotten mit der Orangenschale und der Butter in 1/4 l Wasser in einem geschlossenen Topf weichköcheln. Vom Feuer nehmen, wenn noch etwas Fond im Topf ist. Alles in eine Schüssel geben, den Koriander unzerkleinert mit etwas geriebenem Ingwer unterheben, ziehen lassen.
Aus der Käse-Fleisch-Masse Klößchen formen und in einer Pfanne braten.
Aus den lauwarmen Karotten den Koriander und die Orangenschale entfernen. Den Schmand und die restlichen Zwiebelwürfel unterrühren, mit Salz, Pfeffer, etwas Zucker und Weißweinessig abschmecken.
Die Klößchen mit dem Salat anrichten und als Beilage Kartoffeln oder Sauerteigbrot reichen.

Wein:

Der deftige Charakter unseres Gerichtes sollte in einem sehr bodenständigen, ursprünglichen, durchaus rustikalen Wein seine Entsprechung finden. Einer, der darüber hinaus auch noch die fruchtige Komponente von Orange und Ingwer aufgreift, ist ein trockener Cannonau aus Sardinien. Zu Fleischklößchen paßt freilich immer auch ein gutes Bier.

Perlhuhncurry mit Rosinencouscous

Aromen: Curry, geröstetes Sesamöl

Perlhühner sind mit ihrem hell gefleckten Gefieder besonders schöne Fasanenvögel. Ursprünglich stammen sie aus Westafrika, sie werden heute jedoch in ganz Europa als Hausgeflügel gehalten. Da Perlhühner beim Garen sehr leicht trocken werden, wird das Fleisch in unserem Rezept nur ganz kurz gebraten; es bleibt somit auch ohne Spicken wunderbar saftig.

Zutaten:
für 4 Personen

1 Perlhuhn (etwa 1 kg)
120 g Weizen-Couscous
2 Zwiebeln
1 Karotte
1/2 Lauchstange
1/2 Fenchelknolle
3 Champignons
1 Knoblauchzehe
2 frische Lorbeerblätter
1/2 Stengel Zitronengras
10 g Ingwer
2 Stück Sternanis
10 Körner schwarzer Pfeffer
2 EL Rosinen
2 EL Pinienkerne
70 g Butter
geröstetes Sesamöl
0,1 l Weißwein
1/8 l Geflügelfond (s. Basisrezepte)
2 EL gelbe Currypaste (s. Basisrezepte)
Currypulver (s. Basisrezepte)
Chili-Öl (s. Basisrezepte)

Vorbereiten:
Die Rosinen in 3 EL leicht erwärmtem Weißwein einweichen und 2 Stunden ziehen lassen.
Das Perlhuhn in Keulen und Brüste zerlegen. Die Keulen auslösen, ohne die Haut zu entfernen. Brüste und Keulen halbieren und mit der Currypaste einstreichen.
Die Gemüse putzen, waschen und klein schneiden. Die Perlhuhnknochen klein hacken, in einem Topf anbraten. Gemüse und Gewürze zugeben und ebenfalls anschwitzen, mit dem Weißwein ablöschen. Etwas einkochen lassen und so viel kaltes Wasser dazu gießen, daß alles bedeckt ist. Aufkochen und auf kleiner Flamme etwa 1 Stunde simmern lassen. Den Fond abkühlen lassen, durch ein feines Sieb gießen, etwas entfetten und auf 0,3 l einkochen.
Den Geflügelfond aufkochen und über den Couscous gießen, zugedeckt etwa 15 Minuten quellen lassen.
Die Rosinen abtropfen lassen und grob hacken.

Fertigstellen:
Die Perlhuhnstücke salzen, pfeffern und in einer Pfanne knusprig braten.
Den Perlhuhnfond aufkochen, vom Herd nehmen und die eiskalte Butter in kleinen Stücken einrühren. Mit Salz, Pfeffer, Currypulver und Chili-Öl abschmecken. Die Pinienkerne in einer Pfanne ohne Fett goldbraun anrösten, Couscous und Rosinen zugeben, mit Salz, Pfeffer, Chili-Öl und geröstetem Sesamöl abschmecken.
Das Fleisch mit der Sauce und daneben den Couscous anrichten.

Wein:
Zu diesem Gericht voller Süße und Würze paßt ein großer kalifornischer Chardonnay. Dekantieren Sie ihn vier bis fünf Stunden vor dem Genuß und servieren Sie ihn nicht zu kalt. Dann wird er Sie mit feinen exotischen Fruchtaromen und einer molligen Weichheit überraschen, die die Aromen des Currys harmonisch abrunden.

Zitronennudeln mit Taube

Aromen: Anis, Zitrone

Der Name „Taube" kommt aus dem Althochdeutschen und bezeichnet dort „die Dunkle". Verglichen mit dem beliebtesten Hausgeflügel, dem Huhn, besitzen Tauben tatsächlich ein dunkleres Fleisch, das im Geschmack an Wild erinnert. Die meisten Tauben kommen heute jedoch nicht mehr aus der Jagd, sondern aus Zuchten. Die berühmtesten befinden sich in der französischen Bresse. Die Tiere eines ambitionierten Erzeugers hierzulande müssen jedoch nicht schlechter sein. Das geschmacklich intensivste Fleisch haben meist Vögel, die auf einem Hof eher nebenbei gehalten werden, also im offenen Taubenhaus und ohne einseitiges Mastfutter.

Zutaten:
für 4 Personen

2 Tauben à 400 g
200 g japanische Weizenmehlnudeln
1 Zitrone
1 TL Anis
Muskatnuß
6 cl weißer Portwein
0,3 l Sahne
3 EL Sonnenblumenöl

Vorbereiten:
Die Tauben zerlegen. Dazu die Brüste filetieren und die Keulen vom Rumpf schneiden; anschließend die Knochen aus den Keulen auslösen.
Den Anis in einer Pfanne ohne Fett anrösten, grob mörsern und mit dem Sonnenblumenöl vermengen.
Das Fleisch mit dem Anisöl bestreichen und kühl stellen.
Die Zitrone auspressen, die Schale beiseite stellen.
1 EL Zitronensaft in einem Topf leicht einköcheln lassen, mit dem weißen Portwein ablöschen, wieder etwas reduzieren; mit der Sahne auffüllen und alles auf die Hälfte einkochen. Etwas Zitronenschale in die Sauce reiben, mit Salz, Pfeffer und geriebener Muskatnuß abschmecken.

Fertigstellen:
Die Nudeln in Salzwasser bißfest kochen, abgießen und abtropfen lassen. In der Zitronensahne schwenken und mit Salz sowie Pfeffer abschmecken.
Das Taubenfleisch salzen und pfeffern, auf dem Grill rosa braten.
Das Fleisch auf den Nudeln anrichten.

Wein:
Bei rosa gegarter Taube bietet sich stets ein Wein ganz besonders an: Syrah. Allerdings kein süßlicher, dicker, fetter Shiraz aus Australien, sondern ein kühler, „blutiger" Syrah von der Rhône oder aus einem nicht allzu heißen Anbaugebiet des Languedoc. Diese Syrahs, beispielsweise ein St-Joseph oder Cornas von der nördlichen Rhône, Syrah-Cuvées von den Côtes du Ventoux, vom Pic St-Loup oder aus St-Chinian, besitzen ein sehr charakteristisches Bukett von schwarzen Oliven und frischem Fleisch. Dieser sehr expressive Duft macht sie zu idealen Partnern von Kurzgebratenem und ganz besonders von Wild.

Ziegenfrischkäse mit Pfirsich

Aromen: Thymian, Rosmarin, Knoblauch

Pfirsiche und Knoblauch kommen nicht häufig gemeinsam auf den Tisch. Zu unterschiedlich scheint ihr aromatisches Temperament: hier die derb-würzige Knolle, da die duftig-feine Steinfrucht. Ein kleiner Kniff jedoch vermag den markigsten Knoblauch soweit zu zähmen, daß er als feine Würze ins erlesenste Gericht paßt. Man muß die schwefelhaltige Knolle lediglich bei kleiner Hitze langsam weich schmoren. Das sehr gesunde, zur Familie der Laucharten zählende Gemüse verliert dadurch sowohl seinen beißenden Geschmack als auch seinen durchdringenden Geruch. Solchermaßen gebändigt stört Knoblauch auch sensible Feinschmecker nicht.

Zutaten:

für 4 Personen

2 Ziegenfrischkäse (à 125 g)
1 weißer Pfirsich
1 Knoblauchknolle
2 frische Lorbeerblätter
5 Zweige Thymian
1 Zweig Rosmarin
0,1 l Olivenöl

Vorbereiten:
Die ungeschälten Knoblauchzehen mit Thymian, Rosmarin und Lorbeerblättern in einen kleinen Topf geben, mit dem Olivenöl bedecken und auf sehr kleiner Flamme langsam garen, bis sie gerade weich sind; im Öl abkühlen lassen.
Die Ziegenkäse quer halbieren.

Fertigstellen:
Den weißen Pfirsich halbieren, die Haut abziehen und den Kern entfernen. Das Fruchtfleisch in kleine Würfel schneiden. Vier Knoblauchzehen schälen und ebenfalls sehr klein schneiden. Pfirsich- und Knoblauchwürfel vermengen.
Das Pfirsich-Knoblauch-Confit auf den Ziegenkäsescheiben verteilen, mit etwas Olivenöl beträufeln, mit schwarzem Pfeffer würzen und im Backofen bei 180 Grad 3 Minuten erwärmen.

Tip:
Die übriggebliebenen gegarten Knoblauchzehen lassen sich gut im Kühlschrank aufbewahren. Sie sind immer dann eine ideale Würze, wenn man in einem Gericht zwar die Aromatik, nicht aber die Schärfe des Knoblauchs haben möchte.

Wein:
Der Wein sollte keinesfalls mit zuviel Restzucker die Finesse des Gerichts übertönen. Um der dezenten Süße, die von den Pfirsichen und vom Knoblauch ausgeht, standhalten zu können, reicht ein halbtrockener Wein aus. Freilich sollte er eine gut integrierte Säure und genügend Fülle besitzen, um dem Käse ein würdiger Gegenpart zu sein. Ein Vouvray Demi-sec etwa besticht mit einem wunderbar würzigen Bukett, und seine cremige Struktur auf der Zunge macht ihn geradezu zum idealen Begleiter von Frischkäse.

Karamelpfirsich mit Vanilleeis

Aromen: Vanille

Bei diesem Dessert wird deutlich, warum der Pfirsich in der Bibel die Tugend des Schweigens symbolisiert. Ist es nämlich erst einmal aufgetragen, verstummen alle Reden bei Tisch. Die Steinfrucht, die ursprünglich aus China stammt, kommt in verschiedenen Qualitäten auf den Markt. Für unser Rezept geeignet sind nur wirklich reife weiße Pfirsiche, deren Fleisch wesentlich aromatischer ist als das ihrer gelbfleischigen Verwandten. Sollte Ihnen Ihr Gemüsehändler gar die ausgesprochen raren Weinbergspfirsiche anbieten, greifen Sie zu und krönen Sie den Tag mit unserer Schleckerei: Sommer pur.

Zutaten:

für 4 Personen
4 weiße Pfirsiche
0,6 l Orangensaft
1 Zitrone
175 g Zucker
3/4 l Sahne
1/4 l Milch
8 Eier
2 Vanillestangen
1 Sternanis

Vorbereiten:
Für das Eis Sahne und Milch mit 1 1/2 ausgekratzten Vanillestangen und deren Mark aufkochen. Vom Herd nehmen, 2 Stunden ziehen lassen und durch ein Haarsieb abseihen.
Die Eier trennen. Die Eigelbe mit 130 g Zucker zu einer weichen, homogenen Masse aufschlagen.
Die Vanillesahne unter die Eiermasse rühren und alles auf kleiner Flamme aufschlagen, bis eine dickliche Creme entsteht. In der Eismaschine gefrieren.
Für die Karamelsauce die Zitrone auspressen, Zitronensaft und 0,2 l Orangensaft mischen.
3 EL Zucker goldbraun karamelisieren. Die Saftmischung nach und nach in den Karamel geben und immer wieder eindampfen lassen. Sternanis, 1/2 Vanillestange und den restlichen Orangensaft zugeben und köcheln lassen, bis eine leichte Bindung entsteht.

Fertigstellen:
Die Pfirsiche halbieren und enthäuten; in der Karamelsauce etwa 3 Minuten erwärmen und mit dem Eis servieren.

Wein:
Duftig-blumige Aromen und eine üppig-cremige Textur legen einen gereiften, hochwertigen Süßwein nahe. Mit seinem Restzuckergehalt wird er sich gegen den mundfüllenden Geschmack des Eises durchsetzen, seine subtilen Alterstöne lassen jedoch auch Raum für die Finesse des Gerichts. Wählen Sie eine deutsche Beerenauslese von Rieslaner oder Scheurebe, die sich durch eine feine Pfirsichnote im Duft auszeichnet.

Geschmorte Ananas mit Verveine-Eis

Aromen: Vanille, Rum

Unter dem deutschen Namen Eisenkraut verstehen nicht alle Kräutersachverständigen dasselbe. Verwenden Sie deshalb besser die französische Bezeichnung Verveine, die sich eindeutig auf *Verbena officinalis,* eine Staudenpflanze mit würzigem Zitronenaroma, bezieht. Frische Zweige erkennt man an ihren lanzettförmigen Blättern, von denen sich jeweils drei an den Zweigen gegenüberstehen. Verveine läßt sich problemlos in einem Topf auf dem Balkon halten und übersteht normalerweise an einem kühlen Fenster auch den Winter. Bringen Sie sich am besten ein Pflänzlein von Ihrer nächsten Reise in den Süden mit. Die Blätter taugen nämlich nicht nur für unser Eis, sondern auch für einen duftenden und überdies gesunden Tee.

Zutaten:

für 8 Personen

2 Ananas
1 Bund frisches Verveine-Kraut (Eisenkraut)
3/4 l Sahne
1/4 l Milch
8 Eier
2 EL Butter
2 Vanillestangen
130 g Zucker
2 EL brauner Zucker
8 cl Rum
0,2 l Apfelsaft

Vorbereiten:
Die Blätter des Verveine-Krauts von den Stielen zupfen, in Milch und Sahne aufkochen und 4 Stunden ziehen lassen.
Die Milch-Sahne-Mischung durch ein Sieb passieren und erhitzen.
Die Eier trennen. Die Eigelbe mit dem Zucker schaumig schlagen, mit der heißen Verveine-Sahne aufgießen und über einem heißen Wasserbad zu einer schaumigen Creme aufschlagen. Den Eisansatz nochmals durch ein Sieb passieren und in der Eismaschine gefrieren lassen.
Die beiden Ananas schälen, in 6 Spalten schneiden und die Strünke herausschneiden. 4 Ananasstücke mit den Strünken und dem Apfelsaft mixen; durch ein feines Haarsieb passieren.
Den braunen Zucker im Mörser fein zerstoßen.
Das Mark aus den Vanilleschoten kratzen.

Fertigstellen:
Die Butter in einer großen Eisenpfanne leicht anbräunen und die 8 verbliebenen Ananasstücke darin anbraten. Den braunen Zucker in die Pfanne streuen und karamelisieren lassen, mit 6 cl Rum ablöschen und flambieren. Mit dem Ananassaft halbhoch auffüllen und das Vanillemark sowie die Schoten zugeben. Die Ananas offen in der Röhre bei 200 Grad etwa 20 Minuten garen, aus dem Topf nehmen, den Fond einkochen. Die stark reduzierte Ananassauce mit Rum abschmecken.
Die Ananas mit der Sauce übergießen und neben dem Eis servieren.

Wein:
Hier muß man sich auf das extreme Süß-Sauer-Spiel der Ananas und die cremige, saftige und hocharomatische Textur des Eises einstellen. Wir empfehlen einen Coteaux du Layon aus einem großen Jahrgang von der Loire, der zwar frische Säure besitzt, zugleich aber auch weiche, satte und ziemlich süße Fülle. Es geht auch ein guter Jurançon aus den nördlichen Pyrenäenausläufern, dessen typische Ananas-Aromen sich gut in dieses Dessert einfügen.

Vacherin mit Staudensellerie

Aromen: Apfel, Sellerie

Seit nach dem Genuß von Rohmilch-Vacherin in der Schweiz einige Menschen starben, ist der phantastische Käse in Verruf geraten. Dabei wurde die Öffentlichkeit nie wirklich darüber informiert, was nun eigentlich zu den Todesfällen geführt hat: Krankheitserreger in der Rohmilch, Keime im überlagerten Käse, eine besondere Empfindlichkeit der betroffenen Konsumenten oder der völlig falsche Verzehr dieser eigenwilligen Spezialität. Der würzige, ursprünglich von dem französisch-schweizerischen Bergmassiv Mont d'Or stammende Käse sollte nämlich keinesfalls mit der äußerst schwer verdaulichen Rinde gegessen werden. Zum Servieren deshalb den Käse in seiner Spanschachtel belassen, die Rinde von der Oberseite abschneiden und die Käse-Creme herauslöffeln. Also: Lassen Sie sich nicht verunsichern und verlangen Sie Rohmilch-Vacherin. Die pasteurisierte Variante hat mit der Aromatik des Originals nicht viel gemein. Rohmilch-Käse ist nicht gefährlicher als Fisch (Gräten!) und der Gesundheit zuträglicher als bestrahlte oder genmanipulierte Lebensmittel.

Zutaten:

für 4 Personen

1 kleiner Vacherin Mont d'Or (etwa 900 g)
4 Selleriestangen
1 Apfel (am besten Jonagold)
10 helle, kernlose Weintrauben
5 Walnüsse
5 EL Sonnenblumenöl
etwas Zitronensaft
Chili-Öl (s. Basisrezepte)

Vorbereiten:
Vom Stangensellerie die Blätter abzupfen. Die Blätter mit Weintrauben, etwas Zitronensaft und Sonnenblumenöl zu einer cremigen Masse mixen.
Den Sellerie schälen – eventuell vorhandene Fäden ziehen – und in feine Streifen schneiden.
Die Nüsse knacken und die Kerne vierteln.
Den Apfel schälen und das Kerngehäuse entfernen; ebenfalls in feine Streifen schneiden.

Fertigstellen:
Die Apfel- und Selleriestreifen mit den Nüssen in die Marinade geben und mit Salz, Pfeffer und Chili-Öl abschmecken.
Den Salat zum Käse servieren.

Wein:
Die üppige, cremige Textur des Käses, gepaart mit dem geschmacklichen Gegenpol knackiger Frische, macht die Weinauswahl schwierig. Süßweine würden plump, die meisten trockenen Weine dünn schmecken. So bleibt zu diesem Gericht nur ein Wein, der den Schmelz eines Süßweins besitzt, obwohl er trocken ausgebaut ist. Dieses kleine aromatische Wunder vollbringen Weine dann, wenn ein Hauch Edelfäule ihre Trauben kurz vor der Lese befallen hat, was ihnen überdurchschnittliche Konzentration und üppiges Bukett einbringt. Solch rare Tropfen werden von qualitätsbesessenen Winzern in sehr guten Jahren z. B. an der Loire produziert: Sancerre Vendange Tardive, Vouvray, Savennières, Montlouis oder Jasnieres sind unbekannte, aber superbe Käsebegleiter voller Würze und Ausstrahlung.

Nougatpudding mit Passionsfrucht

Aromen: Kakao

„Pudding", sprach er, „ist mein Bestes!" heißt es schon bei Wilhelm Busch. Bei ihm wie bei uns bezeichnet Pudding freilich nicht das grauenvolle Tütendessert aus Dickungsmitteln mit mehr oder weniger künstlichen Aromazutaten. Unser Pudding ist vielmehr eine Mischung aus englischer Tradition – die gedämpfte Mehlspeise ist eine der wenigen kulinarischen Leistungen des Inselvolkes – und der Leichtigkeit eines französischen Soufflés.

Zutaten:

für 4 Personen

8 Passionsfrüchte
1 Banane
110 g Nougat
10 g dunkle Kuvertüre
1 TL Kakao
3 Eier
70 g Butter
3 EL Milch
0,15 l Sahne
20 g Zucker
Puderzucker
40 g Löffelbiskuits

Vorbereiten:
Nougat und Kuvertüre in warmer Milch auflösen, etwas abkühlen lassen.
Die Eier trennen. Das Eigelb mit 15 g Zucker schaumig rühren. 60 g Butter ebenfalls schaumig rühren und mit den Eigelben vermengen; den Kakao und die Nougat-Kuvertüre-Milch unterrühren. Die Löffelbiskuits reiben oder fein zerstoßen, durch ein Sieb über die Nougatmasse streuen und einrühren. Die Masse kalt stellen.

Fertigstellen:
Die Banane in kleine Würfel schneiden und in die Nougatmasse rühren. Die Eiweiße steif schlagen und unterheben.
4 Souffléförmchen mit der restlichen Butter ausfetten und mit Zucker bestreuen, die Nougatmasse bis knapp unter den Rand einfüllen. Im Wasserbad im Ofen bei 180 Grad etwa 20 Minuten garen.
Das Fleisch der Passionsfrüchte aus der Schale kratzen und mit etwas Puderzucker abschmecken.
Die Sahne steif schlagen.
In tiefe Teller Sahne in die Mitte geben, darum herum die Passionsfrüchte verteilen. Die Nougatpuddings auf die Sahne stürzen und sofort servieren.

Wein:
Zu diesem aromatisch recht komplexen Dessert paßt ein im neuen Holzfaß ausgebauter Süßwein, der leichter und agiler wirkt als ein Sauternes, aber eine ähnliche Komplexität besitzt. Solche erstaunlich frischen und deshalb besonders attraktiven Süßweine findet man neuerdings wieder in Monbazillac. Sie greifen im Bukett und am Gaumen die exotischen Fruchtkomponenten der Passionsfrucht auf und harmonieren durch den Ausbau im neuen Holzfaß zugleich erstaunlich gut mit den Schokoladen- bzw. Nougataromen des Puddings, ohne durch alkoholische Schwere die duftige Transparenz dieses Gerichtes zu belasten.

Ricotta-Ravioli

Aromen: Vanille

Ricotta ist nicht, wie häufig irrtümlich angenommen, italienischer Quark. Anders als Quark wird Ricotta nämlich nicht aus entrahmter Milch, sondern aus einer Mischung von Molke und Frischmilch hergestellt. Diese ursprünglich süditalienische Version des Frischkäses sollte einen Anteil Schafsmilch enthalten. Nur dann besitzt das fettarme, sehr bekömmliche Milchprodukt seinen typischen, leicht säuerlichen Geschmack.

Zutaten:

für 4 Personen

4 Orangen
175 g Ricotta
70 g Butter
4 Eier
1 EL Sahne
100 g Mehl
30 g Puderzucker
2 Vanillestangen
1 knapper EL Sonnenblumenöl
Zucker
Salz

Vorbereiten:
Ein Ei trennen.
Aus Eigelb, Mehl, Sonnenblumenöl, 3 EL Wasser und einer Prise Salz einen Teig kneten, in Folie einschlagen und mindestens 1 Stunde im Kühlschrank ruhen lassen.
Für die Raviolifüllung das Mark aus den Vanillestangen kratzen, 2 Eier trennen und die Hälfte der Butter schaumig rühren; nacheinander die Eigelbe, Puderzucker, Vanillemark und Ricotta hineinrühren.
Die Orangen auspressen und den Saft auf ein Drittel einkochen.
Das übrige Ei trennen und das Eigelb mit der Sahne verrühren.
Den Teig dünn ausrollen und halbieren.
Auf eine Hälfte eßlöffelweise die Füllung setzen; die Ränder um die Häufchen mit der Eigelbsahne bestreichen. Die zweite Teigplatte darauflegen und vorsichtig andrücken.
Mit einer runden Form Ravioli ausstechen.

Fertigstellen:
In einem großen Topf Wasser erhitzen, leicht zuckern und salzen. Die Ravioli ins sprudelnde Wasser geben, die Hitze reduzieren und die Teigtaschen in etwa 5 Minuten garziehen lassen.
Die restliche Butter in einer Pfanne hellbraun werden lassen. Die Ravioli kurz darin schwenken, den Orangensaft zugeben, nochmals kurz durchschwenken. Die Ravioli sofort anrichten.

Wein:
Die saftige Textur dieses so einfach wirkenden Gerichts braucht eine Weinbegleitung, die die säuerliche Frische des Ricotta aufgreift, zugleich aber mit dem feinen Orangenaroma zurechtkommt. Wir bleiben in Italien und empfehlen alle leichten, frischen Weißweine, die nicht durch zu starke Kohlensäuredosen aufgepäppelt wurden, sondern durch seriöse Weinbereitung ihre natürliche Frische bewahren konnten: Ein guter Lugana oder Bianco di Custoza vom Gardasee paßt gewiß, ein seriöser Soave oder ein hochwertiger Weißwein von den Colli Berici sorgen ebenfalls für adäquates Trinkvergnügen. Es dürfen aber auch ein Gavi, ein Vermentino, ein Verdicchio oder ein Biancolella sein.

ROTE AROMEN

Rot – die Farbe des Feuers, der Wärme, der Leidenschaft. Unter den Gewürzen ist es die Chilischote, die am eindrucksvollsten diese Eigenschaften verkörpert. Ihre Farbe leuchtet, ihr Geschmack akzentuiert, ja provoziert. Rote Gerichte fordern die Sinne heraus, stecken sie doch stets voller aromatischer Überraschungen. Rote Gerichte sind nicht langsam geschmort, sondern kurz auf sehr heißer Flamme gebraten oder gegrillt. Butter und Sahne haben hier keinen Platz. Zum Einsatz kommt ausschließlich Öl, vor allem junges, pikantes Olivenöl. Die Kombinationen leben vom Reiz der Gegensätzlichkeit. Ein feuriger Hauch liegt über den meisten Gerichten.

Chili-Essenz mit Eierstich

Aromen: Paprika, Rosmarin

Ein bißchen feurig schmeckt unsere Suppe schon. Das heißt aber nicht, daß sie höllisch scharf ist. Das Klären der Brühe nimmt nämlich der Schärfe die Spitze, und Tomaten und Paprika verleihen der Suppe eine feine Süße. Da der „Teufelspfeffer" appetitanregend und verdauungsfördernd wirkt, ist unsere Chili-Essenz der ideale Auftakt für ein üppiges Menü.

Zutaten:
für 8 Personen

500 g Rinderhackfleisch
5 rote Paprikaschoten
250 g Kirschtomaten
4 Eier
1/8 l Milch
2 getrocknete Chilischoten
3 Zweige Rosmarin
2,2 l Geflügelfond (s. Basisrezepte)

Vorbereiten:
Die Paprikaschoten vierteln, schälen, entkernen und klein schneiden. Die Tomaten vierteln, den Stielansatz entfernen. Tomaten- und Paprikastücke mit einem Pürierstab pürieren. Zwei Eier trennen. Die Gemüsemasse mit Eiweiß, Hackfleisch und zerbröselten Chilischoten vermengen; etwa 2 Stunden kalt stellen. Dann die Fleischmasse in den kalten Geflügelfond geben und alles gründlich miteinander verrühren. Auf kleiner Flamme langsam erwärmen, dabei stetig umrühren, damit nichts am Topfboden ansetzt. Sobald der Fond aufwallt, den Topf vom Herd nehmen und etwa 2 Stunden ziehen lassen. Durch ein Tuch seihen und abschmecken. Für den Eierstich die Rosmarinnadeln mit dem Pürierstab in die Milch mixen; durch ein Haarsieb seihen. Vorsichtig, ohne Blasen zu schlagen, zwei Eier hineinrühren. Die Masse mit Salz, Pfeffer und etwas Zucker abschmecken, in ein flaches Gefäß füllen und im Backofen auf der mittleren Schiene bei 150 Grad 20 Minuten stocken lassen. Den Eierstich abkühlen lassen.

Fertigstellen:
Die Essenz erwärmen. Den Eierstich in die gewünschte Form schneiden und in der Suppe servieren.

Tip:
Je vorsichtiger die Fleischmasse im Geflügelfond erhitzt wird, desto klarer wird die Brühe.

Wein:
Wein mit einem scharfen Gericht zu kombinieren ist ein besonders delikates Unterfangen. Säure und Schärfe addieren sich nämlich auf der Zunge zu einem brennenden Gemisch. Wir empfehlen deshalb, entweder den Aperitif zu beenden oder einen sehr säurearmen Weißwein zu servieren, etwa einen gereiften Grünen Veltliner aus der Wachau.

Rote-Bete-Salat mit gebratenem Ziegenkäse

Aromen: Thymian, Zitrone

Die drohenden roten Flecken auf Händen und Kleidung schrecken häufig auch passionierte Amateurköche von der Zubereitung roter Beten ab. So kommt das zu den Zuckerrüben gehörende Gemüse allenfalls aus der Konserve in Eintopf oder Salat: ein eher mittelmäßiges kulinarisches Vergnügen, sind die Scheiben aus dem Glas doch beinahe immer viel zu weich gekocht. Bißfest gegart jedoch entfalten rote Beten ihren fein-erdigen, angenehm säuerlichen Geschmack. Am besten sind die Knollen übrigens, wenn sie nach Ansicht vieler Gärtner eigentlich noch nicht erntereif sind, also im späten Sommer und frühen Herbst. Dann läßt sich auch aus ihren Blättern ein köstliches Gemüse bereiten.

Zutaten:
für 4 Personen

1 kg rote Beten
2 Ziegenfrischkäse (à 125 g)
2 ungespritzte Orangen
1 Zitrone
6 Lorbeerblätter
1 Bund Thymian
1 Msp. Kümmel
1/2 TL Fenchelsamen
2 EL brauner Zucker
4 EL Sherryessig
Sonnenblumenöl
Butter
1 l Geflügelfond (s. Basisrezepte)
kandierte Zitronenschale (s. Basisrezepte)

Vorbereiten:
Die roten Beten schälen und in etwa 5 mm große Würfel schneiden. In eine Schüssel geben. Von den Orangen mit einem scharfen Messer die Schale ohne das Weiße dünn abschneiden. Die roten Beten mit der Hälfte der Orangenschale, 1/4 Bund Thymian und 3 Lorbeerblättern in einem geschlossenen Bräter mit etwas Sonnenblumenöl im Backofen bei 180 Grad etwa eine Stunde garen; eventuell etwas Geflügelfond dazugeben.
Für die Marinade den Zucker in einem Topf vorsichtig goldbraun karamelisieren, mit Sherryessig ablöschen und den Geflügelfond zugeben. Mit dem Kümmel, 1/4 Bund Thymian, 3 Lorbeerblättern und der restlichen Orangenschale solange sprudelnd kochen lassen, bis das Volumen auf ein Drittel reduziert ist. Die Marinade durch ein Sieb auf die Gemüsewürfel geben.
1 EL kandierte Zitronenschale in einem Sieb abtropfen lassen.
Die Fenchelsamen in einer Pfanne ohne Fett anrösten; mit der Zitronenschale zu dem Rote-Bete-Salat geben.
Vom restlichen Thymian die Blättchen abzupfen.
Die Ziegenfrischkäse quer halbieren.

Fertigstellen:
Den Rote-Bete-Salat gegebenenfalls mit etwas Essig abschmecken.
Etwas Sonnenblumenöl und Butter in einer Pfanne erwärmen. Zunächst die Thymianblättchen darin anbraten und leicht mit Salz und Pfeffer würzen. Dann die Käsescheiben auf den Thymian in die Pfanne legen und kurz braten.
Den Käse mit der gebratenen Seite nach oben neben dem Rote-Bete-Salat anrichten.

Wein:
Hier paßt ein Weißwein mit Schmelz und Fülle, der zugleich über Frische und Struktur verfügt. Ein gereifter Sancerre von der Loire, ein reifender Riesling oder Grauburgunder/Tokay-Pinot-Gris aus der Pfalz oder dem Elsaß, ruhig mit einem Hauch Restzucker, oder ein Vouvray Demi-sec harmonieren hier ausgezeichnet.

Dreierlei Minipizze

Aromen: Minze, Basilikum, Pimpinelle

Unsere Minipizze sind der ideale Begleiter zum Aperitif: schön anzuschauen, problemlos zu kombinieren und ohne Besteck – also auch beim Stehempfang – manierlich zu verspeisen. Darüber hinaus besitzen sie, anders als ihr klassisches Vorbild, keinerlei Sättigungswert. Eher das Gegenteil. Ihr millimeterdünner Knusperboden und die kräuterduftenden Beläge machen Hunger auf mehr. Sie sind also Appetithappen im besten Sinn des Wortes.

Zutaten:
für 30 Pizze (Durchmesser 4 cm)

2 kleine rote Paprikaschoten
1 kleiner Endiviensalat
12 Kirschtomaten
1 Aubergine
1 weiße Zwiebel
2 Knoblauchzehen
2 Zweige Thymian
3 Zweige Minze
2 Zweige Basilikum
3 Zweige Pimpinelle
150 g Joghurt
60 g Crème fraîche
180 g Mehl
25 g Hefe
1 TL Salz
1 l Sonnenblumenöl
Olivenöl
Chili-Öl (s. Basisrezepte)

Vorbereiten:
Die Hefe in 0,1 l lauwarmem Wasser auflösen und mit dem Mehl und 1 gestrichenem TL Salz zu einem Teig verkneten. Eine halbe Stunde ruhen lassen. Dann den Teig so dünn wie möglich ausrollen und mit einer runden Form (Durchmesser 4 cm) etwa 30 Pizza-Böden ausstechen.
Für den ersten Belag die Paprika vierteln, entkernen und mit etwas Olivenöl, 2 Thymianzweigen, Salz und Pfeffer in einem geschlossenen Topf im Ofen schmoren, bis sich die Haut abziehen läßt. Inzwischen die Minzblätter von den Zweigen zupfen, klein schneiden und mit 75 g Joghurt vermengen; mit Salz, Pfeffer und etwas Chili-Öl abschmecken. Die Paprika enthäuten und in feine Streifen schneiden; mit einer fein geriebenen Knoblauchzehe vermengen.
Für den zweiten Belag eine Zwiebel und eine Knoblauchzehe schälen und möglichst fein würfeln. Die Aubergine würfeln und mit Knoblauch, Zwiebel und etwas Olivenöl in einem geschlossenen Topf im Ofen sehr weich schmoren. Die Kirschtomaten kurz in kochendes Wasser tauchen und enthäuten. Die Hälfte der Tomaten beiseite stellen, die übrigen sechs mit der Pimpinelle klein schneiden und mit einem halben Becher Joghurt unter die abgekühlte Auberginenmasse geben. Mit Salz, Pfeffer und Chili-Öl abschmecken.
Für den dritten Belag die äußeren grünen Blätter des Endiviensalats klein zupfen und waschen; in etwas Olivenöl anbraten, mit Salz, Pfeffer und einer Prise Puderzucker würzen. Die Basilikumblätter von den Zweigen zupfen und kleinschneiden. Die übrigen enthäuteten Kirschtomaten klein schneiden und mit dem Basilikum und der Crème fraîche verrühren, mit Salz, Pfeffer und Chili-Öl abschmecken.

Fertigstellen:
Die Pizze in 180 Grad heißem Sonnenblumenöl schwimmend knusprig backen. Auf Küchenpapier abtropfen lassen.
Auf ein Drittel der Pizze einen Klecks Minzjoghurt setzen, darauf einige Paprikastreifen legen. Das zweite Drittel mit der Auberginenmasse bestreichen. Die übrigen Pizze mit etwas Crème fraîche bestreichen und den gebratenen Endivien daraufgeben. Sofort servieren.

Tip:
Die Pizzeböden lassen sich sehr gut einfrieren. Vor dem Backen nicht auftauen, sondern einfach ins heiße Fett legen.

Variationen:

Beim Belegen der Minipizze sind Ihrer Phantasie keine Grenzen gesetzt. Als „braune" Variante eignet sich beispielsweise ein Aufstrich aus weißen Bohnen, der mit Thymian und Orangensaft abgeschmeckt ist und von einer Scheibe Schinken (San Daniele oder Parma) bekrönt wird.

Wein:

Ihre geschmackliche Leichtigkeit macht die Pizze zum idealen Begleiter für alle klassischen Aperitifs (Kir, Champagner, Sherry, Pastis, Campari ...). Ihren sommerlichen Charme entfalten sie freilich am besten, wenn sie von einem ebenso fröhlichen Getränk begleitet werden, das Fruchtigkeit und Spritzigkeit miteinander verbindet, wie einem Champagner-Cocktail mit Pfirsichpüree oder Holunderblütensirup. Auch einer der üppig duftenden Vins Doux Naturels (Banyuls, Maury, Rivesaltes) aus dem Roussillon paßt genau zu Geschmack und Esprit dieser knusprigen Kleinigkeit.

Garnelen und Kalbsschwanz mit Kaiserschotensalat

Aromen: Balsamicoessig

In Katalonien hat die kulinarische Vermählung von Wasser- und Landgetier eine lange Tradition. Hummer und Huhn ist die bekannteste Variante dieser als „mar i muntanya" charakterisierten Gerichte. Auch wir vereinen das knackig-frische Fleisch eines Krustentiers mit dem (neben den Bäckchen) wohl zartesten Stück vom Kalb.

Zutaten:
für 4 Personen

12 Garnelen
8 Wirbel vom Kalbsschwanz
250 g Kaiserschoten
1 Bund Frühlingskräuter (z. B. Portulak, Kerbel) oder Rucola
2 Zwiebeln
1 Stange Lauch
1 Knoblauchzehe
1/4 Sellerieknolle
2 Lorbeerblätter
1 Zimtstange
10 Pfefferkörner
2 Nelken
10 Koriandersaat
1 TL Ketchup (s. Basisrezepte)
1 gestrichener TL Senf
1 Msp. frisch geriebener Meerrettich
1 Prise Zucker
0,1 l Weißwein
4 cl Noilly Prat
5 EL Olivenöl
4 EL Sonnenblumenöl
1 EL Balsamicoessig
weißer Balsamicoessig

Vorbereiten:
Zwiebeln und Knoblauch schälen, Lauch und Sellerie putzen und waschen; alles in grobe Würfel schneiden. Die Gemüsewürfel mit Lorbeer, Zimt, Nelken, Pfeffer und Koriander in einem Schmortopf anbraten, mit Weißwein und Noilly Prat ablöschen und etwas einkochen lassen. Anschließend so viel Wasser dazugießen, daß die Gemüsewürfel gut bedeckt sind. Die Kalbswirbel auf das Gemüse setzen, salzen und pfeffern, im geschlossenen Topf auf der mittleren Schiene des Backofens bei 180 Grad 2 1/2 Stunden schmoren.
Die Garnelen aus den Schalen brechen, längs des Rückens leicht einschneiden und den Darm entfernen.
Die Kaiserschoten waschen und schräg halbieren.
Die Kräuter vorsichtig waschen und putzen.

Fertigstellen:
Den Kalbsschwanz aus dem Topf nehmen und das Fleisch von den Knochen lösen. Den Fond durch ein Sieb gießen, auf etwa 0,1 l einkochen, entfetten und abkühlen lassen.
Aus 4 EL Olivenöl, 4 EL Sonnenblumenöl, 1 EL Balsamicoessig, 1 TL Ketchup, 1 TL Senf, 1 Msp. Meerrettich und dem Fleischfond eine Vinaigrette rühren.
Die Kaiserschoten im restlichen Olivenöl anbraten, mit Salz, Pfeffer und einer Prise Zucker abschmecken; in eine Schüssel geben.
Die Garnelen braten, salzen, pfeffern und auf eine vorgewärmte Platte legen. Das ausgelöste Fleisch in derselben Pfanne kurz anbraten und zu den Garnelen geben. Mit der Vinaigrette den Bratsatz aus der heißen Pfanne ablösen; über Garnelen und Kalbsschwanz gießen.
Die Kaiserschoten mit den Kräutern vermengen, mit Salz, Pfeffer und weißem Balsamicoessig abschmecken.
Den Salat in der Tellermitte, Garnelen und Kalbsschwanz mit etwas Vinaigrette darum herum anrichten.

Wein:
Um den kulinarischen Reiz der Paarung von Erde und Meer eindrucksvoll zur Geltung zu bringen, sollte auch der Wein Bodenständiges und Knackig-Frisches miteinander verbinden, wie ein Riesling Smaragd aus der Wachau.

Kaisergranat mit Auberginenmus

Aromen: Orange, Minze

Kaisergranat oder Scampo ist ein hummerähnlicher Langschwanzkrebs mit delikatem Fleisch. Immer wieder kommt er unter den unzulässigen Bezeichnungen Hummerkrabbe und Langustenschwanz in den Handel. Auch mit der Riesengarnele wird er häufig verwechselt. Dabei ist der Kaisergranat schon anhand seiner großen Scheren gut von der Garnele zu unterscheiden. Freilich läßt sich unsere Rezeptidee auf jedes gute Krebstier anwenden.
Achtung: Zur Herstellung des fruchtigen Orangenöls brauchen Sie zwei Tage Vorlaufzeit.

Zutaten:
für 4 Personen

12 Kaisergranate (à 80 g)
3 unbehandelte Orangen
2 Auberginen
1/2 Zitrone
1 Zweig Minze
1/2 TL Sesam
0,15 l kaltgepreßtes Olivenöl
1 EL Butter

Vorbereiten:
Von den Orangen die Schale sehr dünn ohne das Weiße abschneiden. Die Schale in einen kleinen Topf geben, mit 0,1 l Olivenöl bedecken und auf 60 Grad erwärmen. In ein Glas füllen und verschlossen zwei Tage bei Zimmertemperatur ziehen lassen.
Die Auberginen auf allen Seiten mehrfach mit einer Gabel einstechen. Auf einem Gitter auf der mittleren Schiene des Ofens bei 180 Grad etwa 80 Minuten ausdampfen lassen.
Die Zitrone auspressen.
Die Auberginen längs halbieren und mit einem Löffel das Fruchtfleisch herausschaben. Mit dem Zitronensaft, 3 EL Öl, dem Sesam, Salz und Pfeffer pürieren und durch ein feines Sieb streichen.
Die Kaisergranatschwänze vom Körper abdrehen, aus der Schale brechen, am Rücken leicht einschneiden und den Darm entfernen.
Das Orangenöl abseihen. Eine Orange auspressen und 8 cl des Saftes in das Öl rühren; mit Salz und Pfeffer abschmecken.

Fertigstellen:
Das Krebsfleisch salzen und pfeffern, mit dem Zweig Minze in 1 EL Butter kurz glasig braten.
Das Auberginenmus unter Rühren erwärmen.
Die Kaisergranatschwänze auf dem Mus anrichten, das Orangenöl darum herum träufeln.

Tip:
Das Orangenöl läßt sich in einem gut verschlossenen Gefäß im Kühlschrank einige Tage aufbewahren.

Wein:
Hier paßt perfekt ein weicher, cremiger Weißwein mit weniger Säure, aber Fülle und frischem Aroma. Ein weißer Bergerac aus Sémillon und Sauvignon Blanc, im kleinen Holzfaß ausgebaut, wäre unser Wunschbegleiter. Aber auch ein guter weißer Graves oder ein Pouilly-Fumé der Spitzenklasse von der Loire potenziert die Finesse des Gerichts.

Gefüllte Paprika mit Olivenkartoffeln

Aromen: Basilikum, Thymian

Die Farbe des Gerichts spiegelt seine aromatische Ausstrahlung: pikant, prononciert, durchglüht von der Wärme des Sommers, die besonders intensive, ätherische Kräuter hervorbringt. Die zarte vegetarische Füllung, der alles Schwere oder gar Üppige fehlt, wird perfekt von der milden Süße der Paprika umhüllt. Selbst die Kartoffeln wirken durch ihre Olivenwürze mediterran leicht und sommerlich animierend.

Zutaten:
für 4 Personen

100 g Ziegenfrischkäse
200 g Spinat
4 rote Spitzpaprikaschoten
15 Kirschtomaten
20 kleine festkochende Kartoffeln
2 Knoblauchzehen
1 Bund Basilikum
3 Zweige Thymian
2 EL Olivenmus (Tapenade)
Olivenöl
Chili-Öl (s. Basisrezepte)

Vorbereiten:

Die Tomaten kurz in kochendes Wasser tauchen, enthäuten, halbieren und den Strunk entfernen. Die Tomatenhälften mit etwas Olivenöl beträufeln, salzen sowie pfeffern und im Ofen in 25 Minuten im offenen Topf bei 180 Grad zu einer dicklichen Masse einschmoren lassen.

Spinat- und Basilikumblätter von den Stengeln zupfen, gründlich waschen und gut abtropfen lassen. In etwas Olivenöl anbraten, salzen, pfeffern, gut ausdrücken und mit den Tomaten und dem Ziegenfrischkäse vermengen. Mit Salz, Pfeffer und Chili-Öl abschmecken.

Die Spitzpaprika schälen, den Strunk und die Kerne entfernen. Die Tomaten-Käse-Mischung in die ausgehöhlten Paprikaschoten füllen und kalt stellen.

Die Kartoffeln kochen und schälen.

Fertigstellen:

Die Paprika von allen Seiten kurz grillen, in eine feuerfeste Form setzen, salzen, pfeffern und mit etwas Olivenöl beträufeln. Die Knoblauchzehen leicht anquetschen und mit dem Thymian zwischen den Paprikaschoten verteilen, alles 8 bis 10 Minuten im Ofen bei 180 Grad garen.

Die Pellkartoffeln anbraten, salzen und pfeffern, das Olivenmus zugeben und in der heißen Pfanne durchschwenken.

Die Paprikaschoten zusammen mit den Kartoffeln servieren.

Wein:

Diese warme Vorspeise ist ein Sommergericht par excellence. Dazu servieren wir gerne würzige Rotweine, die die Hitze und Würze des Sommers ins Glas bringen, ohne mit Alkohol zu erschlagen. Was gibt es da besseres als hochwertige Côtes du Rhônes oder Languedoc-Weine? Ein roter Coteaux du Languedoc aus St-Georges-d'Orques oder ein würziger Côtes du Roussillon bringt, kellerkühl serviert, aromatische Fülle ins Glas, die sich mit den fast süßen Aromen von Tomaten und Paprika harmonisch vermählt. Ein seidig weicher Côtes du Rhone aus dem Gard sorgt für geschmeidige Gerbstoffe auf der Zunge und greift die Olivenaromen gekonnt auf.

Salat von Ofenkartoffeln

Aromen: Fenchelkraut

Kartoffeln linderten im 19. Jahrhundert die größten Hungersnöte, waren während und nach Kriegen die wichtigste Ware für Hamsterer und gelten bis heute als die Speise der Hungrigen. Daß Kartoffeln eine echte Delikatesse sein können, ist nur den wenigen bekannt, die einen Bauern gefunden haben, der seine Erdäpfel noch unter geschmacklichen und nicht nur unter marktwirtschaftlichen Gesichtspunkten anbaut. Unser Gericht versteht sich als Huldigung an eines der feinsten Gemüse, das zumindest wir auch in Zukunft so genießen möchten, wie es die Natur und nicht die Gentechnik hervorgebracht hat.

Zutaten:
für 4 Personen

800 g neue kleine Salatkartoffeln
2 kleine Fenchelknollen mit Grün
3 Frühlingszwiebeln
12 kleine Kirschtomaten
5 Knoblauchzehen
1/2 Bund Thymian
1 Zweig Rosmarin
4 EL Olivenöl
3 EL Balsamicoessig

Vorbereiten:
Die Kartoffeln waschen und gründlich sauber reiben, ungeschält in Spalten schneiden.
Vom Fenchel das Kraut entfernen und zur Seite stellen. Den Fenchel ebenfalls in Spalten schneiden. Kartoffeln und Fenchel auf einem Backblech verteilen, Thymian, Rosmarin und die leicht angequetschten Knoblauchzehen darauf verteilen, mit dem Olivenöl beträufeln, salzen und pfeffern. Das Blech auf den Boden des Backofens stellen und das Gemüse bei 180 Grad etwa 35 Minuten garen; dabei die Kartoffeln mehrfach wenden, so daß sie auf allen Seiten knusprig werden.
Die Kirschtomaten halbieren.
Die Frühlingszwiebeln putzen und in feine Ringe schneiden.
Das Fenchelkraut fein schneiden.

Fertigstellen:
Kräuter und Knoblauch von den Kartoffeln entfernen. Tomaten, Frühlingszwiebeln und Fenchelgrün über die Kartoffeln verteilen, mit Balsamicoessig, Salz sowie Pfeffer abschmecken und rasch servieren.

Wein:
Kartoffeln dieser Machart sind dankbare Weinbegleiter. Mit einem Stück kurzgebratenem Fleisch wird dieses Gericht zur fast idealen „Unterlage" für hochkarätige, junge, aber auch reifende Bordeaux oder Burgunder. Lediglich die Frühlingszwiebeln sollten in sehr kleinen Stückchen verwendet werden, um den Wein nicht zu beeinflussen. Auch große Weiße kann man hierzu wunderbar genießen: Weiße Burgunder, hochkarätige Riesling-Spät- und Auslesen sowie große Barrique-Weißweine der Neuen Welt gehen wunderbar mit diesem erfrischenden Salat, vielleicht in diesem Fall kombiniert mit einem Stück gegrilltem Fisch.

Chili

Capsicum annuum, Capsicum frutescens

Christoph Kolumbus hatte seine große Seereise 1492 eigentlich unternommen, um an die berühmte Pfefferküste zu gelangen. Statt dessen kam er ins Land der Chilischoten, in die Neue Welt. Die feurigen Schoten brachten zwar anders als der Pfeffer seiner Heimat keine Reichtümer ein. Dafür jedoch starteten die Nachtschattengewächse in den folgenden Jahrzehnten einen Siegeszug rund um die Welt. Chilis wachsen an Sträuchern, die gut einen halben Meter hoch werden. Botaniker schätzen, daß es mindestens 150 bis 200 verschiedene Sorten gibt, die sich äußerlich nach Form und Farbe, im Geschmack nach dem Grad ihrer Schärfe unterscheiden. Dieser wird wesentlich durch das Alkaloid Capsaicin hervorgerufen. Diese Substanz, die Erhitzen ebenso wie Tiefkühlen ohne Geschmacksverlust übersteht, ist der entscheidende Aspekt bei der Unterscheidung von Chili-Sorten. Der Schärfegrad der Schoten wird auf verschiedenen Skalen mal von 0 bis 10, mal von 0 bis 300000 eingeteilt. Darauf rangieren Gemüsepaprikas, die auch zur großen Chili-Familie gehören, ganz am unteren Ende. Den Spitzenplatz nehmen Habanero-Chilis ein.
Neben Capsaicin enthalten die in allen Farben zwischen Grün, Gelb, Orange, Rot und Lila leuchtenden Schoten zahlreiche andere Aromastoffe. Anders als in Südamerika und Asien, wo Chilis stets in vielerlei Varianten auf den Märkten angeboten werden, gibt es bei uns meist nur einige wenige Sorten, die zudem so gut wie nie exakt deklariert werden. Generell sind kleine Sorten schärfer als große, ausgereifte Früchte schärfer als grün geerntete, Freilandchilis schärfer als Treibhausschoten.
In der Küche kann man Chilischoten frisch, getrocknet oder tiefgekühlt verwenden. Die höchste Konzentration an Capsaicin steckt in den Kernen und in den weißen Häuten dazwischen, die man deshalb immer entfernen sollte, will man die Schote kleingehackt unter das Essen mischen. Zum Mitschmoren eignen sich Chilis jedoch besser im Ganzen. Allerdings sollte man sie vor dem Servieren der Speise sorgfältig entfernen. Cayennepfeffer ist Chili in Pulverform. Notfalls kann man damit die Schoten in einem Gericht ersetzen.

Pfeffer

Piper nigrum, Piper longum

Pfeffer ist seit der römischen Antike das wichtigste exotische Gewürz in Europa. Stets brachen die braunschwarzen und weißen Samenkörner des Pfefferstrauchs die Rekorde in Verbrauch und Preis. Kaum eine Epoche, die nicht bereit war, „gepfefferte Preise" für die aus Indien importierte Kostbarkeit zu bezahlen. Lange Zeit war Pfeffer ein Luxusgut, das sich nur die Allerreichsten leisten konnten. Heute steht eine Pfeffermühle in jedem durchschnittlichen Haushalt.
Wirklich guter Pfeffer jedoch ist noch immer rar. Ein Großteil dessen, was in die Regale des Handels kommt, hat die Raffinesse seines Aromas längst eingebüßt. Insbesondere Pfefferpulver ist normalerweise ausgeraucht. Guten Pfeffer erkennt man an seinen relativ großen, schweren Beeren und an seinem frischen Duft. Riecht Pfeffer muffig, ist er entweder falsch oder zu lange gelagert worden.
Die Truppen Alexanders des Großen hatten den Pfeffer von ihren Feldzügen in den Osten nach Europa mitgebracht. Bis zur Entdeckung des Seewegs ins Land, „wo der Pfeffer wächst", transportierten Karawanen die wertvolle Spezerei von Asien nach Europa. Pfeffer blieb bis ins 19. Jahrhundert so wertvoll, daß er zum Teil selbst als Zahlungsmittel diente. Erst dann fiel sein Preis so weit, daß jedermann ihn sich leisten konnte.
Grüner, schwarzer und weißer Pfeffer stammen von derselben Pflanze. Grüner Pfeffer besteht aus unreifen Körnern, die eingelegt oder gefriergetrocknet werden, damit sie ihre Farbe behalten. Schwarzer Pfeffer entsteht, wenn unreif geerntete Körner getrocknet werden. Weißer Pfeffer schließlich ist das Resultat reif geernteter, roter Beeren, die in Wasser eingeweicht und geschält werden. Die Substanz, die Pfeffer scharf schmecken läßt, das Piperin, ist vor allem direkt unter der Fruchtschale gespeichert. Deshalb schmeckt ungeschälter schwarzer Pfeffer erheblich schärfer als weißer Pfeffer. Grüner Pfeffer hingegen wirkt eher fruchtig.
Pfeffer sollte Gerichten stets erst gegen Ende der Garzeit oder sogar erst bei Tisch zugegeben werden. Je feiner man die Körner mahlt, desto mehr Schärfe entwickeln sie. Der rosafarbene Szechuan-Pfeffer mit seinem aromatischen, säuerlichen, leicht beißenden Aroma und der sogenannte Kubebenpfeffer stammen nicht von der Pflanze *Piper nigrum*.

Kabeljau mit Rosenkohlsalat

Aromen: Thymian, Rucola, Zitronengras

Der Kabeljau war noch bis vor kurzem in allen nördlichen Meeren so weit verbreitet, daß er bis heute als der Konsumfisch schlechthin gilt. Seine Filets liegen noch in der spärlichst bestückten Fischtheke, und obwohl stark überfischt, ist er noch immer relativ günstig zu haben. All das hat ihm das Image eines Arme-Leute-Fisches eingebracht, der in der feinen Küche normalerweise nichts zu suchen hat. Dabei läßt sich sein festes, mageres Fleisch in weitaus anspruchsvollere Delikatessen verwandeln als in panierte und fritierte Filets. Bereiten Sie unser Gericht zum Winterausgang, wenn es gerade noch Rosenkohl gibt. Dann nämlich ist der Kabeljau am allerbesten. Und fragen Sie Ihren Händler nach Angelfisch, dessen Fleisch erheblich besser ist als von Tieren aus industriellem Schleppnetzfang.

Zutaten:
für 4 Personen

400 g Kabeljaufilet (enthäutet)
3 eingelegte Sardellenfilets
300 g Rosenkohl
1 Zitrone
2 Bund Rucola
1 l Sonnenblumenöl
2 TL Olivenöl
3 Knoblauchzehen
1/2 Bund Thymian
2 Lorbeerblätter
1/4 Stengel Zitronengras
Zimtpulver
1 TL Honig
0,1 l Balsamicoessig

Vorbereiten:
Den Knoblauch schälen und grob hacken. Von der Zitrone feine Zesten ohne das weiße Schalenfleisch abschälen. Die Zitronenschale mit Thymian, Lorbeer, Knoblauch und 2 Sardellenfilets in das Sonnenblumenöl geben; alles auf 70 Grad erhitzen und ziehen lassen.
Das Zitronengras und die verbliebene Sardelle sehr fein schneiden. 1 EL Sardellenwürfel und 1 TL Zitronengras in das Olivenöl rühren.
Den Rosenkohl in einzelne Blätter zupfen. Den Rucola putzen und waschen. Den Balsamicoessig mit dem Honig auf die Hälfte einkochen. Den Kabeljau portionieren.
Fertigstellen:
Den Rosenkohl mit etwas Sonnenblumenöl anbraten, bis er Farbe anzunehmen beginnt, salzen, pfeffern und in eine Schüssel geben.
Das aromatisierte Sonnenblumenöl wieder auf 70 Grad erwärmen, die Kabeljaustücke hineingeben und etwa 5 Minuten darin garen (der Fisch sollte glasig bleiben). Den Fisch auf Küchenkrepp legen und das Öl abtupfen; mit Meersalz und Pfeffer würzen. Die Sardellen-Zitronengras-Masse auf den Filets verteilen und etwas Zimtpulver darüberstreuen.
Den Rosenkohl mit dem Rucola vermengen, mit etwas Sonnenblumenöl, dem reduzierten Balsamicoessig, Salz und Pfeffer abschmecken. Den Salat auf vier Teller verteilen und den Fisch daraufsetzen.

Tip:
Durch ein feines Sieb gefiltert hält sich das Sonenblumenöl im Kühlschrank etwa 8 Wochen. Es läßt sich nicht nur zum Garen von Fisch, sondern auch zum Zubereiten einer aromatischen Mayonnaise verwenden.

Wein:
Ein guter Chablis wird mit seiner mineralischen Frische dem Fisch und dem Rosenkohlsalat gewiß gleichermaßen gerecht.

Garnelen mit Linsensauce und Melone

Aromen: Zimt, Orange, Thymian

Linsen gehören zu den ältesten Kulturpflanzen der Menschheit. Schon im Alten Testament ist ein berühmt gewordenes Linsengericht erwähnt, und bis heute gehört die kleine Hülsenfrucht in viele Nationalgerichte der Mittelmeerländer und des Orients. Linsen gibt es in vielen Farben und Qualitäten. Eigenartigerweise sind die kleinen sogenannten Zuckerlinsen zumeist am billigsten, obwohl sie sicherlich am besten schmecken. Für unser Rezept sind die dunkel-glänzenden Linsen aus Le Puy besonders gut geeignet. Dem leicht mehligen Charakter von Linsengerichten begegnen Sie am besten, indem Sie den Hülsenfrüchten fruchtige Aromen gegenüberstellen.

Zutaten:
für 4 Personen

12 Garnelen
40 g durchwachsener geräucherter Speck
200 g grüne Berglinsen
1/2 Honigmelone
1 Zwiebel
1/2 Orange
15 g frischer Ingwer
1 Zweig Minze
5 Zweige Thymian
2 Zweige Majoran
2 frische Lorbeerblätter
2 Kassia-Zimtstangen
10 Koriandersaat
2 EL Zucker
6 cl Balsamicoessig
1/2 TL Senf
1 TL Butter

Vorbereiten:
Die Zwiebel schälen und in kleine Würfel schneiden. Den Speck ebenfalls fein würfeln. Den Zucker goldbraun karamelisieren und mit dem Balsamicoessig ablöschen. Die Zwiebel- und Speckwürfel darin anschwitzen, Linsen, Thymian und Lorbeerblätter zugeben, alles mit Wasser bedecken und zum Kochen bringen. Auf kleiner Flamme langsam garen, bis die Linsen weich sind. Lorbeer und Thymian entfernen und die Gemüse mit dem Schneidstab pürieren. Die Hälfte des Pürees durch ein feines Haarsieb, die andere Hälfte durch ein Geschirrtuch drücken. Die beiden Fonds vermengen und mit Salz, Pfeffer, Zucker, Senf und Balsamicoessig würzen. Die Majoranzweige in die Sauce geben und durchziehen lassen.
Die Garnelen aus den Schalen brechen und den Darm entfernen.
Die Zimtstangen längs so zerbrechen, daß Spieße entstehen. Jeweils drei Garnelen auf einen Zimtspieß stecken.
Von der Orange die Schale sehr fein, ohne das Weiße, abschneiden.

Fertigstellen:
Die Minze und den geschälten Ingwer fein schneiden und mit dem Koriander vermengen. Die halbe Melone in 4 halbmondförmige Stücke schneiden, Kerne und Schalen entfernen; mit dem Gemisch aus Ingwer, Koriander und Minze bestreuen.
Die Garnelenspieße in etwas Sonnenblumenöl braten. Kurz vor Ende der Garzeit die Butter und die Orangenschale zugeben und nochmals durchschwenken. Die Orangenschale entfernen. Spieße und Melonenstücke nebeneinander anrichten und mit der Linsensauce umgießen.

Wein:
Ihrer vinologischen Phantasie sind hier kaum Grenzen gesetzt, nur bitter, dünn und sauer sollte der Wein nicht sein. Die Wahlmöglichkeiten reichen von einem Riesling – jung, knackig und mit typischer Pfirsich-Nase, aus der Wachau, dem Donauland oder von der Mosel – bis zu einer der verschmähten Aromasorten wie einem trockenen Gewürztraminer. Wir ziehen die etwas erdigere Aromatik eines Muskatellers oder einer Scheurebe vor.

Kartoffeltäschchen mit Langostinos

Aromen: Basilikum

Das Geheimnis unserer Kartoffeltäschchen ist die in dem Knollengemüse reichlich vorhandene Stärke. Sie sorgt dafür, daß die Kartoffelscheiben ohne weiteres Hilfsmittel aneinander kleben bleiben. Wichtig ist allerdings, nur absolut festkochende Kartoffeln zu verwenden. Nur diese sind so feinkörnig, daß sie beim Braten nicht aufspringen und zerfallen.

Zutaten:
für 4 Personen

8 Langostinos
3 sehr große festkochende Kartoffeln
6 Kirschtomaten
1 kleine Zucchini
1 Lauchstange
1 Fenchelknolle
1 Zitrone
2 frische Lorbeerblätter
4 Zweige Thymian
2 Zweige Basilikum
2 cl Cognac
50 g Butter
Sonnenblumenöl
Olivenöl
1/2 l Fischfond (s. Basisrezepte)
Chili-Öl (s. Basisrezepte)

Vorbereiten:
Die Langostino-Schwänze ausbrechen, Schalen und Köpfe aufbewahren. Die Schwänze am Rücken leicht einschneiden und die Därme entfernen.
Die Kirschtomaten kurz in heißem Wasser blanchieren und abziehen, die Schalen aufbewahren.
Die Basilikumblätter von den Zweigen zupfen.
Die Tomaten mit den Basilikumzweigen in eine Auflaufform geben, mit etwas Olivenöl beträufeln und 5 Minuten im 180 Grad heißen Ofen schmoren. Die Basilikumzweige entfernen.
Für den Langostino-Fond Lauch und Fenchel putzen und kleinschneiden. Die Langostino-Abfälle in einem Topf in etwas Sonnenblumenöl anschwitzen; Lauch, Fenchel, Lorbeer, 3 Thymianzweige und die Tomatenschalen zugeben und ebenfalls anschwitzen. Mit dem Cognac ablöschen, den Fischfond sowie 0,1 l Wasser zugeben. Die so erhaltene Flüssigkeit auf 0,2 l einköcheln lassen und durch ein feines Sieb abseihen, Gemüse dabei leicht ausdrücken.
Die Blätter vom übrigen Thymianzweig zupfen.
Die Zucchini waschen und in feine Würfel schneiden, in etwas Sonnenblumenöl hellbraun anbraten, salzen und pfeffern. Die Thymianblättchen sowie die geschmorten Tomaten zugeben und alles vermengen.
Die Kartoffeln schälen und längs in hauchdünne Scheiben schneiden. Auf einem großen Tuch aus den Kartoffelscheiben 16 Rosetten mit einem Durchmesser von knapp 15 cm legen, mit einem angefeuchteten zweiten Tuch bedecken und die Rosetten vorsichtig und nur in eine Richtung solange mit einem Nudelholz walzen, bis die Kartoffelscheiben aneinanderkleben. Das obere Tuch entfernen.
In die Mitte von 8 Rosetten jeweils 1 TL Zucchinigemüse geben. Darauf jeweils einen Langostinoschwanz und ein Basilikumblatt setzen. Mit den übrigen Rosetten bedecken und die Ränder gut andrücken; mit einer Form von 10 cm Durchmesser die erhaltenen Ravioli ausstechen.

Fertigstellen:
In einer beschichteten Pfanne die Kartoffel-Ravioli auf beiden Seiten in etwas Sonnenblumenöl in etwa 5 Minuten knusprig braten, leicht salzen und pfeffern.
Den Langostino-Fond nochmals aufkochen und zur Bindung die eiskalte Butter in kleinen Stückchen untermixen. Mit Salz, Pfeffer, einem Hauch Chili-Öl und etwas Zitronensaft abschmecken.

Die Kartoffeltäschchen auf einem Saucenspiegel aus Langostinofond anrichten.

Wein:
Das Anschwitzen der Schalen von Krustentieren sorgt für intensive Süß- und Röstaromen, die in der Exotik im Faß vergorener Weißweine eine geradezu ideale Entsprechung finden. Sie entwickeln nämlich auf der Zunge eine weiche, fast cremige Struktur mit entsprechend feiner Süße durch den Holzfaßeinfluß, die, sofern richtig gemacht und ohne Bittertöne auf die Flasche gebracht, perfekt mit der geschmacklichen Fülle dieses Gerichtes übereinstimmt. Deshalb empfehlen wir einen australischen oder kalifornischen Chardonnay, einen badischen Pinot Blanc oder einen Südtiroler Weißburgunder.

Drachenkopf mit Auberginensauce

Aromen: Thymian, Knoblauch

Der Drachenkopf macht seinem Namen wirklich alle Ehre: von leuchtend roter Farbe, an Kopf und Rücken stachelbewehrt, mit großem, breitem Kopf und riesigem Maul wirkt der häufig unter dem Namen Rascasse vermarktete Fisch tatsächlich wie ein Ungeheuer aus längst vergangenen Zeiten. Küchentechnisch betrachtet ist der Stachelflosser jedoch keineswegs komplizierter als „zivilisierter" aussehende Artgenossen.

Zutaten:
für 4 Personen

1 kg Drachenkopf (Rascasse)
5 sehr reife Tomaten
6 Knoblauchzehen
2 Auberginen
1 Zwiebel
1 Bund Thymian
Olivenöl
0,4 l Geflügelfond (s. Basisrezepte)
Chili-Öl (s. Basisrezepte)

Vorbereiten:
Den Fisch filetieren und portionieren.
Die Tomaten kurz in kochendes Wasser tauchen, abschrecken, enthäuten, vierteln und entkernen. Das geviertelte Tomatenfleisch trockentupfen und nebeneinander in eine flache, feuerfeste Form setzen; mit etwas Olivenöl beträufeln, salzen und pfeffern. 4 Knoblauchzehen mit dem Handballen zerdrücken und mit 5 Zweigen Thymian auf den Tomaten verteilen. Bei 100 Grad 2 bis 3 Stunden im Ofen trocknen lassen.
Die Zwiebel und die restlichen Knoblauchzehen schälen und fein hacken. Die Auberginen in kleine Würfel schneiden. Zwiebel und Knoblauch mit dem restlichen Thymian in einem Topf anschwitzen, die Auberginen zugeben, salzen, pfeffern und mit Olivenöl beträufeln. Den Topf gut verschließen und auf den Boden des 180 Grad heißen Ofens stellen; nach 20 Minuten die Auberginen durchrühren und weitere 20 Minuten im Ofen schmoren lassen. Mit dem Geflügelfond auffüllen und nochmals 15 Minuten im Ofen garen. Die Thymianzweige aus dem Topf nehmen; die Auberginen pürieren und durch ein Tuch drücken, mit Salz, Pfeffer und Chili-Öl abschmecken.

Fertigstellen:
Die getrockneten Tomaten in eine feuerfeste Form schichten. Die Fischstücke daraufsetzen, salzen, pfeffern, mit etwas Olivenöl beträufeln und bei 160 Grad im Ofen in 10 Minuten glasig garen. Die Auberginensauce erwärmen. Den Fisch auf den Tomaten anrichten, die Sauce um den Fisch herum auf die Tomaten geben.

Tip:
Hinweise zum Filetieren des Fisches siehe Rezept „Dorade im Gemüsefond".

Wein:
Die südlichen Aromen dieses sommerlich inspirierten Gerichtes fordern einen würzigen, weichen Wein, der mit der Süße der getrockneten Tomaten ebenso zurechtkommt wie mit deren Säure. Natürlich paßt hier ein Weißwein aus Mittelitalien (es muß ja nicht gerade Pinot Grigio sein); doch wir würden zu diesem Gang durchaus mal einen aromatischen Weißwein wagen, etwa einen trockenen Moscato Giallo aus dem Veneto, einen trockenen Muscat aus dem Elsaß oder einen Muskateller aus der Pfalz.

Gebackene Miesmuscheln mit Paprika

Aromen: grüne Currypaste, Knoblauch, Thymian

Miesmuscheln galten schon den alten Griechen als die Eßmuscheln schlechthin. Derzeit werden in Europa etwa 300 000 Tonnen der blauschwarzen Schalentiere verzehrt. Das Gros kommt aus Zuchten vor allem aus Spanien und Holland. Miesmuscheln sind robuste, anpassungsfähige Meeresbewohner, die sogar in stark verschmutzten Gewässern überleben können. Um nicht zum Endlager für allerhand Umweltgifte zu werden, sollte man deshalb keine Muscheln aus belasteten Gewässern und nicht zur Zeit der Algenblüte, also im Sommer, kaufen.

Zutaten:
für 4 Personen

1,5 kg Miesmuscheln
3 rote Paprikaschoten
1 gelbe Paprikaschote
1 Zwiebel
1 Lauchstange
1 Fenchelknolle
6 Knoblauchzehen
1/2 Bund Thymian
4 cl trockener Wermut (z.B. Noilly Prat)
1/8 l Weißwein
Olivenöl
1,5 l Sonnenblumenöl
1 TL Currypulver (s. Basisrezepte)
2 EL grüne Currypaste (s. Basisrezepte)
4 EL Tempurateigpulver (s. Basisrezepte)
Chili-Öl (s. Basisrezepte)

Vorbereiten:

Die Muscheln waschen und verlesen. Zwiebel und Knoblauch schälen, Fenchel und Lauch waschen, alles grob zerschneiden. Die Gemüse in einem Topf mit etwas Olivenöl anschwitzen, mit 1/2 TL Curry überstäuben und mit Weiß- sowie Wermutwein ablöschen. Die Muscheln dazugeben und den Topf verschließen; köcheln lassen, bis sich die Muscheln geöffnet haben. Alle noch geschlossenen Exemplare aussortieren und wegwerfen. Das Muschelfleisch aus den Schalen nehmen und den Bart entfernen.

Die Paprikaschoten vierteln, entkernen und mit etwas Olivenöl, dem Thymian, 3 gequetschten Knoblauchzehen, Salz und Pfeffer in einem geschlossenen Topf im Ofen bei 180 Grad schmoren, bis sich die Haut abziehen läßt. Die Schoten enthäuten und in feine Streifen schneiden.

Fertigstellen:

Die übrige Knoblauchzehe schälen, durchpressen und zu den Paprika geben. Mit Salz, Pfeffer und Chili-Öl abschmecken.

Das Sonnenblumenöl zum Fritieren auf 180 Grad erhitzen.

Das Tempurapulver mit 50 Grad warmem Wasser zu einem dickflüssigen, schaumigen Teig verrühren. Die Muscheln durch den Teig ziehen und goldbraun ausbacken. Aus dem Öl nehmen und mit dem restlichen Currypulver überstäuben. Die Muscheln neben den Paprika zusammen mit dem grünen Curry servieren.

Tip:

Verdorbene Muscheln kann man problemlos aussortieren: vor dem Garen alle, die offen sind, und nach dem Garen alle, die geschlossen blieben.

Wein:

Dieses Gericht ist leicht, und man ißt unweigerlich drauf los. Deshalb darf der dazu gereichte Wein ruhig ein wenig kräftiger sein: Uns gefällt zum Beispiel ein frischer, aber aromaintensiver Chardonnay aus Kalifornien. Es sollte freilich keiner der ganz schweren, alkoholreichen, sondern eher einer der frischeren Art sein, vielleicht aus Kaliforniens kühlem Süden. In Santa Barbara nämlich weisen die Chardonnays oft europäische Säure auf, besitzen trotz ihrer Frische aber jene typisch kalifornische Exotik in Duft und Geschmack mit viel Ananas, Papaya und Mango, die sich zum Curryduft dieses Gerichts förmlich aufdrängt.

Thunfisch mit Aprikosen

Aromen: Ingwer, Chili

Thunfisch ist eine äußerst umstrittene Delikatesse, ist er doch zum Symbol der zerstörerischen Ausbeutung der Weltmeere geworden. Tatsächlich fordert gerade der Fang des Thuns, eines der wichtigsten Nutzfische, besonders viele Opfer: In den trotz des weltweiten Verbots nach wie vor eingesetzten riesigen Treibnetzen verenden Jahr für Jahr Hunderttausende Delphine und andere Meeresbewohner. Verlangen Sie deshalb beim Einkauf Angelfisch. Diese Methode des Fischfangs ist zwar auch nicht unumstritten, zumindest aber etwas schonender für die Meeresfauna.

Zutaten:

für 4 Personen

4 Thunfischsteaks à 100 g
4 Aprikosen
1 Bund Frühlingszwiebeln
1 Bund Rucola
3 Eiszapfenrettiche
1 frische Chilischote
10 g frischer Ingwer
2 Stück Sternanis
1 EL Zucker
2 EL weißer Balsamicoessig
Sonnenblumenöl
2 EL rote Currypaste (s. Basisrezepte)

Vorbereiten:
Die Haut der Aprikosen leicht einritzen. Die Früchte kurz in heißes Wasser tauchen, enthäuten und vierteln; mit der halbierten Chilischote, dem in einzelne Zacken zerbrochenen Sternanis, dem Zucker sowie 1 großen EL Balsamicoessig marinieren und 1/2 Stunde ziehen lassen.
Die Frühlingszwiebeln putzen, die Rettiche schälen und alles in feine Streifen schneiden.
Den Rucola putzen, waschen und gut abtropfen lassen.
Die Thunfischsteaks mit der roten Currypaste bestreichen.
Die Aprikosen mit den Gewürzen und dem Saft, der sich gebildet hat, im geschlossenen Topf im Ofen bei 180 Grad 10 Minuten schmoren. Den Ingwer schälen und nach Geschmack auf die Aprikosen reiben. Die Früchte abkühlen lassen.

Fertigstellen:
Die Thunfischsteaks salzen, pfeffern und kurz von beiden Seiten braten, so daß sie innen noch roh sind.
Rettich und Frühlingszwiebeln in etwas Sonnenblumenöl braten, salzen, pfeffern, zum Rucola geben und mit dem restlichen weißen Balsamicoessig als Salat anmachen.
Die Fischsteaks mit den zimmerwarmen Aprikosen und dem Salat anrichten.

Wein:
Eine echte Herausforderung, denn dieser Gang ist eigentlich an jedem Wein vorbeigekocht: Der Rettich sorgt zusammen mit dem Rucola für eine bittere Geschmackskomponente, die vom Wein kaum konterkariert werden kann; dazu die Säure der Aprikosen in Kombination mit feiner Chili-Schärfe — schlimmer kann es für den Sommelier kaum kommen. Und doch, es geht! Hier tut ein trockener, etwas fülliger, mineralischer Elsässer Gewürztraminer Wunder. Aber Vorsicht, es sollte keiner dieser modischen Weine mit Restzucker, es sollte auch keines dieser seifigen Überbleibsel aus vergangenen Tagen sein, sondern ein frischer aber gehaltvoller, trockener Gewürztraminer aus bester Lage, terroirbetont und hocharomatisch.

Senf

Brassica nigra, Brassica juncea, Sinapis alba

Die Völker des Orients waren die ersten, die mit Senfsamen umzugehen wußten. Auch in der klassischen Antike wurde die Kunst der Senfbereitung gepflegt. Man kannte die Empfindlichkeit des Senföls gegenüber Hitze und man aß die Blätter des Senfs als Gemüse, ähnlich wie Spinat. Nördlich der Alpen eroberte Senf erst im frühen Mittelalter die Küchen. Er zählte zu den wenigen Gewürzen, die sich auch kleine Leute leisten konnten.

Die Botaniker unterscheiden drei Arten von Senf: weißen, braunen und schwarzen. Sie alle gehören zur Familie der Kreuzblütler. Die weiße, gelegentlich auch gelb genannte Variante, die besonders im Mittelmeerraum gedeiht, schmeckt besonders mild. Sie ist die Basis für süßen Senf. Schwarze Körner, in Südeuropa und Westasien heimisch, schmecken intensiv und sehr scharf; braune Senfsaat, die etwas würziger und milder wirkt, kommt aus Indien. Sie wird mittlerweile weit häufiger kultiviert als schwarzer Senf, sind ihre Samenkörner doch maschinell zu ernten.

Die blassen, gelblichen bis sandfarbenen Samen des weißen Senfs sind in der Küche am vielfältigsten einsetzbar. Sie haben fast keinen Geruch, dafür jedoch ein leicht süßliches, an Erdnüsse erinnerndes Aroma. Ihren charakteristischen Geschmack entwickeln Senfkörner erst, wenn sie zermahlen und in Wasser gerührt werden. Nur dann kann sich das scharfe Allylsenföl bilden. Wird dieser etwa 10 Minuten dauernde Prozeß gestört, entwickelt Senf eine unangenehme Bitternote. Beim Kochen wiederum geht die senfige Schärfe rasch verloren. Raffiniert schmecken die Samen, wenn man sie vor der Verwendung kurz ohne Fett anröstet, um ihren nussigen Geschmack zu verstärken, zermahlt, auf Fleisch streut und noch einige Minuten mitbrät. Für Senfsaucen empfiehlt es sich, die Körner einige Zeit vorher einzuweichen.

Die verschiedenen auf dem Markt befindlichen Senfsorten können beim Kochen nur im Notfall Senfkörner ersetzen. Senf nämlich – ob englischer, französischer oder deutscher, körniger oder feiner – ist stets noch mit anderen Gewürzen versetzt, die ein Gericht eher negativ beeinflussen können.

Senfsaat läßt sich ohne Probleme aufbewahren. Sie sollte nur trocken, lichtgeschützt und kühl gelagert werden.

Salz

Salz und Brot zu teilen ist der Inbegriff von Gastfreundschaft. Jahrtausendelang war Salz im Binnenland ein wertvolles, rares Produkt. Das lebensnotwendige Natriumchlorid wurde in Zeiten der Verknappung sogar mit Gold aufgewogen. Der Handel mit Salz begründete die Entwicklung von Städten und machte all die reich, die in Form von Zöllen und Steuern daran teilhaben konnten. In unserer Zeit ist Salz hingegen in Verruf geraten. Infolge übermäßigen Konsums zählt es zu den Hauptverursachern von Zivilisationskrankheiten. Längst fehlt niemandem mehr das Salz in der Suppe – ganz im Gegenteil. Zwischen „Salzomanen", die ohne zusätzliche Prisen des Minerals keine Speise genießen können, und Gesundheitsaposteln, die Salz am liebsten aus der Küche verbannen möchten, wird der feine würzende Kristall regelrecht zerrieben. Dabei schmeckt ohne Salz tatsächlich vieles fad. Eine Prise zuviel kann jedoch den natürlichen Geschmack eines Nahrungsmittels völlig überdecken.

Salz ist eine chemische Verbindung von Natrium und Chlor. Es wird entweder aus Meerwasser oder aus unterirdischen Salzlagerstätten gewonnen. Auf den Markt kommen verschiedene Sorten von Salz. Von tatsächlich kulinarischem Interesse sind jedoch nur die Salzsorten, die ohne denaturierende Reinigungsverfahren und diverse Zusatzstoffe angeboten werden, überwiegend also Meersalz.

Etwa ein Drittel des weltweit benötigten Salzes kommt derzeit aus dem Meer. Es wird in sogenannten Salzgärten gewonnen. Dazu wird Meerwasser, in dem pro Liter etwa 35 g Salz gelöst sind, in große, flache Becken geleitet. Dort steigt durch Verdunstung die Salzkonzentration, bis das Salz schließlich ausfällt und geerntet werden kann. In diesen Salzgärten entsteht in kleinen Mengen auch eine Spezialität: *fleur de sel*. Diese „Blume des Salzes" besteht aus den hauchzarten Kristallen, die sich in Sommernächten bei bestimmten Temperaturen an der Wasseroberfläche bilden. Ihr hoher Mineralstoffgehalt verleiht dieser besten und teuersten unter den Salzsorten einen unvergleichlich würzigen, weit über das bloß Salzige hinausgehenden Geschmack.

Lackierte Entenbrust mit Weißkrautsalat

Aromen: Ingwer, Soja-Sauce

Eine optisch wie geschmacklich glänzende Idee: Die Entenbrust sieht aus wie frisch lackiert, und ihre duftenden Aromen wecken orientalische Impressionen. Leider stammen die meisten im Handel erhältlichen Enten aus Massentierhaltung. Das Fleisch solcher Tiere ist infolge der beschleunigten Mast oft weich und wäßrig, die Fettschicht unter der Haut unnatürlich aufgebläht. Meiden Sie solche Industrieenten – auch die Bezeichnung Flugente ist da keine Qualitätsgarantie –, denn sie schmecken häufig unangenehm tranig. Zudem wird ihr Fleisch sehr rasch zäh und trocken, da sie beim Garen zuviel Wasser verlieren. Kaufen Sie Geflügel deshalb am besten vom extensiv bewirtschafteten Bauernhof oder aus kontrollierter Freilandzucht, oder weichen Sie auf echte Wildenten aus, die es freilich nur während der Jagdzeit gibt.

Zutaten:

für 4 Personen
2 Entenbrüste (à 250 g)
300 g Weißkraut
150 g Karotten
200 g Shiitake-Pilze
30 g Ingwer
1 Knoblauchzehe
0,2 l Cream Sherry
0,1 l Sojasauce (am besten Tamari)
1 TL geröstetes Sesamöl
Reisessig
1 TL Honig
1 1/2 EL kalte Butter
Sonnenblumenöl
5 EL Geflügelfond (s. Basisrezepte)
Chili-Öl (s. Basisrezepte)

Vorbereiten:
Die Haut der Entenbrüste mehrmals einritzen.
Ingwer und Knoblauch schälen. Zwei Drittel des Ingwers und die Knoblauchzehe in feine Würfel schneiden. Sojasauce, Cream Sherry, 1/2 TL Chili-Öl, Honig und Sesamöl zusammen aufkochen; Ingwer- und Knoblauchwürfel zugeben. Die Entenbrüste mit der warmen Marinade übergießen und etwa 8 Stunden im Kühlschrank marinieren.
Die Stiele von den Shiitake-Pilzen entfernen. Die Hüte je nach Größe vierteln oder sechsteln. Die Karotten schälen; Weißkraut und Karotten in feine Streifen schneiden.

Fertigstellen:
Die Entenbrüste aus der Marinade nehmen und trockentupfen. Die Marinade sirupartig einkochen. Die Entenbrüste leicht salzen, auf der Hautseite knusprig anbraten und auf Zimmertemperatur abkühlen lassen; die Hautseite mit der Marinade lackieren. Dann das Fleisch in einer flachen Form mit 1/2 El Butter bei 180 Grad etwa 4 Minuten rosa braten.
Weißkraut und Karotten in etwas Sonnenblumenöl kurz anbraten, den restlichen Ingwer hineinreiben, mit Salz, Pfeffer, einer Prise Zucker, Chili-Öl und Reisessig würzen und in eine Schüssel geben.
Die Pilze in einer Pfanne mit 1/2 EL Butter anschwitzen, salzen und pfeffern. Den Geflügelfond zugeben, einmal aufkochen lassen und die restliche kalte Butter unterrühren, um den Fond leicht zu binden.
Die Entenbrüste dünn aufschneiden und mit den Pilzen und dem Weißkrautsalat anrichten.

Tip:
Die Entenbrust nicht zu lange in der Marinade lassen, da die Sojasauce das Fleisch auslaugt.

Wein:
Neben diesem Feuerwerk an Aromen wird als einer von wenigen Weinen ein vollmundiger Zinfandel von (ur)alten Rebstöcken und aus gutem Jahrgang, also mit wenig Säure und dafür um so mehr Brombeer- und orientalischen Würzaromen, nicht verblassen.

Bohnen-Couscous mit Zicklein

Aromen: Sesam, Thymian, Bohnenkraut

Couscous ist eine arabische Spezialität aus gemahlenen, zu Kügelchen gerollten Getreidekörnern. Es ist mit seinem feinen, leicht nussigen Geschmack ebenso vielfältig zu verwenden wie Reis. In der Kombination mit gebratenen grünen Bohnen und geröstetem Knoblauch wirkt es in unserem Gericht durchaus originär.

Zutaten:
für vier Personen

1 Zickleinschulter
120 g Weizen-Couscous
300 g Wurzelgemüse (z. B. Karotte, Sellerie, Zwiebel)
150 g breite Bohnen
1/2 Birne
4 Knoblauchzehen
5 Zweige Thymian
3 Zweige Bohnenkraut
2 frische Lorbeerblätter
10 schwarze Pfefferkörner
1/2 Zimtstange
8 cl Weißwein
0,1 l Sonnenblumenöl
geröstetes Sesamöl
1/8 l Geflügelfond (s. Basisrezepte)
Chili-Öl (s. Basisrezepte)

Vorbereiten:

Die Zickleinschulter salzen, pfeffern und in einem Schmortopf von beiden Seiten anbraten; aus dem Topf nehmen und beiseite stellen.

Die Wurzelgemüse waschen, schälen und in grobe Würfel schneiden, mit Thymian, Lorbeer, 2 Knoblauchzehen, Pfeffer und Zimt im Schmortopf anschwitzen. Mit Weißwein ablöschen und leicht einköcheln lassen. Soviel Wasser zugießen, daß die Gemüse knapp bedeckt sind. Die Schulter auf die Gemüse legen und im geschlossenen Topf in etwa 75 Minuten bei 180 Grad im Backofen weich schmoren.

Den Couscous mit kochendem Geflügelfond übergießen und zugedeckt etwa 15 Minuten quellen lassen.

Die Bohnen in feine Streifen schneiden. Die Birne schälen, entkernen und in feine Würfel schneiden. Den restlichen Knoblauch schälen und in sehr dünne Scheiben schneiden. Das Sonnenblumenöl auf etwa 160 Grad erhitzen und den Knoblauch darin kurz goldgelb fritieren.

Fertigstellen:

Das Fleisch aus dem Schmortopf nehmen und warmstellen. Den Bratfond durch ein Sieb in einen kleinen Topf passieren und mit Salz sowie Pfeffer abschmecken.

Das Bohnenkraut zupfen und klein schneiden. Die Bohnenstreifen in etwas Sonnenblumenöl anbraten, das Bohnenkraut zugeben, salzen und pfeffern. Den Couscous zu den Bohnen geben und leicht anbraten; dann Knoblauch sowie Birne zugeben, vom Herd nehmen und mit Salz, Pfeffer, Chili- und Sesamöl abschmecken.

Das Zicklein auslösen und in Stücke schneiden, neben dem Couscous anrichten und mit etwas Fond übergießen.

Tip:

Besonders würzig schmeckt das Zicklein, wenn man das Fleisch nach dem Auslösen mit Garam-Masala-Paste einstreicht und kurz in etwas Butter nachbrät.

Wein:

Ein Pinot Noir aus dem südlichen Kalifornien mit gut eingebundener, dezenter Säure, feinen Tanninen und würziger Aromatik ist der richtige Begleiter zu diesem durchaus deftigen Gericht.

Hirschsteak mit Zimtjoghurt

Aromen: Sesam, Zimt, Kresse

Fleisch vom Wild und Zimt in der Sauce – das klingt winterlich, wenn nicht gar weihnachtlich. Wir empfehlen Ihnen dieses Gericht jedoch allen Ernstes als Alternative zum Grillfest: Das Hirschsteak ist auf jeden Fall leichter verdaulich als Schweinenacken und geschmacklich feiner als Spareribs. Und der Zimtjoghurt schmeckt garantiert nicht nach Plätzchen oder Glühwein. Seine Würze unterstreicht lediglich die feinherben Brataromen des Fleisches.

Zutaten:
für 4 Personen

4 Hirschsteaks à 150 g
300 g Brunnenkresse
12 Frühlingszwiebeln
150 g Joghurt
1/2 EL Rosinen
2 EL Mohn
1 EL Sesam
1/2 Kassia-Zimtstange
6 cl Weißwein
Balsamicoessig
Olivenöl
2 EL Sonnenblumenöl
Chili-Öl (s. Basisrezepte)

Vorbereiten:
Den Weißwein aufkochen und die Rosinen darin einweichen.
Den Mohn und das Sonnenblumenöl vermengen und die Hirschsteaks damit marinieren.
Die Brunnenkresse zupfen, waschen und gut abtropfen lassen. Die Frühlingszwiebeln putzen und in feine Streifen schneiden.
Den Sesam in einer Pfanne ohne Fett goldbraun anrösten.
Die Zimtstange ebenfalls ohne Fett anrösten und fein mahlen.
Die eingeweichten Rosinen abtropfen lassen und fein hacken.
Rosinen, Sesam sowie Zimt in den Joghurt geben und mit Salz, Pfeffer sowie Chili-Öl abschmecken.

Fertigstellen:
Die Frühlingszwiebeln in etwas Olivenöl anbraten, salzen und pfeffern; in eine Schüssel geben.
Die Hirschsteaks salzen, pfeffern und grillen.
Die Brunnenkresse zu den abgekühlten Frühlingszwiebeln geben und mit Olivenöl, Balsamicoessig, Salz sowie Pfeffer als Salat abschmecken.
Steaks und Salat nebeneinander auf flachen Tellern anrichten; ein oder zwei Joghurtkleckse neben die Steaks setzen.

Wein:
Rosa gegartes dunkles Fleisch braucht einen sehr saftigen Wein als Gegenpart. Wer eher die rauchig-würzigen Aromen hervorheben möchte, greife zu einem einige Jahre alten Côtes du Rhone-Villages mit viel Grenache in der Cuvée. Wer freilich am kurzgebratenen Fleisch den Geschmack des Halbrohen besonders mag, wähle einen Syrah von der südlichen Rhone: zum „rare" gebratenen Steak die würdige Ergänzung.

Lamm-Burger

Aromen: Thymian, Ketchup

Hamburger sind der Inbegriff für standardisiertes Fast-Food: ein flacher Fleischklops zweifelhafter Herkunft, ein bißchen geschmackloses Grünzeug und der alles dominierende Geschmack von Industrie-Ketchup. Wir haben uns des weltweit beliebten Snacks angenommen und ihn gewissermaßen renaturalisiert. Die wichtigste Rolle kommt dabei unserem hausgemachten Ketchup zu, einem würzigen Konzentrat aus reifen Tomaten, in dem nicht der Zucker die geschmackliche Hauptrolle spielt. Unser Hamburger schmeckt Menschen mit eingefleischter Amerika-Antipathie („Die haben doch keinerlei Eßkultur") ebenso gut wie fastfood-begeisterten Jugendlichen. Unser Vorschlag: Feiern Sie den Geburtstag von Sohn oder Tochter mit der Clique statt im einschlägigen Schnellrestaurant doch mal zu Hause beim fröhlichen Burger-Basteln. Wichtig: Verbannen Sie für diesen Tag alle industriellen Tomaten-Würzsaucen aus Ihrem Kühlschrank. Sonst war alle Mühe umsonst.

Zutaten:
für 4 Personen

500 g Lammfleisch aus der Keule
4 Burger-Brötchen
2 vollreife Tomaten
1 kleiner Eisbergsalat
1 kleine Gärtnergurke
1 Zwiebel
1 Knoblauchzehe
5 Zweige Thymian
1 Ei
5 EL Sonnenblumenöl
1/2 TL Senf
etwas Zitronensaft
2 EL Ketchup (s. Basisrezepte)
Chili-Öl (s. Basisrezepte)

Vorbereiten:
Das Lammfleisch von allen Häuten und Sehnen befreien, durch den Fleischwolf (grobe Scheibe) drehen.
Den Knoblauch schälen und zerquetschen. Thymianblättchen vom Zweig zupfen und mit dem Knoblauch unter das Fleisch mengen.
Die Masse mit Salz, Pfeffer und Chili-Öl abschmecken. 4 flache Klopse in Brötchengröße formen.
Das Ei trennen. Das Eigelb mit dem Senf und Zitronensaft verrühren. Das Sonnenblumenöl tropfenweise einrühren, so daß eine Mayonnaise entsteht; mit Salz und Pfeffer abschmecken.
Tomaten und Gurke in Scheiben schneiden.
Zwiebel schälen und in feine Ringe schneiden.
Einige Salatblätter waschen.

Fertigstellen:
Die Brötchen halbieren und anrösten.
Die Lammklopse mit etwas Öl einstreichen und kurz von beiden Seiten grillen oder braten, so daß sie im Kern noch roh sind.
Etwas Mayonnaise auf 4 Brötchenhälften verteilen, je ein Salatblatt und einen Klops darauflegen; mit Gurke, Tomate, Zwiebel und Ketchup garnieren. Die andere Brötchenhälfte darauf legen.

Wein:
Es ist verrückt, aber zu diesem fast schon klischeehaften Eßgenuß paßt am besten ein ebenso klischeehafter Rotwein als optimaler Begleiter: Cabernet Sauvignon aus Kalifornien. Und zwar nicht eines der berühmten und teueren Hochgewächse, sondern einer, der dem Bild, das man hierzulande von kalifornischem Rotwein hat, entspricht. Den bekommt man in gutsortierten Kaufhäusern, wobei man nach einem der großen bekannten Abfüller frage, von dem man aber nicht die einfachste Qualität, sondern die gute Mittelklasse wähle.

Geschmortes und gebratenes Kaninchen

Aromen: Knoblauch, Thymian, Orange

Hauskaninchen ist in der Küche ähnlich variabel zu verwenden wie Hähnchen. Unser Rezept vereinigt zwei Garmethoden und zwei Würzstile für das leicht verdauliche Fleisch des Nagetiers: Schultern und Bauchlappen werden mediterran angehaucht mit Thymian und Knoblauch lange geschmort; das zarte Rücken- und Keulenfleisch mit etwas pikanterer Würze wird nur kurz gebraten. Den Bogen zwischen den verschiedenen Bestandteilen des Gerichts schlägt das feine Aroma der Orange, ihr ätherisches Öl und ihr fruchtiger Saft.

Zutaten:
für 4 Personen

1 Kaninchen (1,5 kg)
250 g getrocknete weiße Bohnen
4 Zwiebeln
1 Lauchstange
1/2 Selleriestange
4 Champignons
5 Knoblauchzehen
1 Orange
2 frische Lorbeerblätter
1 Bund Thymian
1 Zweig Minze
1 Nelke
1/2 Zimtstange
10 Koriandersaat
10 Pfefferkörner
1/8 l Weißwein
4 cl trockener Wermut (z. B. Noilly-Prat)
etwas Olivenöl
2 EL Orangensenf (s. Basisrezepte)

Vorbereiten:
Das Kaninchen in Vorderläufe, Keulen und Rücken teilen. Die Keulen von Haut und Sehnen befreien, vom Knochen lösen und in die vier natürlich vorgegebenen Teile auseinanderziehen. Rücken und Bauchlappen vom Knochen lösen; die Rückenfilets von den Bauchlappen abziehen und die Sehnen entfernen. Keulenstücke und Filets mit dem Orangensenf vermengen und kalt stellen.
2 Zwiebeln und 3 Knoblauchzehen schälen, Lauch, Staudensellerie und Champignons waschen und grob zerteilen. In einem Schmortopf anbraten, 1/2 Bund Thymian zugeben und mit Weißwein und Wermut ablöschen; etwas einkochen lassen. Dann die Gemüse knapp mit Wasser bedecken, Bauchlappen und Schultern daraufsetzen, salzen und pfeffern. Die Orangenschale sehr dünn abschneiden und auf das Fleisch legen. Bei 180 Grad etwa 1 Stunde im Ofen schmoren. Die Bauchlappen aus dem Topf nehmen, die Schultern noch etwa 45 Minuten garen. Den Fond durch ein Sieb passieren und abschmecken. Das Fleisch von den Knochen lösen.
Die restlichen Zwiebeln und Knoblauchzehen schälen und fein schneiden, mit den Bohnen, dem restlichen Thymian und etwas Olivenöl in einen Topf geben. Die Orange auspressen und den Saft dazugeben; so viel Wasser aufgießen, daß alles gut bedeckt ist. Auf kleiner Flamme in 1 bis 2 Stunden weich kochen. Etwa ein Drittel der Bohnen mit etwas Fond pürieren und durch ein Tuch zu den restlichen Bohnen drücken.

Fertigstellen:
Die Minzblätter vom Zweig zupfen und sehr fein schneiden. Das Bohnenragout erwärmen und mit Minze, Chili-Öl, Salz und Pfeffer abschmecken. Keulenstücke und Filets in etwas Butter und Olivenöl braten. Das Schmorfleisch in seinem Fond erwärmen und herausnehmen; den Fond mit etwas Olivenöl leicht binden. Die Bohnen in tiefe Teller in die Mitte geben, das geschmorte Fleisch mit dem Fond außen herum anrichten; die gebratenen Stücke in Scheiben schneiden und auf die Bohnen setzen.

Wein:
Ein trockener Savennières oder Vouvray von der Loire aus einem großen Jahrgang mit Körper, Alkohol und feinen Zitrustönen.

Spanferkelrücken mit Rhabarber

Aromen: Kreuzkümmel

Rauke galt hierzulande jahrzehntelang als Unkraut, das von der Agrarchemie weitgehend vernichtet wurde. Wer die einstmals an jedem Wiesenrand heimische Pflanze nun auf dem Markt kaufen möchte, muß sie unter ihrem italienischen Namen suchen. Als Rucola macht das intensiv schmeckende Kraut, das als Salat, als Gemüse und als Würzzugabe gleichermaßen taugt, eine späte und doch höchst erfreuliche Karriere. Junge Rucolablätter schmecken würzig-pfeffrig, ältere dunklere Exemplare entwickeln einen leichten, pikanten Bitterton.

Zutaten:
für 4 Personen

700 g Spanferkelkoteletts
2 Stangen Rhabarber
2 Bund Rucola
1 Zitrone
3 Knoblauchzehen
20 g frischer Ingwer
2 Zweige Rosmarin
1 EL Kreuzkümmel
2 Stück Sternanis
1 getrocknete Chilischote
80 g Zweifach-Gelierzucker
1 EL Butter
0,2 l Sonnenblumenöl

Vorbereiten:

Von der Zitrone die Schale sehr dünn abschneiden. Die Rosmarinnadeln von den Zweigen streifen. 1 Knoblauchzehe und die Hälfte des Ingwers schälen.

Zitronenschale, Rosmarin, Knoblauch und Ingwer fein schneiden und in das Sonnenblumenöl geben. Etwas erwärmen und vom Herd nehmen.

Den Kreuzkümmel ohne Fett anrösten, grob zermörsern und in das Öl rühren.

Die Koteletts mit dem Gewürzöl übergießen und zugedeckt im Kühlschrank mindestens 6, besser 24 Stunden marinieren.

Den Rhabarber schälen und in etwa 3 cm lange Stücke schneiden. 200 g Rhabarber abwiegen und mit dem Gelierzucker sowie dem unzerkleinerten Sternanis und Chili marinieren; mindestens 3 Stunden ziehen lassen.

Den restlichen Ingwer und 2 Knoblauchzehen schälen und in feine Streifen schneiden, in etwas Sonnenblumenöl anschwitzen. Den Rhabarber mit seiner Marinade zugeben, aufkochen und nur 3 Minuten simmern lassen; dann in eine Schüssel geben und kalt rühren.

Den Rucola putzen, waschen und gut abtropfen lassen.

Fertigstellen:

Die Koteletts salzen, pfeffern und grillen oder in der Pfanne knusprig braten.

Die Butter in einer Pfanne hellbraun werden lassen, den Rucola darin kurz anbraten, salzen und pfeffern.

Das Fleisch mit dem Rucola und dem kühlen Rhabarber anrichten.

Tip:

Das Kaltrühren des Rhabarbers verhindert, daß die Stücke in der Wärme nachziehen und zu Mus zerfallen.

Wein:

Rhabarber und Rucola, sauer und bitter, und dazu Wein – das geht kaum. Und doch gibt es Weine, die dieses geschmackliche Spannungsfeld für sich zu nutzen wissen: Viele autochthone, alte Rebsorten besitzen eine gewisse feine Bitterkeit, die hier gefragt ist. Ribolla, Arneis und Gavi, Greco di Tufo, Falanghina oder Malvasia Bianca aus Italien, Grenache Blanc, Rolle/Vermentino, Macabéo oder Clairette aus Frankreich sind Beispiele für solche Rebsorten, die vorzüglich mit diesem Gericht harmonieren.

Lammbratwürste mit Feigensenf

Aromen: Minze

Bratwürste aus industrieller Fertigung sind unter lebensmittelchemischen Aspekten betrachtet zumeist eine Schweinerei. Vollgepackt mit minderwertigem Fleisch, Nitrit und Phosphat und häufig weiteren Zusatzstoffen wie Emulgatoren, Geschmacksverstärkern und Verdickungsmitteln. Unter geschmacklichen Aspekten haben solche Würste vor allem ein Manko: Sie sind miserabel gewürzt. Diesen salzigen Durstmachern stellen wir unsere duftigen Minzwürste entgegen, deren Herstellung weit komplizierter klingt, als sie tatsächlich ist. Bestellen Sie die dazu notwendigen Saitlinge einige Tage vor dem Grillfest bei Ihrem Metzger, er dürfte die aus Schafsdarm hergestellten Wursthüllen kaum vorrätig haben.

Zutaten:
für 4 Personen

600 g Lammfleisch aus der Schulter
300 g grüner Speck
4 m Lammsaitlinge
12 reife Feigen
3 mittelgroße Zwiebeln
1 Bund Minze
1 getrocknete Chilischote
4 cl Sherryessig
6 cl Crème de Cassis
0,15 l roter Portwein
20 g Zucker
Senf
körniger Senf (z. B. Pommery, nicht süß)

Vorbereiten:
Die Minze einen Tag trocknen lassen.
Für den Feigensenf die Zwiebeln schälen und in feine Würfel schneiden. Die Feigen schälen und das Fruchtfleisch klein schneiden.
Den Zucker in einem Schmortopf goldbraun karamelisieren und mit dem Sherryessig ablöschen. Die Zwiebelwürfel zugeben und leicht anschwitzen; dann die Chilischote und die Feigenwürfel zugeben und mit Crème de Cassis sowie Portwein aufgießen. Die Zwiebel-Feigen-Mischung im geschlossenen Topf bei 180 Grad im Backofen unter häufigem Umrühren in etwa 45 Minuten zu einer dicklichen Masse einkochen, mit einem Pürierstab durchmixen. Senf und körnigen Senf nach Geschmack zur Feigenmasse geben, salzen und pfeffern.
Das Lammfleisch und den Speck in kleine Würfel schneiden, durch den Fleischwolf (feine Scheibe) drehen und 0,1 l kaltes Wasser einrühren. Die Masse mit Salz, Pfeffer und den getrockneten Minzblättern abschmecken. Mit einem Spritzbeutel mit Lochtülle die Wurstmasse in die Lammsaitlinge füllen und Würste abbinden.

Fertigstellen:
Die Lammbratwürste braten oder grillen und mit dem Feigensenf servieren.

Tip:
Leicht angefrorenes Fleisch läßt sich erheblich einfacher durch den Fleischwolf drehen.

Wein:
Zu diesen würzig-wohlschmeckenden Würsten gibt es den idealen „Wurstwein“: deutschen Riesling. Ein guter, frischer QbA-Riesling aus der Pfalz, aus Rheinhessen oder dem Rheingau, oder besser noch eine trockene Spätlese von der Mosel harmonieren mit der Würze der Würste aufs bekömmlichste. Sie saugen das Fett buchstäblich von der Zunge, lassen den Gang leicht und frisch wirken und animieren zum Trinken und Essen.

Rosmarin

Rosmarinus officinalis

Der Name „Rosmarin" kommt aus dem Lateinischen und bedeutet „Meertau". In der Antike war der Rosmarin wie auch der Lorbeer als immergrünes Gewächs ein Symbol der Unsterblichkeit. Bei Opfern wurde er seines Duftes wegen verbrannt. Im späteren Volksbrauchtum spielte er bei Geburt, Hochzeit und Tod eine große Rolle. So wurde der Brautkranz früher, bevor man Myrten dazu verwendete, häufig aus Rosmarin gewunden. Rosmarinzweige konnten den Weg zum Liebsten weisen. Das duftende ätherische Öl soll zudem als wahres Jungbrünnlein gewirkt und die 72jährige ungarische Königin Isabella so attraktiv gemacht haben, daß der polnische König um ihre Hand anhielt. Pfarrer Kneipp schließlich verordnete Rosmarin gegen Erschöpfung. Durch das gesamte Mittelalter war die Bedeutung des Rosmarins jedoch eher kultischer als kulinarischer Natur. Als Gewürz erlangte Rosmarin lediglich in den Ländern eine gewisse Bedeutung, in denen er wild wächst, also rund ums Mittelmeer.

Rosmarin ist ein perfekt an heißes Klima angepaßter Strauch. Seine an Tannennadeln erinnernden Blätter sind ledrig, schmal und an der Unterseite von einem weißlichen Haarfilz bedeckt, was ihn vor dem Verdursten bewahrt. Rosmarin wirkt harzig und leicht bitter, er erinnert an das Aroma von Tannennadeln. Um die ätherischen Öle zu lösen, muß das Kraut unbedingt einige Zeit mitgegart werden. Dabei empfiehlt es sich, ein ganzes Zweiglein in den Topf zu legen, das man vor dem Servieren wieder entfernt. Rosmarin verleiht nicht nur den klassischen mediterranen Schmorgerichten südländisches Flair, sondern sorgt vorsichtig dosiert auch in Desserts für Raffinesse. Besonders Kombinationen mit Orange passen sehr gut.

Rosmarin ist eines der wenigen Kräuter, das getrocknet nicht allzuviel seines intensiven Wohlgeruchs verliert. Allerdings schmeckt frischer Rosmarin pikanter. Getrocknete Stiele, mit denen man noch kochen will, sollten nicht als Küchendekoration dienen, sondern kühl und lichtgeschützt aufbewahrt werden.

Ein Rosmarinstock ist eine Zierde für jedes Kräutergärtlein – auch auf der Fensterbank – und gedeiht überall da, wo er genug Sonne und nicht zuviel Wasser bekommt.

Salbei

Salvia officinalis

Die Wiege des Salbeis stand – wie die so vieler anderer hocharomatischer Kräuter – im Mittelmeergebiet auf den kahlen Hängen Griechenlands, Dalmatiens und anderer Länder des Balkans. Bereits Griechen und Römer nutzten Salbei in der Heilkunde und als Gewürz. Nördlich der Alpen eroberte das zur Familie der Lippenblütler zählende Kraut ab dem frühen Mittelalter die Kloster- und Hausgärten. Jahrhundertelang wurden dem Salbei gar wunderbare Kräfte nachgesagt. So stand er im Ruf, ewiges Leben zu verleihen und Liebeszauber zu vollbringen, zum Bannen von Dämonen sollte er ebenfalls taugen.
Auch in der mittelalterlichen Küche war Salbei beliebt. Er diente insbesondere als verdauungsfördernde Würze für alles Fette. Met, Bier und Wein wurden damit aromatisiert. Die in Fett ausgebackenen Salbeiküchlein, die noch heute in Süddeutschland als Nachspeise serviert werden, entstanden ebenfalls schon in dieser Zeit.
In der Neuzeit büßte Salbei seine Bedeutung als Gewürz ein, möglicherweise weil vielen Köchen sein intensives, pfeffrig-cremiges, leicht harziges Aroma zu deutlich erschien. Erst mit dem Interesse für alles Mediterrane ist auch der Salbei in die Länder nördlich der Alpen zurückgekehrt. Um die Inhaltsstoffe zu lösen, muß Salbei erhitzt und einige Zeit mitgegart werden. Für Salate ist er deshalb ungeeignet. Salbei läßt sich trocknen, er schmeckt dann aber intensiver. Seine Frische weicht allerdings einem eher unangenehmen Heuton. Salbei gibt es in zahlreichen Zwischenformen und Varianten, die sich geschmacklich stark voneinander unterscheiden können.
Salbei ist eine anspruchslose Pflanze, die sich im Garten oder einem Blumentopf an einem warmen, geschützten Platz leicht ziehen läßt. Die Blätter werden einfach abgezupft. Auch ganze Triebe kann man abschneiden. Das Kraut wächst dann um so buschiger wieder nach.

Essigbirne mit Münsterkäse

Aromen: Orange, Lorbeer, Rosmarin

Das Einkochen in Essig ist eine bewährte Methode zur Konservierung von Obst und Früchten. Zumeist sind es Gurken, die auf diese Weise haltbar gemacht werden – leider häufig in absolut minderwertigem Essig. Da jedoch gerade das Einkochen zu einer weitgehenden aromatischen Vermählung zwischen Kochsud und eingelegten Viktualien führt, ist die Verwendung eines guten Essigs unabdingbar. Wir haben sogar einen der besten gewählt, was unser Gericht zwar ein bißchen teurer, dafür aber viel besser macht.

Zutaten:
für 4 Personen

1 Münsterkäse (etwa 250 g)
12 sehr kleine Birnen
1 Orange
2 Zweige Rosmarin
3 frische Lorbeerblätter
1 Zimtstange
2 Nelken
1 getrocknete Chilischote
2 EL Zucker
1 l ungesüßter Birnensaft
2 cl Birnenbrand
0,16 l weißer Balsamicoessig

Vorbereiten:
Von der Orange die Schale sehr fein ohne das weiße Schalenfleisch abschneiden.
In einem Topf den Zucker karamelisieren, mit dem Birnenbrand ablöschen und flambieren. 8 cl weißen Balsamicoessig zugeben, leicht einköcheln lassen und mit dem Birnensaft aufgießen. Die Orangenschale, die Gewürze und die Kräuter in den Fond geben und aufkochen lassen.
Die Birnen schälen und im Ganzen in den kochenden Fond geben. Die Hitze reduzieren und die Birnen auf kleiner Flamme garziehen lassen.
Die Birnen aus dem Topf nehmen und in verschließbare Gläser geben. Den Fond mit dem restlichen Essig abschmecken und über die Birnen gießen. 2 bis 3 Tage im Kühlschrank ziehen lassen.

Fertigstellen:
Den Münster portionieren und mit jeweils einer Essigbirne und etwas Fond servieren.

Tip:
Die Essigbirnen halten sich im Kühlschrank etwa 2 Monate. Sie eignen sich auch als Beilage zu kaltem Geflügel.

Wein:
Die Essigbirne macht eine Kombination mit Wein etwas heikel. Wenn Sie jedoch unbedingt nach einem Wein zur Begleitung suchen, dann versuchen Sie es mit einem kräftigen, etwas „fetten" Tocay Pinot Gris aus dem Elsaß oder einem gereiften Gewürztraminer, der ruhig einen Hauch von Restzucker aufweisen kann.

Mandarinentarte mit Schokoladen-sauce

Aromen: Vanille, Kardamom

Schokolade und Orangen sind eine klassische, längst auch von der Süßwarenindustrie entdeckte Kombination. Wir haben sie mit Mandarinen abgewandelt, da diese ein etwas komplexeres Aroma besitzen, das der weihnachtlich duftenden Würze unseres Gerichts besonders gut entspricht. Kardamom und Sternanis, beides Samenkapseln tropischer Stauden, sollten immer erst unmittelbar vor dem Gebrauch zerstoßen oder gemahlen werden. Ihre würzigen ätherischen Öle verlieren sich nämlich sehr rasch.

Zutaten:
für 4 Personen

100 g Blätterteig
10 unbehandelte feste Mandarinen
30 g dunkle Kuvertüre
50 g Zucker
10 g Speisestärke
2 EL Puderzucker
1/4 l Milch
0,15 l Sahne
3 Eier
1 Vanillestange
1 Sternanis
2 grüne Kardamomkapseln
Zitronensaft

Vorbereiten:
1/8 l Milch abmessen; die Hälfte davon mit 25 g Zucker und 1/4 Vanilleschote aufkochen. 1 Eigelb mit der Speisestärke und der restlichen Milch verrühren und langsam in die heiße Milch geben. Unter Rühren aufkochen, bis eine cremige Konsistenz entsteht. In einer Schüssel abkühlen lassen. Die Sahne schlagen und 2 EL davon unter die Creme heben.
Für die Schokoladensauce 1/8 l Milch und die restliche Sahne mit dem grob zerstoßenen Kardamom aufkochen. 2 Eigelb mit 25 g Zucker schaumig schlagen. Das kochende Milch-Sahne-Gemisch durch ein Sieb auf die Eigelbe gießen und im heißen Wasserbad cremig aufschlagen. Die geraspelte Schokolade unterheben und schmelzen lassen. Bei Raumtemperatur beiseite stellen.
Den Blätterteig auf beiden Seiten mit etwas Puderzucker bestäuben und unter mehrfachem Wenden hauchdünn ausrollen. Mit einer runden Form von 12 cm Durchmesser 4 Tarteböden ausstechen; mit einer Gabel mehrmals einstechen und auf einem leicht gefetteten Blech bei 200 Grad goldbraun backen.

Fertigstellen:
6 Mandarinen auspressen und den Saft mit dem Sternanis und einer halben Vanillestange auf die Hälfte einkochen. Die restlichen Mandarinen ungeschält quer in 2 mm dicke Scheiben schneiden. Den Teigausstecher in eine große Pfanne setzen und ein Viertel der Mandarinenscheiben rosettenförmig hineinschichten. Den Ausstecher vorsichtig entfernen und die drei übrigen Rosetten in die Pfanne schichten. Den Saft durch ein Sieb daraufgießen und auf kleiner Hitze leicht glacieren.
Die Teigböden mit der Vanillecreme bestreichen, die Mandarinenrosetten daraufsetzen. Mit der Schokoladensauce umgießen und sofort servieren.

Variationen:
Als Tartebelag eignen sich auch andere Zitrusfrüchte.

Wein:
Ein Coteaux du Layon „Selection des Grains Nobles" aus sehr gutem Jahrgang begleitet dieses süß-fruchtige Dessert perfekt.

Blumenkohleis mit Mandarinensauce

Aromen: Zimt, Zitrusfrüchte

Von Blumenkohl werden – wie der Name schon sagt - in der Küche anders als bei Weiß-, Rot- und Grünkohl die ungeöffneten Blütenstände und nicht die Blätter verwendet. Blumenkohl entwickelt deshalb kaum das typische penetrante Aroma, das noch heute gelegentlich durch Hausflure weht. Auch geschmacklich unterscheidet sich Blumenkohl erheblich von seinen Verwandten. Wer also die ungewöhnliche Zutatenliste für dieses spätherbstliche Dessert nicht kennt, wird den Kohl aus dem cremigen Eis nicht herausschmecken. Vielmehr wird es ob seiner ungewöhnlichen Aromatik auch passionierte Feinschmecker überraschen.

Zutaten:

für 4 Personen

1 l Sahne
0,3 l Milch
8 Eier
130 g Zucker
800 g Blumenkohl
12 unbehandelte Mandarinen
1 Orange
10 g frischer Ingwer
10 g Galgant
1/4 Stengel Zitronengras
1 Stange Kassia-Zimt
Chili-Öl (siehe Basisrezepte)

Zubereiten:
Für das Eis den Strunk des Blumenkohls entfernen und den Kopf klein schneiden. Von der Orange etwa drei Viertel der Schale sehr dünn, ohne das weiße Schalenfleisch, abschneiden. Die Gemüsewürfel mit Milch, Sahne, Zimt und Orangenschale in einen Topf geben und einmal aufkochen, dann im Ofen bei 180 Grad etwa 5 Minuten nachgaren; mindestens 6 Stunden bei Raumtemperatur ziehen lassen. Die Masse durch ein Haarsieb passieren.
Die Eier trennen. Die Eigelbe mit dem Zucker schaumig schlagen. Mit der Kohl-Sahne auf kleiner Flamme aufschlagen, bis eine leichte Bindung entsteht. Die Masse nochmals durch ein Haarsieb passieren und in der Eismaschine gefrieren.
Für die Sauce von einer Mandarine die Schale sehr fein abschneiden und beiseite stellen. Alle Mandarinen auspressen, den Saft durch ein Haarsieb gießen und so stark einkochen, daß eine leichte Bindung entsteht.
Mandarinenschale, Ingwer, Galgant und Zitronengras klein schneiden und in den heißen Mandarinenfond geben, etwa 2 Stunden bei Raumtemperatur ziehen lassen. Die Sauce durch ein Haarsieb passieren und vorsichtig mit Chili-Öl abschmecken.

Tip:
Die Eismasse sollte keinesfalls griesig schmecken. Deshalb unbedingt zweimal und nur mit sanftem Druck passieren.

Wein:
Die Cremigkeit des Eises und die sirupartige Konsistenz der Sauce fordern einen Wein mit ebensoviel Schmelz. Gleichzeitig sollte der edelsüße Tropfen natürlich über ausreichende Säure verfügen, um neben der fruchtigen Mandarinensauce nicht plump zu wirken. Ein Wein, der obendrein die Aromatik der verschiedenen Zitrusfrüchte widerspiegelt, wäre beispielsweise ein Orange Muscat aus Kalifornien.

Fencheleis mit Schokoladensauce

Aromen: Fenchel, Kardamom

Ein rassiges Gewürzdessert: Konzentrierter kann man die Aromen von Fenchelsaat und Kardamom kaum auf den Teller bringen. Unsere cremige Schleckerei vereinigt den Samen einer Staude aus tropisch-feuchtem Klima und die Früchte eines Doldenblütlers aus den Trockengebieten des Mittelmeerraumes in feinster Harmonie. Beide wirken übrigens positiv aufs Verdauungssystem, was dieses Dessert - zugegebenermaßen eine kleine Kalorienbombe - wunderbar bekömmlich macht.

Zutaten:
für 4 Personen

3/4 l Sahne
1/2 l Milch
10 Eier
150 g Zucker
150 g dunkle Kuvertüre
1 Orange
1/2 Zitrone
1 EL Fenchelsamen
5 grüne Kardamomkapseln
1 Handvoll Fenchelgrün

Vorbereiten:
Die Sahne mit 1/4 l Milch aufkochen.
Von der Orange und der halben Zitrone die Schale sehr fein ohne das Weiße abschneiden.
Den Fenchelsamen in einer Pfanne ohne Fett anrösten, mit Zitronen- und Orangenschale in die Sahne geben. Durchmixen, vom Herd nehmen und etwa 2 Stunden ziehen lassen.
8 Eier trennen. Die Eigelbe mit 130 g Zucker schaumig schlagen. Die Sahne aufkochen und durch ein Sieb auf die Eier passieren. Das Eier-Sahne-Gemisch aufschlagen, bis eine cremige Bindung entsteht. Abkühlen lassen.
Für die Schokoladensauce die Kardamomkapseln in einer Pfanne ohne Fett anrösten und grob zermörsern.
1/4 l Milch mit dem Kardamom aufkochen und eine halbe Stunde ziehen lassen.
2 Eigelb mit 30 g Zucker schaumig rühren.
Die Milch aufkochen und durch ein Sieb auf die Eigelb-Zucker-Mischung geben. Auf kleiner Flamme aufschlagen, bis eine cremige Bindung entsteht. Die Kuvertüre sehr fein reiben, in die heiße Masse geben und schmelzen lassen, durchrühren und bei Zimmertemperatur abkühlen lassen.

Fertigstellen:
Das Fenchelgrün mit dem Pürierstab in die Eismasse mixen. In der Eismaschine gefrieren. Das Eis mit der Sauce servieren.

Wein:
Zu diesem Eis würden wir keinen Wein reichen. Genießen Sie die perfekte Harmonie im Geschmack dieses Desserts ohne Begleitung, kein Wein könnte hier dem faszinierenden Spiel der Aromen gerecht werden.

Bleu d'Auvergne mit Sauerkirschen

Aromen: Thymian, Kardamom

Der aus dem französischen Zentralmassiv stammende würzige Edelpilzkäse besitzt einen pikant-nussigen Geschmack ähnlich wie Roquefort. Anders als dieser wird er allerdings nicht aus Schafs-, sondern aus Kuhmilch hergestellt. Die intensive Fruchtigkeit unseres Kirschkompotts mildert aufs angenehmste die Salzigkeit des Käses. Ein Gericht, das Feinschmeckern nach einem üppigen Menü die Qual der Wahl zwischen Käse und Dessert erspart. Wer dennoch nicht auf den süßen Nachtisch verzichten möchte, sollte diesen unbedingt vor unserem Käsegang genießen, da dessen üppige Aromaintensität die Geschmacksnerven schlichtweg überwältigt.

Zutaten:
für 4 Personen

200 g Bleu d'Auvergne
4 Scheiben Vollkornbrot
1 kg Sauerkirschen (Schattenmorellen)
6 Zweige Thymian
3 grüne Kardamomkapseln
1 TL Piment
10 EL Zucker
4 cl Balsamicoessig
2 EL Butter

Vorbereiten:
Alle Kirschen entsteinen. Die Hälfte der Früchte mit 8 EL Zucker verrühren und etwa 1 Stunde marinieren. Die andere Hälfte der Kirschen entsaften.
Die restlichen 2 EL Zucker goldbraun karamelisieren und mit dem Balsamicoessig ablöschen, einkochen lassen. Den Kirschsaft und den Saft, der sich bei den eingezuckerten Früchten gebildet hat, dazugeben. Alles auf etwa 0,1 l einkochen, Thymian und Kardamom dazugeben und abkühlen lassen.
Die marinierten Kirschen auf einem Backblech verteilen und auf der mittleren Schiene des Backofens bei 80 Grad etwa 2 Stunden trocknen lassen. Die getrockneten Früchte in den Fond geben.
Den Käse in 4 Scheiben schneiden.

Fertigstellen:
Kardamom und Thymian aus der Kirschsauce entfernen.
Die Brotscheiben in der Butter knusprig braten, mit Piment, Salz und Pfeffer würzen. Die Kirschen mit etwas Fond, dem Brot und dem Käse anrichten.

Tip:
Restliche Kirschen halten sich in ihrem Fond im Kühlschrank einige Tage. Sie eignen sich auch als Beilage zu einem cremigen Eis.

Wein:
Kirschen, Käse und Wein? Eine fast unmögliche Liaison. Und doch gibt es Weinraritäten, die wie gemacht sind, auch solche unmöglich erscheinenden Kombinationen zusammenzuschweißen. Wählen Sie einen alten, gereiften Banyuls eines guten Produzenten, der schon mit Orangereflexen im Glas steht. Er harmoniert auf faszinierende Weise mit diesem Dessert. Zur Not kann Ihnen ein Portwein aus der Verlegenheit helfen.

BRAUNE AROMEN

Braun ist die Farbe der Erde und des Herbstes. Braun signalisiert Reife. Braun ist der schwere Duft ferner tropischer Paradiese. Braun ist üppig, breit und süß. Braune Gerichte besitzen einen vielschichtigen Geschmack. Meist sind sie lange geschmort, die verschiedenen Aromen zu einer Gesamtheit verschmolzen. Braune Gerichte wirken niemals fruchtig, säuerlich oder frisch, sie überziehen Zunge und Gaumen vielmehr mit Süße, konzentrierten, dunklen Aromen und allenfalls einer feinen Bitternote. Braun sind Muskatnuß, Zimt, Sternanis und Nelke. Braun ist der Duft von Weihnachten. Und – Braun ist nicht immer kalorienarm.

Aperitif von Holunderblüten

Aromen: Zitrone, Zimt

Blühende Holunderbüsche verströmen einen betörenden Duft. Dieses „Parfüm des Frühlings" läßt sich mit ein bißchen Sammlerglück auf Flaschen ziehen und in der Küche als Zaubermittel verwenden. Voraussetzung ist, daß Sie einen Holunderbusch möglichst weitab von Straßen und mit Agrarchemie behandelten Feldern finden. Ernten Sie nur Dolden, die gerade erst aufgeblüht sind. Und machen Sie sich nur an warmen Sonnentagen auf die Suche, denn nur dann entwickeln die kleinen weißen Blüten ihr unverwechselbares Aroma.

Zutaten:
für 10 Personen

Ein 5-l-Eimer Holunderblüten
1 l Rotwein
1 Flasche trockener Sekt oder Champagner
4 Zitronen
180 g Zucker
1 Stange Zimt
1 Nelke

Vorbereiten:
Die Zitronen entsaften. Den Rotwein, 0,4 l Wasser und den Zitronensaft mit Zucker, Zimt und Nelke aufkochen.
Die Holunderblüten mit einer Schere von den groben Stielen schneiden, in den heißen Wein geben und etwa 24 Stunden ziehen lassen.
Den Holunderauszug durch ein Sieb abseihen.

Fertigstellen:
4 Teile gut gekühlter Holunderessenz mit 6 Teilen Sekt oder Champagner aufgießen.

Variationen:
Aus der Holunderessenz läßt sich auch ein sehr gutes Sorbet bereiten. Einfach mit Zucker abschmecken und gefrieren.

Tip:
Der Holunderauszug hält sich in verschlossenen Flaschen im Kühlschrank etwa einen Monat. Um die Essenz länger haltbar zu machen, bei der Zubereitung die Zuckermenge verdoppeln.

Datteln im Speckmantel

Aromen: Piment

Die honigartige Süße der Datteln fordert geradezu einen geschmacklichen Gegenpol. Wir setzen in unserem kleinen Snack, der sich wunderbar zum Aperitif eignet, auf die Balance von Zucker und Salz. Um das Aroma der Früchte nicht zu übertönen, sollte der gut durchwachsene Speck, der unbedingt geräuchert sein muß, jedoch hauchdünn geschnitten werden. Datteln, die schon seit 5000 Jahren in den arabischen Ländern kultiviert werden, kommen häufig schockgefroren in den Handel. Wählen Sie Früchte mit möglichst praller Haut, da diese etwas weniger Zucker enthalten als ihre runzligen Verwandten. Die beste Zeit für frische Datteln sind die Monate Oktober bis Februar, die besten werden erfahrungsgemäß um die Weihnachtszeit angeboten.

Zutaten:
für 4 Personen

6 dünne Scheiben geräucherter durchwachsener Speck
12 Datteln
1 sehr kleiner Kopf Wirsing
60 g Crème fraîche
1 EL Pinienkerne
1 TL Piment
1 TL Honig
0,1 l Balsamicoessig
Sonnenblumenöl

Vorbereiten:
Die Datteln enthäuten und entsteinen, jeweils mit einer halben Scheibe Speck umwickeln. Den Balsamicoessig mit dem Honig auf die Hälfte einkochen lassen. Den Wirsing putzen und in feine Streifen schneiden. Die Pinienkerne in einer Pfanne ohne Fett anrösten. Den Piment ebenfalls ohne Fett anrösten und im Mörser fein zerreiben.

Fertigstellen:
Den Wirsing in etwas Sonnenblumenöl anbraten, bis er hellbraune Flecken bekommt, salzen, pfeffern und in eine Schüssel geben. Mit dem eingekochten Balsamico, den Pinienkernen, Salz und Pfeffer abschmecken.
Die Datteln in etwas Sonnenblumenöl knusprig braten, mit Pfeffer und etwas Piment würzen.
Die Datteln sternförmig auf den Tellern anrichten. Dazwischen jeweils ein Häufchen Wirsing und in die Mitte einen Klecks Crème fraîche setzen.

Wein:
Der Gegensatz zwischen der eher mehligen Süße der Datteln und dem deftig-salzigen Geschmack des Specks paßt – man glaubt es kaum – in idealer Weise zu einem hochwertigen, weinigen Champagner, der ja auch – durch die Dosage und den Grundwein – den Gegensatz von Süße und Säure in sich trägt. Dabei hängt die Qualität der Kombination entscheidend von der Qualität der Datteln ab: Sie müssen süß und reif, dürfen aber keinesfalls zu mehlig oder gar trocken sein, um die feine Struktur eines guten und reifen Champagners nicht zu zerstören.

Grünkohlsalat mit gebratener Taube

Aromen: Meerrettich, Fenchelsamen

Grünkohl wird in der traditionellen deutschen Regionalküche stets gedünstet. Leider entfaltet Kohl gerade bei dieser Garmethode seinen meist als unangenehm empfundenen Geruch. Wird er jedoch gebraten, riecht das deftige Wintergemüse nicht nur appetitlich und sieht knackig-grün aus, sondern es schmeckt auch viel besser. Aus der Pfanne nämlich kommen Grünkohl und all seine Artverwandten bißfest und mit feinem, süßlich-herbem Geschmack.

Zutaten:
für 4 Personen

4 Tauben à 300 g
1 junger Grünkohl
1 Lauchstange
200 g Petersilienwurzel
Salat (z. B. Rauke, Winterportulak, Eichblatt)
2 cl Sonnenblumenöl
3 cl Olivenöl
2 cl Balsamicoessig
weißer Balsamicoessig
1/2 TL Fenchelsamen
0,15 l Geflügelfond (s. Basisrezepte)
kandierter Meerrettich (s. Basisrezepte)

Vorbereiten:
Die Tauben in der Pfanne anbraten und auf Zimmertemperatur abkühlen lassen.
Den Grünkohl waschen und in feine Röschen zupfen. Den Lauch in feine Streifen schneiden und waschen. Die Petersilienwurzel schälen und in kleine Würfel schneiden, mit etwas Olivenöl in einem geschlossenen Topf in der Backröhre etwa 15 Minuten schmoren.
Die Salate putzen, waschen und trockenschleudern.
Den Fenchelsamen in einer Pfanne ohne Fett anrösten.

Fertigstellen:
Die Tauben bei 180 Grad knapp 10 Minuten im Ofen rosa braten. Zugedeckt 15 Minuten ruhen lassen, damit sich der Fleischsaft wieder sammelt.
Den Grünkohl mit etwas Sonnenblumenöl knusprig braten, die Lauchstreifen dazugeben und 2 Minuten unter Rühren weiterbraten. Die Gemüsemischung mit Salz und Pfeffer würzen, in eine Schüssel geben und etwas abkühlen lassen. Den Salat, die Petersilienwurzel und den kandierten Meerrettich unterheben und mit Salz, Pfeffer, etwas Olivenöl und weißem Balsamico abschmecken.
Die Tauben aus der Pfanne nehmen und das Bratfett wegschütten. Die Tauben auslösen und die Knochen in die Pfanne zurückgeben. Mit dem Geflügelfond auffüllen und 1–2 Minuten kochen lassen. Den Fond durch ein Sieb passieren und mit 2 cl Sonnenblumenöl, 3 cl Olivenöl und 2 cl Balsamicoessig zu einer Vinaigrette verrühren. Den angerösteten Fenchel unterrühren und mit Salz und Pfeffer abschmecken.
Die Taube mit der Balsamico-Vinaigrette anrichten, den Grünkohlsalat dazugeben.

Tip:
Der Garzustand der Tauben läßt sich am besten am Fleisch unter den Keulen erkennen.

Wein:
Ein Pinot Noir aus dem kühlen (!) südkalifornischen Anbaugebiet Santa Barbara bildet mit seinem Duft nach Kräutern, Tabak und Brombeeren die ideale Ergänzung zur grün-roten Aromatik unseres Gerichts.

F
49-192-02
CEE

Kalbsbries mit Schwarzwurzelsalat

Aromen: Koriandersaat, Erdnuß

Unser Gericht vereint zwei häufig verkannte Delikatessen zu einem wahrhaft lukullischen winterlichen Mahl. Bries nämlich ist eine der feinsten und zartesten Innereien. Das auch Milken genannte Organ findet sich nur bei jungen Tieren, denn es steuert deren Wachstum und Knochenbildung. Es sollte beim Kauf absolut frisch, kompakt und weiß bis blaßrosa sein. Die Verarbeitung erfordert Sorgfalt, aber keineswegs spezielle küchentechnische Kenntnisse. Auch Schwarzwurzeln, die zu Recht Winterspargel genannt werden, kosten bei der Zubereitung ein bißchen Zeit und Aufwand. Sie lohnen jedoch die Mühe mit einem köstlichen, mild-würzigen, nussigen Geschmack. Achten Sie beim Kauf darauf, daß die Stangen unbeschädigt und nicht gebrochen sind.

Zutaten:
für 4 Personen

400 g Kalbsbries
500 g Schwarzwurzeln
200 g Brunnenkresse
1 Zwiebel
1/2 Knoblauchzehe
1/3 Stange Zitronengras
30 g Ingwer
2 getrocknete Aprikosen
2 frische Lorbeerblätter
1 Nelke
1/2 TL Koriandersaat
3 EL amerikanische Erdnußbutter
1 TL geröstetes Sesamöl
8 cl Sonnenblumenöl
4 cl Olivenöl
1/2 TL Honig
1 Ei
weißer Balsamicoessig
Puderzucker
8 cl Geflügelfond (s. Basisrezepte)
Fünf-Gewürz-Pulver (s. Basisrezepte)
Chili-Öl (s. Basisrezepte)

Vorbereiten:
Das Kalbsbries in frisches kaltes Wasser legen, das mehrfach gewechselt wird. Die Zwiebel schälen und grob zerschneiden, mit der Nelke und dem Lorbeer in 1 l Salzwasser zum Kochen bringen. Das Kalbsbries in den heißen Sud geben, einmal aufkochen lassen, vom Herd nehmen und abkühlen lassen.
Ingwer und Knoblauch schälen. Die Hälfte des Ingwers, 1/2 Knoblauchzehe, Honig, Erdnußbutter, Sesamöl und 6 cl Sonnenblumenöl zu einer homogenen Paste mixen, mit Chili-Öl und Salz abschmecken.
Das Ei trennen. Aus dem Eigelb, Geflügelfond, 2 cl Olivenöl, 2 cl Sonnenblumenöl, dem restlichen Ingwer, dem Zitronengras, 1 cl weißem Balsamicoessig, Salz, Pfeffer und einer Messerspitze Fünf-Gewürz-Pulver mit dem Pürierstab eine Vinaigrette mixen.
Die Schwarzwurzeln schälen und in 4 cm lange, dünne Stifte schneiden. Die Brunnenkresse putzen, waschen und gut abtropfen lassen. Die getrockneten Aprikosen in feine Würfel schneiden. Die Koriandersaat in einer Pfanne ohne Fett anrösten und fein mahlen. Vom Kalbsbries sämtliche Häute und Adern entfernen und es in seine natürlich vorgegebenen Teile zerlegen.

Fertigstellen:
Die Schwarzwurzeln in einer Pfanne goldbraun braten, salzen, pfeffern und mit dem Koriander würzen; in eine Schüssel geben, Kresse und Aprikosen unterheben und mit 2 cl Olivenöl und etwas Balsamicoessig anmachen.
Das Bries leicht salzen und pfeffern; mit 1 EL Erdnußpaste in einer Pfanne knusprig braten. Mit den Schwarzwurzeln in tiefen Tellern anrichten und mit der Vinaigrette umgießen.

Tip:
Die Erdnußpaste hält sich im Kühlschrank etwa 2 Monate.

Wein:
Feine nussige Aromen und eine cremige Textur zeichnen den passenden Begleiter aus dem Weinkeller aus. Der Ausbau im Holzfaß ist also obligatorisch. Wir empfehlen angesichts der Finesse des Gerichts eine Cuvée mit Weißburgunder und/oder Pinot Blanc, wie sie mancher Betrieb in Südtirol offeriert.

Ochsenbrust mit Linsenmayonnaise

Aromen: Zimt, Petersilie

Eine samtige Mayonnaise zu rühren ist ebenso einfach wie schwierig. Nur drei Grundzutaten sind notwendig: Eigelb, Öl, Zitrone. Doch häufig will das Öl trotz geduldigen Rührens einfach nicht dick werden. Häufigste Ursache für das Malheur: Die Ingredienzien sind zu kalt. Je niedriger die Temperatur, desto schwieriger wird es nämlich, das Öl in kleine Tröpfchen zu zerteilen und so zum Dickwerden zu bringen. Also Öl und Ei immer rechtzeitig aus dem Kühlschrank nehmen. Und eines nicht vergessen: Da Mayonnaise ein idealer Brutplatz für Salmonellen ist, muß sie stets frisch angerührt werden.

Zutaten:
für 4 Personen

1 kg Ochsenbrust
50 g rote Linsen
1 Zwiebel
1 Karotte
1 Petersilienwurzel
1 Lauchstange
1/2 Zitrone
1 Zweig glatte Petersilie
2 frische Lorbeerblätter
10 schwarze Pfefferkörner
2 Nelken
1 Zimtstange
2 Eier
3 EL Sahne
5 EL Sonnenblumenöl
5 EL Olivenöl
weißer Balsamicoessig

Vorbereiten:

Die Zwiebel schälen und in große Stücke schneiden.

Karotte, Petersilienwurzel und Lauch gründlich waschen, schälen und in feine Streifen schneiden. Die Gemüseabfälle zusammen mit den Zwiebelstücken, Pfeffer, Lorbeer und Nelken in 2,5 l Wasser zum Kochen bringen und salzen, die Ochsenbrust in den kochenden Fond legen. Die Hitze reduzieren und das Fleisch in 2 1/2 bis 3 Stunden auf kleiner Flamme weichköcheln, im Fond abkühlen lassen.

Die Linsen in Salzwasser in 6 bis 8 Minuten weichkochen.

Die Zimtstange ohne Fett anrösten und fein zermahlen.

Die Eier trennen. Für die Mayonnaise die beiden Öle langsam in die beiden Eigelbe rühren, so daß eine leichte Bindung entsteht. Die Sahne und die Linsen zugeben. Mit etwas Zitronensaft, Salz, Pfeffer und einer Prise Zimt abschmecken.

Die Gemüsestreifen in etwas Sonnenblumenöl anbraten, salzen und pfeffern. Die Petersilienblätter vom Zweig zupfen, fein schneiden und zum Gemüse geben.

Fertigstellen:

Die Ochsenbrust aus dem Fond nehmen und in dünne Scheiben schneiden.

Die Gemüsestreifen mit weißem Balsamicoessig, Salz und Pfeffer als Salat anmachen.

Auf jede Fleischscheibe etwas Gemüsesalat geben, die Scheiben zusammenrollen und mit der Mayonnaise überziehen.

Wein:

Zu diesem sommerlich frischen Gang paßt ein klassischer trockener Rosé. Leider sind die meisten Rosés heute Abfallprodukte. Das sogenannte „Ausbluten" durch Abzug eines Teils des Rotweinmostes von der Maische sorgt für ein Meer von Rosé-Weinen, die freilich nicht entfernt an die großen Rosé-Klassiker anknüpfen können, die aus dafür prädestinierten Trauben gekeltert werden. Wir empfehlen also einen klassischen Provence-Rosé aus Cinsault- und Syrah-Trauben: jung und knackig, würzig und erfrischend. Kalt serviert saugt er förmlich das Fett der Mayonnaise auf und sorgt so für ständig neuen Appetit. Übrigens: Ein Rosé sollte niemals bitter schmecken! Tut er das, ist er schlecht vinifiziert.

Geschmorter Blumenkohl

Aromen: Zimt, Orange

Unser Blumenkohl verströmt nicht den üblichen Schwefelgeruch, sondern eher weihnachtliche Düfte. Auch optisch unterscheidet er sich wohltuend vom üblichen Kohlpampf und erinnert eher an einen Gratin. Die leicht süßen Pecannüsse, die übrigens besonders reich an energetischen Stoffen sind, verleihen ihm darüber hinaus einen gewissen Biß. Der Blumenkohlauflauf ist alleine eine leckere vegetarische Vorspeise, er eignet sich aber auch perfekt als Beilage beispielsweise zu kurzgebratenem Wild.

Zutaten:
für 4 Personen

1 Blumenkohl
80 g Pecannüsse
1 Orange
0,6 l Sahne
1 EL Butter
Kassia-Zimtpulver
Muskat

Vorbereiten:

Vom Blumenkohl den Strunk entfernen. Den Kopf in große Röschen aufteilen, diese in etwa 1 1/2 cm dicke Scheiben schneiden. Alle Reste und den Strunk mit der Sahne aufkochen, vom Herd nehmen, etwa eine halbe Stunde ziehen lassen und durch ein Sieb passieren.
Die Blumenkohlscheiben dachziegelartig in eine feuerfeste flache Form schichten, mit Salz, Pfeffer, Muskat und Zimt würzen und mit der Sahne bedecken. Den Blumenkohl im Ofen bei 180 Grad 15 bis 20 Minuten garen; abkühlen lassen.
Die Orange entsaften. In einer Pfanne die Butter anbräunen, die Nüsse zugeben und anbraten, mit dem Orangensaft ablöschen und einköcheln lassen, bis die Nüsse glaciert sind.

Fertigstellen:

Den Blumenkohl noch einmal für etwa 10 Minuten in den 180 Grad heißen Ofen schieben. Die Nüsse erwärmen. Den Blumenkohl mit etwas Schmorsahne auf Teller geben und die Nüsse darüber verteilen.

Tip:

Durch das Aufwärmen werden die Aromen des Gerichts noch intensiver.

Wein:

Der üppigen, cremigen Textur des Gerichts hält nur ein Wein stand, der ebenso behäbig über die Zunge geht. Ohne Probleme ist sicherlich ein Chardonnay aus dem Holzfaß mit seinen warmen Honigtönen zu kombinieren. Wer etwas Originelleres sucht, wähle einen Greco di Tufo, der relativ fett, ja beinahe speckig wirkt und mit seinen leichten Rauchtönen wunderbar zum Blumenkohl paßt.

Gegrillte Steinpilze

Aromen: Thymian, Knoblauch

Solo für einen der feinsten (und teuersten) Wildpilze. Der edle Röhrling besitzt ein so delikates, nussiges Aroma, daß man ihn am besten pur genießt. In unserem Gericht werden den sogenannten Herrenpilzen lediglich einige Kräuter, etwas Knoblauch und ein Hauch Zimt zur Seite gestellt. Steinpilze lassen sich nicht züchten, da sie mit bestimmten Bäumen in Symbiose leben. Alle im Handel angebotenen Steinpilze stammen folglich aus Wildsammlung und können radioaktiv belastet sein. Machen Sie deshalb besser einen Bogen um Pilze aus Polen, die häufig noch immer sehr hohe Becquerel-Werte aufweisen. Und ersetzen Sie keinesfalls die Steinpilze in unserem Rezept durch die billigeren Maronenröhrlinge. Diese haben sich in den meisten nach dem Reaktorunfall von Tschernobyl analysierten Proben als regelrechte Cäsium-137-Fresser entpuppt.

Zutaten:
für 4 Personen

1 kg große, feste Steinpilze
200 g Ölrauke (ersatzweise großblättriger Rucola)
10 Zweige Thymian
4 frische Lorbeerblätter
5 Knoblauchzehen
1 Zimtstange
0,1 l Olivenöl
Balsamicoessig

Vorbereiten:
Die Steinpilze gründlich putzen und halbieren.
Die Rauke putzen, waschen und gut abtropfen lassen.

Fertigstellen:
Die Pilze mit etwas Olivenöl bestreichen und 2–3 Minuten grillen, bis sie ein leichtes Raucharoma haben. Mit Thymian, Lorbeer und Zimt in einen Schmortopf geben, salzen, pfeffern und mit dem restlichen Olivenöl beträufeln. Die Pilze im Backofen im geschlossenen Topf etwa 15 Minuten bei 180 Grad garen.
Die Rauke mit Olivenöl, Balsamicoessig, Salz und Pfeffer anmachen.
Die Pilze mit dem entstandenen Schmorfond anrichten, den Salat getrennt dazu servieren.

Tip:
Steinpilze sollte man nicht waschen, da sie dabei zuviel Wasser aufsaugen. Verwenden Sie zum Putzen eine kleine Bürste, hartnäckige Verschmutzungen entfernen Sie mit einem scharfen Messer.

Wein:
Der fragile Geschmack der Pilze ist schnell durch den falschen Wein zerstört. Schlank, frisch und aromatisch zurückhaltend sind deshalb wichtige Geschmackskriterien. Um neben dem üppigen Olivenölfond nicht dünn zu wirken, braucht der Wein dennoch genügend Körper und integrierte Säure. Je nach dem Fortgang des Menüs empfehlen wir einen Vermentino aus Ligurien, einen Gavi di Gavi oder eine Riesling Spätlese von der Obermosel.

Zimt

Cinnamomum verum, C. ceylanicum, C. cassia

Zimt ist für viele Menschen gleichbedeutend mit Weihnachten. Der Duft des leuchtend braunen Gewürzes durchzieht lange Winterabende und frostige Nächte: Zimtsterne, Lebkuchen, Glühwein, Bratäpfel – all diese wärmenden Leckereien sind untrennbar mit den Stangen aus gerollter Rinde verbunden. Anders als frühere Epochen hat die Neuzeit Zimt weitgehend in den Bereich der Süßspeisen verbannt: Seit dem 16. Jahrhundert sind Zucker und Zimt in Nord- und Mitteleuropa eine schier unlösbare Einheit eingegangen. Einen ganz anderen Stellenwert besitzt Zimt hingegen bis heute in den Ländern, die selbst wichtige Gewürzlieferanten sind: im Nahen und im Fernen Osten. Hier gehört das warme Aroma des Zimts in Fisch- und Fleischgerichte ebenso wie in Reis und Couscous, nicht zu vergessen zahlreiche Gewürzmischungen wie das geheimnisvolle marokkanische, aus 27 Ingredienzien bestehende „ras el-hanout".
Die ursprüngliche Heimat des Zimts sind Ceylon (Sri Lanka) und China. Auf den Weltmärkten ist Ceylonzimt der begehrtere, da er als feiner gilt. Aus China, wo das Gewürz seit mehreren Jahrtausenden genutzt wird, kommt der sogenannte Kassia-Zimt, der etwas weniger Finesse, dafür mehr Würzkraft besitzt.
Die Ernte von Zimt erfolgt bis heute in reiner Handarbeit. Die größte Menge an ätherischen Ölen steckt in den unteren Rindenschichten des Zimtbaums und da wiederum nur in Ästen, die etwas mehr als fingerdick sind. Um an diese Partien zu kommen, muß die Rinde mit speziellen Messern abgeschält und anschließend in einzelne Schichten getrennt werden. Nur die Innenrinde, die ihre typische Form beim Trocknen annimmt, kommt als Zimtstangen in den Handel. Abfälle und Reste werden zu Zimtpulver vermahlen.
Zimt besitzt ein duftiges, warmes, süßliches und ausgesprochen cremiges Aroma. Solange die Stangen unzermahlen sind, verfliegt das sogenannte Zimtaldehyd nur langsam. Man sollte deshalb die duftende Spezerei niemals in Pulverform kaufen. Am besten ist es, Zimtstangen unmittelbar vor der Verwendung kurz in einer Pfanne ohne Fett anzurösten, sie dann fein zu zermahlen oder zu mörsern und je nach Verwendung durch ein feines Sieb zu geben.

Gewürznelke

Eugenia caryophyllata, Syzygium aromaticum

Die Wiege der Gewürznelke stand wie die der Muskatnuß auf den sagenumwobenen Gewürzinseln. Dieser Archipel, der heute zu Indonesien gehört, war viele Jahrhunderte lang der einzige Lieferant für die begehrten „Näglein". Schon in der Antike galten die getrockneten Knospen als große Kostbarkeit. Das blieben sie auch nach der Entdeckung des Seewegs zu den Molukken, denn die jeweiligen Kolonialherrn achteten streng darüber, daß kein Nelkenbaum-Schößling die abgelegenen Eilande verließ. Erst 1770 gelang es einem französischen Abenteurer, die Nelke von den Gewürzinseln zu entführen. Das Gros kommt heute aus Indonesien und von der Insel Sansibar.

Die Gewürznelke ist die Knospe immergrüner, über zehn Meter hoher Bäume. Das Myrtengewächs enthält von der Wurzel bis zur Krone das duftende Nelkenöl. Am stärksten konzentriert ist es in den ungeöffneten Blütenknospen. Diese werden kurz vor der Blüte gepflückt, von den Stengeln gelöst und auf Matten in der Sonne getrocknet.

Nelken besitzen einen die Sinne betörenden, intensiven, leicht süßlichen Duft. Auf der Zunge sind sie pfeffrig, scharf und feurig, aber gleichzeitig fruchtig. Ihr vieldimensionales Aroma bildet auf der Zunge einen interessanten Gegenpol zu Salz. Einige „Näglein" runden deshalb jede salzige Brühe oder Suppe ab.

Nelken sollten einen sattbraunen Stiel haben, auf dem der geschlossene Kopf fest aufsitzt. Wenn man ihn verletzt, sollte ein wenig Nelkenöl sichtbar werden. Zu spät geerntete oder unsachgemäß getrocknete Nelken, die man an einer braunschwarzen Farbe und einer brüchigen Oberfläche erkennt, besitzen nur noch einen Bruchteil ihrer Würzkraft.

Das Aroma der Nelken ist am intensivsten, wenn man sie unmittelbar vor Gebrauch kurz ohne Fett anröstet, zermahlt und durchsiebt. Das so gewonnene Pulver eignet sich für alle Arten von Gebäck und Desserts. Außerdem ist es das „sinnliche" Element in zahlreichen Gewürzmischungen wie Curry, Garam Masala oder Fünf-Gewürz-Pulver.

Nelken sollte man stets im Ganzen kaufen, da ihr aromatischer Hauptbestandteil, das Eugenol, rasch verfliegt. Sie sollten bei Zimmertemperatur in einem gut verschlossenen Behältnis lichtgeschützt gelagert werden.

Kabeljau mit Gewürzlinsen

Aromen: Kreuzkümmel, Safran

Kabeljau war jahrhundertelang der wichtigste Speisefisch in Europa. Die Vorräte an *Gadus morrhua* schienen unerschöpflich. Der Fisch mit dem leuchtendweißen Fleisch war der Grundstein für ganze Industriezweige und verantwortlich für die Blüte von Hafenstädten. Strategische Bedeutung erlangte er schließlich als Grundnahrungsmittel für Generationen von Auswanderern auf dem Weg in die Neue Welt und bei der Besiedlung der Ostküste Amerikas. Immer größere Fischfangflotten machten jedoch dem Kabeljau in weiten Bereichen des Atlantiks innerhalb weniger Jahrzehnte beinahe den Garaus. Einzig positiver Aspekt der drastischen Dezimierung des braungefleckten Räubers: der steigende Preis hat den Kabeljau auch bei Feinschmeckern salonfähig gemacht. Und so können wir nur empfehlen, sein hervorragendes, mageres, zartes und doch festes Fleisch zu genießen, bevor er irgendwann endgültig nur noch zu Delikateß-Preisen gehandelt wird.

Zutaten:
für 4 Personen

500 g Kabeljaufilet mit Haut
50 g durchwachsener Speck
180 g französische Berglinsen
1 Karotte
1 Petersilienwurzel
1 Zwiebel
1 TL Kreuzkümmel
7 Safranfäden
1 TL Zucker
5 EL Balsamicoessig
3 EL Olivenöl
0,6 l Geflügelfond (s. Basisrezepte)

Vorbereiten:
Zwiebel, Karotte und Petersilienwurzel schälen und fein würfeln.
Den Zucker in einem Topf karamelisieren, mit 3 EL Balsamicoessig ablöschen und ein wenig einköcheln lassen. Die Gemüsewürfel zugeben und leicht glacieren. Die Linsen, den unzerschnittenen Speck sowie die Gewürze zum Gemüse geben und den Geflügelfond angießen; die Linsen in 35 Minuten auf kleiner Flamme weichgaren. Den Speck entfernen. Ein Viertel der Linsen mit dem Schneidstab in etwas Fond pürieren und durch ein Sieb streichen. Das Püree unter die restlichen Linsen rühren; mit Salz, Pfeffer und dem restlichen Balsamicoessig abschmecken.

Fertigstellen:
Den Kabeljau salzen, pfeffern und auf der Hautseite knusprig braten.
Die Linsen erwärmen, das Olivenöl unterrühren, nochmals abschmecken.
Den Fisch auf den Linsen anrichten.

Wein:
Der braune Geschmackseindruck dieses Gerichts verlangt nach einem aromatischen, fruchtigen und frischen Gegenpol im Wein. Versuchen Sie es mit einer der neuen Weißwein-Cuvées aus dem französischen Süden: Roussanne, Marsanne und/oder Viognier können dort eine trockene, aber hocharomatische, interessante Liaison eingehen, sofern der Wein im kleinen Holzfaß vergoren wurde und über entsprechende feine Süße verfügt. Auch ein frischer Pinot Blanc oder Weißburgunder aus vergleichbarem Ausbau zum Beispiel aus Südtirol, Südafrika oder dem Elsaß tut gute Dienste.

Rettichgemüse mit Steinbeißer

Aromen: Sternanis, Fenchel, Zimt, Nelken

Rettich ist gemeinhin ein derbes, ob seiner Schärfe tränentreibendes Biergartenvergnügen. Für unser Gericht machen wir aus der Not eine Tugend und benutzen die weiße fleischige Wurzel als Gemüse und Würze in einem. Rettich enthält nämlich ätherische Senföle, die der Sahnesauce zu Gemüse und Fisch eine feine, pikante Note verleihen.

Zutaten:
Für 4 Personen

1 Steinbeißer (etwa 1 kg)
400 g weiße Rettiche
0,3 l Sahne
4 cl weißer Portwein
geröstetes Sesamöl
Chili-Öl (s. Basisrezepte)
Fünf-Gewürz-Pulver (s. Basisrezepte)
3 EL Ananassenf (s. Basisrezepte)

Vorbereiten:
Den Steinbeißer filetieren. Die Filets mit der Hautseite nach unten auf ein Brett legen und mit einem scharfen Messer das Fischfleisch vom Schwanz zum Kopf hin von der Haut schneiden. Die Filets portionieren.
3 EL Sahne mit dem Ananassenf vermengen und den Fisch damit einstreichen.
Die Rettiche gründlich waschen, schälen und in feine Streifen schneiden. Die Rettichabfälle in einem Topf anschwitzen, mit dem Portwein ablöschen und diesen fast ganz einkochen lassen; mit der restlichen Sahne auffüllen, einmal aufkochen, vom Herd nehmen und ziehen lassen. Nach etwa einer halben Stunde die Sahne abseihen, dabei die Rettichabfälle gut ausdrücken.

Fertigstellen:
Den Steinbeißer salzen, pfeffern und langsam bei kleiner Hitze braten, bis er außen goldbraun und innen noch glasig ist.
Die Rettichstreifen anschwitzen, salzen und pfeffern. Mit der Rettichsahne auffüllen und etwas einköcheln lassen. Das Gemüse mit Fünf-Gewürz-Pulver, Sesamöl und Chili-Öl abschmecken.
Den Fisch auf dem Rettichgemüse anrichten.

Tip:
Zum Filetieren des Steinbeißers alle Flossen mit einer großen Schere abschneiden und den Fisch zum Kopf hin schuppen. Nach einem Schnitt hinter beiden Kiemen den Kopf abtrennen. Mit einem langen Messer mit flexibler Klinge zunächst am Rückgrat entlangschneiden, dann auf der Gräte entlangfahren und die Filets ablösen. Restliche Gräten mit einer Pinzette herausziehen.

Wein:
Um den geschmacklichen Sensationen dieses Gerichts etwas entgegenstellen zu können, muß man schon zu einer betont intensiven Rebsorte greifen. Ein hochklassiger Tokay Pinot Gris aus dem südlichen Elsaß könnte mit seinen mineralischen Tönen, als Grand Cru meist mit einem Hauch Restzucker versehen, das aromatische Spannungsfeld gut umrahmen.

Sternanis

Illicium verum

Sternanis ist ein besonders ästhetisches Gewürz. Mit seiner meist achtstrahligen, warmbraunen Kapselfrucht verkörpert es die ganze Exotik und fremdartige Schönheit des Orients. Doch trotz seiner ansprechenden Form konnte sich der nach Anis duftende Stern in den Küchen Europas nie wirklich durchsetzen. Erst mit dem Siegeszug der chinesischen Küche im ganzen Okzident kam auch der Sternanis in die Regale hiesiger Gewürzhändler.

In China wird Sternanis schon seit rund 4000 Jahren als Gewürz verwendet. Anders als beispielsweise bei Pfeffer und Ingwer interessierte sich jedoch im antiken Europa niemand für die Sternchen. Und so konnte 1588 ein englischer Seefahrer damit glänzen, den Sternanis von den Philippinen nach Europa gebracht zu haben. Doch auch in den folgenden Jahrhunderten spielte er lediglich bei der Likörbereitung (Anisette) eine gewisse Rolle. In der chinesischen Küche ist Sternanis eines der wichtigsten Gewürze; er bestimmt wesentlich das Aroma des Fünf-Gewürz-Pulvers.

Der immergrüne Sternanisbaum ist in Südostasien beheimatet, besonders gut gedeiht er im südwestchinesischen Bergland. Obwohl Sternanis und Anis botanisch nicht verwandt sind, ähneln sie sich im Geschmack auf verblüffende Weise. Die Kerne des Sternanis sind relativ geschmacksarm, das süße, runde, an Lakritze erinnernde Aroma sitzt vor allem in den Schalen. Sternanis sollte deshalb in Schmorgerichten, Suppen oder Saucen ganz mitgegart und vor dem Servieren wieder entfernt werden. Noch intensiver wird sein Aroma, wenn man ihn kurz ohne Fett anröstet, zermahlt und dann das gesiebte Pulver zum Abschmecken von Speisen verwendet.

Unzermahlen kann man Sternanis in einem gut verschlossenen Gefäß lichtgeschützt relativ lange aufbewahren. Gemahlen verliert er jedoch rasch seine flüchtigen Aromen. Man sollte deshalb Sternanispulver stets selbst und unmittelbar vor Gebrauch herstellen.

Muskat

Myristica fragrans

Die sagenumwobenen Gewürzinseln, die heute zum indonesischen Archipel gehören, sind die ursprüngliche Heimat der Muskatnuß. Nur hier, auf einigen winzigen Vulkaninseln in der sogenannten Banda-See, gediehen die immergrünen, bis zu zehn Meter hohen Bäume, deren Früchte im Mittelalter zu den begehrtesten Gewürzen überhaupt zählten. Ihretwegen wurden Entdeckungsreisen unternommen, Kriege geführt und Völker ausgerottet. Das erste europäische Seefahrervolk auf den Molukken waren im 16. Jahrhundert die Portugiesen, die jedoch schnell von den Holländern verdrängt wurden. Diese verteidigten ihr Handelsmonopol besonders rabiat: So war es bei Todesstrafe verboten, heimlich Muskatbäume zu kultivieren und außer Landes zu bringen. Um die Keimfähigkeit der Nüsse zu zerstören, wurden diese vor der Verschiffung gekalkt – eine Tradition, die sich bis in unsere Tage erhalten hat. Zusätzlich hielten die holländischen Händler die Preise durch gezielte Verknappung des Angebots künstlich hoch. Der Ausdruck „Pfeffersack" für einen durch rücksichtsloses Geschäftsgebaren rasch reich gewordenen Kaufmann entstand in jenen Tagen.
Heute kommt Muskatnuß von vielen indonesischen Inseln, aus Westindien und Sansibar. Die beste Qualität liefern jedoch noch immer die Molukken, wo die Muskatbäume in großen Plantagen in Mischkultur wachsen. Die Früchte der weiblichen Bäume werden geerntet, sobald sie aufspringen und der harte Steinkern zum Vorschein kommt. Dieser ist von einem netzartigen Samenmantel umgeben, dem wertvollsten Teil der Muskatnuß. Normalerweise wird dieses leuchtendrote Macis, das auch Muskatblüte genannt wird, von der Nuß abgelöst, getrocknet und ganz oder gemahlen verkauft. Es enthält ähnliche ätherische Öle wie der Steinkern, allerdings in wesentlich höherer Konzentration. Macis ist deshalb wesentlich würzkräftiger und teurer als die Nuß selbst.
Muskat wirkt frisch gerieben zunächst mentholig-stechend, dann zitronig mit einer feinen Holznote. Da sich die feinen Aromen rasch verflüchtigen, sollte man Muskat – ob Blüte oder Nuß – immer erst zum Ende der Garzeit einem Gericht zugeben. Muskat verzaubert Süßes und Salziges gleichermaßen mit dem üppigen Duft der fernen Gewürzinseln.

Kaninchenragout mit Kartoffelpüree und Zimtbutter

Aromen: Thymian, Salbei, Zimt

Zimt findet in den meisten Haushalten lediglich Zugang zu Weihnachtsplätzchen und Glühwein. Dies bedeutet jedoch eine grobe Unterschätzung der schier unendlichen Einsatzmöglichkeiten des tropischen Gewürzes. Gerade Fleischgerichten verleihen die getrockneten Rindenrollen oft einen besonders interessanten aromatischen Akzent. Unser Schmorkaninchen schmeckt immer, wenn es draußen nicht allzu warm ist. Wie geschaffen ist es freilich als Hauptgang, der garantiert Weihnachtsstimmung auslöst, in einem Menü zum Heiligen Abend.

Zutaten:
für 4 Personen

8 Kaninchenschultern
800 g überwiegend festkochende Kartoffeln
2 Zwiebeln
2 Knoblauchzehen
4 mittelgroße Karotten
0,1 l Milch
0,1 l Sahne
150 g Butter
1/4 l Rotwein
2 Lorbeerblätter
3 Zweige Thymian
2 Zweige Salbei
10 Pfefferkörner
8 Wacholderbeeren
Muskatnuß
gemahlener Zimt
1 Zimtstange
1 Nelke

Vorbereiten:
Zwiebeln und Knoblauch schälen und fein würfeln. In einem gut verschließbaren Schmortopf mit Kräutern, Wacholderbeeren, Pfefferkörnern, Nelke und Zimtstange anschwitzen und mit dem Rotwein ablöschen. Die Kaninchenschultern daraufsetzen, salzen und pfeffern; so viel Wasser angießen, daß die Fleischstücke nicht ganz bedeckt sind. Den Topf schließen, das Fleisch im Backofen bei 180 Grad auf der mittleren Einschubleiste in 2 Stunden weichschmoren.
Die Karotten schälen und halbieren. Nach der halben Garzeit zum Fleisch in den Schmortopf geben.
Die Kartoffeln schälen, waschen und weichkochen; das Wasser abgießen und die Kartoffeln im warmen Backofen etwas ausdampfen lassen. Wenn sich das Fleisch gut vom Knochen lösen läßt, die Kaninchenschultern und die Karotten aus dem Fond nehmen. Die Brühe durch ein Sieb passieren und solange reduzieren, bis sie einen kräftigen Geschmack angenommen hat. Das Fleisch von den Knochen lösen und mit den Karotten in den Fond geben. Mit Salz und Pfeffer abschmecken.

Fertigstellen:
Milch und Sahne mit etwas Muskat aufkochen lassen. Die Kartoffeln durch eine Kartoffelpresse in eine vorgewärmte Schüssel drücken, mit der Hälfte der zimmerwarmen Butter glattrühren. Nach und nach soviel von dem heißen Milch-Sahne-Gemisch zugeben, bis die gewünschte Konsistenz erreicht ist. Mit Salz, Pfeffer und etwas Muskat abschmecken.
Die restliche Butter in einem Topf braun werden lassen und zunächst 1 Msp. Zimt zugeben; nach Geschmack noch kräftiger würzen.
Das Kaninchenragout vorsichtig erwärmen.
In tiefen Tellern anrichten, dabei das Fleisch mit seinem Fond und das Püree mit der Zimtbutter übergießen.

Wein:
Viel würzige Frucht, wie sie beispielsweise ein seriöser kalifornischer Zinfandel aus einer kühlen Anbauregion oder ein guter Pinot Noir aus einer burgundischen Dorflage besitzt, sollte die braunen Aromen dieses Schmorgerichts ergänzen.

Preiselbeerravioli mit Rehleber

Aromen: Nelken, Zimt, Anis

Wer die herbstliche Aromatik unseres Gerichts ohne Abstriche genießen möchte, muß einige Stunden fürs Sammeln von Preiselbeeren aufwenden. Wer nicht ganz so perfektionistisch veranlagt ist, kann die nordeuropäischen Preiselbeeren durch amerikanische Moosbeeren (Cranberries) ersetzen. Die großbeerige, weniger intensiv schmeckende Verwandte der Preiselbeere wird anders als diese relativ häufig im Handel angeboten.

Zutaten:
für 4 Personen

400 g Rehleber
450 g frische oder tiefgekühlte Preiselbeeren
100 g Petersilienwurzel
100 g Champignons
2 weiße Zwiebeln
2 Knoblauchzehen
15 g frischer Ingwer
10 Blätter Salbei
100 g Crème fraîche
0,35 l Sahne
7 Eier
2 EL Butter
150 g Zucker
1 TL Honig
400 g Mehl
4 cl Rotwein
1 TL Olivenöl
Rotweinessig
0,3 l Geflügelfond (s. Basisrezepte)
Chili-Öl (s. Basisrezepte)
Fünf-Gewürz-Pulver (s. Basisrezepte)

Vorbereiten:

Preiselbeeren mit Zucker, Rotwein und 1/2 TL Fünf-Gewürz-Pulver vermengen, in der Eismaschine ohne Kühlung 2 Stunden kalt rühren. In ein Glas füllen und verschlossen 2 Tage kalt stellen.

Aus Olivenöl, 5 Eigelb und etwa 400 g Mehl einen elastischen Teig kneten, 2 Stunden kalt stellen.

Zwiebeln und Petersilienwurzel schälen und in kleine Würfel schneiden, in einer Pfanne mit etwas Olivenöl weichdünsten.

Den Ingwer schälen und reiben. 150 g Preiselbeeren abtropfen lassen und mit den Gemüsen vermengen; Crème fraîche, Ingwer, Honig und 1/2 TL Rotweinessig zugeben und mit Chili-Öl, Fünf-Gewürz-Pulver, Salz und Pfeffer abschmecken.

Die restlichen 2 Eigelb mit 2 EL Sahne verrühren.

Den Nudelteig dünn ausrollen. Auf eine Hälfte eßlöffelgroße Häufchen der Fruchtfüllung setzen, die Zwischenräume mit Eigelbsahne bestreichen. Einen zweiten Teigfladen darauf legen und um die Füllung herum vorsichtig andrücken. Mit einer runden Form Ravioli ausstechen.

Für die Sauce den Knoblauch schälen und die Champignons putzen; beides klein schneiden, mit den Salbeiblättern anschwitzen, mit Sahne und Geflügelfond auffüllen und auf die Hälfte einkochen. Durch ein Sieb passieren.

Die Rehleber portionieren.

Fertigstellen:

Die Ravioli 3 Minuten in Salzwasser köcheln und in der Pilzsahne schwenken. Die Rehleber in Butter rosa braten, salzen und pfeffern.

Tip:

Die Preiselbeeren halten sich im Kühlschrank in einem geschlossenen Gefäß etwa 3 Monate.

Wein:

Herbe Süße, leichte Schärfe und weihnachtliche Würze fordern einen Wein mit viel Frucht. Das könnte ein Cabernet Franc aus der Appellation Anjou-Villages sein oder aber ein hochwertiger Beaujolais aus einer der klassifizierten Gemeinden, z. B. ein Chiroubles oder ein Moulin-à-Vent.

Rote Beten mit Kalbsleber

Aromen: Orange, Balsamicoessig

Nur wenige Minuten liegen zwischen einer zart auf der Zunge zergehenden und einer ledrig-trockenen Kalbsleber. Leider ist letztere die häufigere, weshalb viele Menschen zu Recht Leber als Tortur für den Gaumen empfinden. Deshalb hier einige Ratschläge zur Bereitung dieser feinen Innerei: Achten Sie darauf, daß die Kalbsleberscheiben gleichmäßig dick sind. Garen Sie sie bei relativ niedriger Hitze, da sonst die Ränder hart werden. Lassen Sie die Leber je nach Dicke nur wenige Minuten in der Pfanne, so daß sie innen noch rosa ist. Und halten Sie beim Braten der empfindlichen Innerei kein Schwätzchen: Eine Minute zuviel kann das ganze Gericht verderben.

Zutaten:
für 4 Personen

500 g Kalbsleber in Scheiben
800 g rote Beten
1 Birne
1 Orange
2 Zwiebeln
8 Walnüsse
3 frische Lorbeerblätter
1/4 Bund Thymian
3 EL Sahne
80 g Butter
Sonnenblumenöl
2 EL Balsamicoessig
2 EL Orangensenf (s. Basisrezepte)

Vorbereiten:
Die roten Beten schälen und je nach Größe sechsteln oder achteln. Von der Orange die Schale dünn ohne das Weiße abschneiden. Die roten Beten mit Thymian, Lorbeer und Orangenschale in etwas Sonnenblumenöl anschwitzen, salzen und pfeffern; im geschlossenen Topf im 180 Grad heißen Ofen in etwa 1 Stunde weich schmoren.
Die Zwiebeln schälen und je nach Größe sechsteln oder achteln. Die Birne schälen, vierteln und das Kerngehäuse entfernen. Die Birnenviertel in Spalten schneiden.
Die Nüsse knacken, die Kerne vierteln.
Die Sahne mit dem Orangensenf vermengen und die Leberscheiben damit bestreichen.

Fertigstellen:
Die Zwiebeln in etwas Sonnenblumenöl anbraten, die roten Beten zugeben und ebenfalls anschwitzen. Birnen und Nüsse zugeben, durchschwenken, mit dem Balsamicoessig ablöschen, salzen und pfeffern.
Die Butter und etwas Sonnenblumenöl erhitzen. Darin die Kalbsleber bei kleiner Hitze rosa braten, salzen und pfeffern.
Die Leber mit dem Rote-Bete-Gemüse servieren.

Tip:
Als Beilage eignet sich Kartoffelpüree mit Zimtbutter (siehe Rezept „Kaninchenragout").

Wein:
Wir tendieren zu einem gereiften Pinot Noir, der mit würziger Süße das interessante Aromenspiel von Orangenschale und Birnen konterkarieren kann. Oder wir empfehlen einen weißen Rhônewein, beispielsweise einen St-Joseph voller reifer Apfel- und Birnennoten.

Reh mit Kürbisgemüse

Aromen: Salbei, Curry

Kürbis ist ein ideales Gemüse für die experimentelle Gewürzküche, paßt sich sein mild-nussiges Fleisch doch beinahe jedem Aroma an. Verwenden Sie für unser Gericht den im Herbst in beinahe jedem Bauerngarten reifenden Riesenkürbis. Unser Rezept eignet sich wunderbar für die Halloween-Party: Der ausgehöhlte Kürbis wird zur fratzenhaften Laterne, sein Fleisch wandert in den Kochtopf. Allerdings müssen Sie angesichts des Gewichts von mehreren Kilo, das ein Winterkürbis erreicht, eine größere Gesellschaft zum Essen einladen. Wer es dennoch nicht schafft, den Kürbis aufzuessen, kann ihn roh bis zu 6 Monate einfrieren.

Zutaten:
für 4 Personen

400 g Kürbis
400 g ausgelöster Rehrücken
100 g Zwiebel
1 Knoblauchzehe
20 g frischer Ingwer
4 Zweige Salbei
75 g Crème fraîche
1 TL Honig
1 EL Sherryessig
2 EL alter Balsamicoessig
6 EL Olivenöl
2 Msp. Fünf-Gewürz-Pulver (s. Basisrezepte)
2 Msp. Currypulver (s. Basisrezepte)

Vorbereiten:
Die Salbeiblätter vom Zweig zupfen, klein schneiden und mit 3 EL Olivenöl vermengen. Den Rehrücken portionieren und mit dem Salbeiöl marinieren.
Kürbis, Zwiebel, Knoblauch und Ingwer schälen. Den Kürbis in 0,5 cm große Würfel schneiden. Zwiebel und Knoblauch fein würfeln.
Die Zwiebel- und die Knoblauchwürfel in einem Schmortopf glasig anschwitzen, die Kürbiswürfel zugeben und ebenfalls anschwitzen, salzen und pfeffern. Den offenen Topf in den 180 Grad heißen Ofen schieben. Den Kürbis in etwa 20 Minuten weich schmoren; etwas abkühlen lassen und die Crème fraîche unterrühren. Den Ingwer ins Kürbisgemüse reiben und mit Sherryessig, Fünf-Gewürz-Pulver sowie dem Curry abschmecken. Bei Zimmertemperatur beiseite stellen.
Aus 2 EL Balsamicoessig und 3 EL Olivenöl eine Vinaigrette rühren, salzen und pfeffern.

Fertigstellen:
Den Rehrücken rosa braten und 10 Minuten ruhen lassen.
Das Kürbisgemüse in die Mitte des Tellers geben, das Fleisch aufschneiden und darauf anrichten. Mit Vinaigrette umgießen.

Wein:
Zu dieser frechen Kombination aus orientalisch-asiatischem Gewürzbasar und heimischen Zutaten empfehlen wir einen nicht minder würzigen Rotwein, der hierzulande kaum bekannt ist: einen Chinon von der Loire. Er wird zu 100 % aus der ungeliebten Cabernet-Franc-Traube gekeltert, die zu hohen Erträgen und starkem Laubwachstum neigt, deswegen nicht gut ausreift und oft mit grünen Kräuter- und Paprikaaromen im Bukett abschreckt. Doch gerade an der Loire gibt es neue Qualitäten, die mit reifen süßen Gerbstoffen faszinieren und duftig und transparent der Zunge schmeicheln. Weder stumpf noch adstringierend, sondern voller Würze und Beerenfrucht begleiten sie Wild aller Art sehr angenehm, und mit unseren Gewürzen harmonieren sie ausgezeichnet.

Gefüllter Kalbsschwanz

Aromen: Knoblauch, Thymian, Koriandersaat

Kalbsschwanz wird normalerweise in einzelne Wirbel geteilt an den Verbraucher verkauft. Wählen Sie möglichst große Stücke, da sich das Fleisch nach dem Schmoren leichter auslösen und füllen läßt. Zugegeben: Unser Gericht macht ein bißchen Mühe. Das auf der Zunge zergehende Fleisch rechtfertigt jedoch beinahe jeden Zeitaufwand.

Zutaten:
für 4 Personen

8 Stücke Kalbsschwanz
1 Schweinenetz
200 g Ziegenfrischkäse
2 Zwiebeln
1 Lauchstange
2 Selleriestangen
2 Knoblauchzehen
2 frische Lorbeerblätter
5 Zweige Thymian
3 Zweige frischer Kerbel
1/2 Zimtstange
15 schwarze Pfefferkörner
2 Stück Sternanis
10 Korianderkörner
0,1 l Weißwein
4 cl trockener Wermut (z. B. Noilly-Prat)
5 getrocknete Aprikosen
Olivenöl
Balsamicoessig

Vorbereiten:
Aprikosen in Orangensaft einweichen. Das Schweinenetz in kaltes Wasser legen, das Wasser mehrfach wechseln.
Zwiebeln und Knoblauch schälen, Lauch und Staudensellerie putzen, alles fein würfeln. Gemüse, Gewürze und Kräuter außer dem Kerbel in einem großen Schmortopf anbraten, mit Weißwein und Wermut ablöschen, auf die Hälfte einkochen lassen. Mit Wasser auffüllen, so daß die Gemüse gerade bedeckt sind. Die Schwanzstücke daraufsetzen, salzen und pfeffern, im Backofen im geschlossenen Schmortopf bei 180 Grad auf der mittleren Schiene in 2 bis 3 Stunden weich schmoren, so daß sich das Fleisch leicht vom Knochen löst.
Die Aprikosen abtropfen lassen, in sehr kleine Stücke schneiden und mit dem Ziegenfrischkäse vermengen.
Den Kalbsschwanz aus dem Schmortopf nehmen und das Fleisch auslösen, dabei alle Knorpelstückchen vom Fleisch entfernen.
Eine Souffléform von 0,15 l Inhalt so mit einem Stück Schweinenetz auslegen, daß der Rand einige Zentimeter überhängt. Die Form vom Rand her mit 1/8 des Fleisches auslegen; in die Mitte 1/8 der Käse-Aprikosen-Masse plazieren; dann mit dem überhängenden Schweinenetz päckchenartig verschließen und aus der Form stürzen. Mit den anderen Fleischportionen ebenso verfahren.
Den Schmorfond durch ein feines Sieb passieren, dabei die Gemüse gut auspressen. Die Sauce auf etwa 0,1 l einkochen und entfetten; mit Balsamicoessig und Olivenöl zu einer Vinaigrette verrühren, mit Salz und Pfeffer abschmecken. Den Kerbel vom Zweig zupfen, fein schneiden und unter die Vinaigrette rühren.

Fertigstellen:
Die Fleischpäckchen in etwas Olivenöl bei kleiner Hitze von allen Seiten goldbraun braten. Pro Person 2 Stück mit der Vinaigrette anrichten.

Wein:
Geschmack pur – da hilft nur ein warmer, weicher, überaus würziger Wein auf Grenache-Basis wie ein spanischer Garnacha Tinta aus dem Priorato mit seiner würzigen Note von weißem Pfeffer im Duft.

Gegrillte Zwiebeln mit Hirschfilet

Aromen: Fenchel, Thymian

Obwohl ein Abkömmling aus der feinen Familie der Liliengewächse, ist es der Zwiebel in der Neuzeit nicht gelungen, sich einen festen Platz auf den Tafeln der Feinschmecker zu erobern. Zwiebeln dienen heutzutage in erster Linie als Grundlage für Suppen- und Saucenfonds und finden allenfalls in der deftig-rustikalen Küche Verwendung. Dabei haben die würzigen Knollen jahrtausendelang Geschichte mitgeschrieben: Sie waren das Hauptnahrungsmittel der ägyptischen Pyramidenbauer, sie sollen die Kampfkraft der griechischen Krieger erhöht und die Wikinger auf ihren Seereisen bei guter Gesundheit erhalten haben. Karl der Große schließlich hatte sogar per Dekret den Anbau von Zwiebeln in Mitteleuropa befohlen. Auch wir schlagen vor, dem ausgesprochen gesunden Gemüse etwas mehr Aufmerksamkeit zu schenken und seine knackige Konsistenz, seine feine Schärfe und seine angenehme Süße mit Hilfe unseres Rezeptes bewußt zu genießen.

Zutaten:
für 4 Personen

500 g Hirschfilet
5 weiße Zwiebeln
1 Bund Thymian
1 EL Fenchelsaat
1/8 l Olivenöl
3 EL Balsamicoessig

Vorbereiten:
Das Hirschfilet in 4 Stücke portionieren.
Thymianblätter vom Zweig zupfen. Das Fleisch in den Thymianblättchen wälzen.
Die Fenchelsaat in einer Pfanne ohne Fett anrösten und grob mörsern.
Die Zwiebeln schälen und in jeweils 5 dicke Scheiben schneiden; mit Pfeffer, Fenchelsaat und 4 EL Olivenöl marinieren.
Das restliche Olivenöl mit Balsamicoessig, Salz und Pfeffer zu einer Vinaigrette verrühren.

Fertigstellen:
Das Fleisch in etwas Olivenöl in 5 bis 7 Minuten rosa braten und neben dem Herd ruhen lassen.
Die Zwiebeln salzen und grillen.
Die Zwiebelscheiben kreisförmig auf flachen Tellern anrichten. Das Fleisch in jeweils 5 Scheiben schneiden, auf die Zwiebeln legen und mit der Vinaigrette beträufeln.

Tip:
Die Zwiebelscheiben fallen nicht auseinander, wenn man die Zwiebeln senkrecht von oben zum Strunk hin zerschneidet, so daß dieser die Scheiben zusammenhält.

Wein:
Zwiebel und Wein? Durch das Grillen wird die Zwiebel saftig und erstaunlich süß im Geschmack und unterstreicht zusammen mit dem rosa gebratenen Fleisch geradezu die Qualitäten eines kalifornischen Cabernet Sauvignon neuer Generation: weiche, feine Gerbstoffe, Frucht, Finesse und Süße nicht infolge von Restzucker, sondern von Reife. Die Regel „Je besser der Wein, desto einfacher das Essen" kann man kaum exemplarischer umsetzen.

Kalbshaxe mit Gemüsequark

Aromen: Garam Masala, Borretsch

Kalbshaxe ist gemeinhin rustikale Wirtshauskost: mit viel dunkler Sauce und dampfendem Kloß ein Gericht für kalte Wintersonntage, am besten nach dem Spaziergang. Auch wir können und wollen der Kalbshaxe ihren deftigen Geschmack nicht nehmen. Wir haben ihr jedoch einen kräuterduftenden, locker-leichten Gemüsequark zur Seite gestellt. Als aromatischer Gegenpart läßt er die Kalbshaxe geradezu leichtfüßig erscheinen.

Zutaten:
für 4 Personen

2 Kalbshaxen à 800 g
250 g Quark (20 % Fett i. Tr.)
1 EL Butter
2 Zwiebeln
1 Lauchstange
2 Selleriestangen
1 große Karotte
1/4 Sellerieknolle
1/2 Zitrone
3 Knoblauchzehen
10 Zweige Thymian
1 Bund Basilikum
2 frische Lorbeerblätter
2 Blätter Borretsch
1/8 l Weißwein
2 cl trockener Wermut
Olivenöl
4 EL Garam-Masala-Paste (s. Basisrezepte)

Vorbereiten:
Die Zwiebeln und 2 Knoblauchzehen schälen. Lauch und 1 Selleriestange putzen. Alles grob würfeln und in einem Schmortopf in etwas Olivenöl anbraten, Lorbeerblätter und die Hälfte des Thymians zugeben. Mit Wermut- und Weißwein ablöschen, etwas einkochen lassen und mit soviel Wasser aufgießen, daß das Gemüse gerade bedeckt ist. Die Kalbshaxen auf das Gemüse setzen, salzen und pfeffern. Den Topf verschließen und das Fleisch bei 180 Grad im Ofen in etwa 2 bis 2 1/2 Stunden weich schmoren.
Karotte und Knollensellerie schälen und in feine Würfel schneiden; in einen Topf geben, salzen, pfeffern, mit etwas Olivenöl beträufeln. Den restlichen Thymian zugeben und zugedeckt im Ofen bei 180 Grad in etwa 20 Minuten weich schmoren; abkühlen lassen.
Basilikumblätter vom Zweig zupfen und in etwas Olivenöl anbraten, salzen und pfeffern. Den zweiten Staudensellerie-stengel schälen und in feine Würfel schneiden. Den Borretsch klein schneiden.
Karotte und Knollensellerie sowie Borretsch, Basilikum und die Staudenselleriewürfel unter den Quark rühren. Die übrige Knoblauchzehe schälen und etwas davon in den Quark reiben. Mit Salz, Pfeffer und einem Spritzer Zitrone abschmecken.

Fertigstellen:
Die Kalbshaxen auslösen, portionieren und mit der Garam-Masala-Paste bestreichen, in der Butter und etwas Olivenöl kurz braten. Mit dem Quark anrichten.

Tip:
Den Schmorfond abseihen und für eine spätere Gelegenheit einfrieren.

Wein:
Wir orientieren uns an der Struktur dieses Gerichts: Das saftig-weiche, ein wenig klebrige Kalbshaxenfleisch wird durch die cremige Konsistenz des Quarks ergänzt, der kräftige Kräuteraromen enthält. Da darf es ein Rotwein sein mit etwas laktischem, weichem Charakter, z. B. ein junger, im Holzfaß ausgebauter süffiger Ribera del Duero aus Spanien, ein guter junger Dão aus Portugal oder vielleicht ein kräuterwürziger Bourgueil von der Loire. Allesamt mit Gerbstoffen versehen, die nicht markant den Weincharakter dominieren, sondern in würziger, attraktiver Frucht auf der Zunge enden.

Wildschweinmedaillons mit Wirsing

Aromen: Orange, Minze, Zimt

Fleisch vom Wildschwein ist mit dem seiner gezähmten Artgenossen geschmacklich nicht zu vergleichen, obwohl beide derselben Familie angehören. Das Borstenvieh aus den Wäldern liefert dunkle, schmackhafte, kernige Braten. Da beim ausgewachsenen Tier das Fleisch sehr grobfaserig ist, wird es beim Garen leicht zäh. Für die feine Küche eignen sich deshalb nur Stücke von bis zu zweijährigen Tieren (Frischling und Überläufer).

Zutaten:
für 4 Personen

500 g Wildschweinrücken
1 Zwiebel
1 Lauchstange
1 Wirsingkopf
1 kleine Kartoffel
2 Knoblauchzehen
1/2 Orange
1/2 Zitrone
10 g frischer Ingwer
2 Zweige Minze
1 Zweig Salbei
1 EL Honig
2 EL Balsamicoessig
1 EL dunke Sojasauce
4 cl Weißwein
2 cl weißer Portwein
Sonnenblumenöl
1 l Geflügelfond (s. Basisrezepte)
2 cl Zimtöl (s. Basisrezepte)

Vorbereiten:
Eine Knoblauchzehe und den Ingwer schälen, fein würfeln und mit dem Honig in einem kleinen Topf erwärmen. Den Balsamicoessig dazugeben, etwas einköcheln lassen und mit der Sojasauce abschmecken.
Den Wildschweinrücken in Medaillons von etwa 40 g schneiden.
Vom Wirsing alle Blätter abtrennen. Von den mittelgroßen Blättern den Strunkansatz entfernen, die Blätter in grobe Streifen schneiden. Die groben Außen-, die kleinen Innenblätter sowie alle Abschnitte beiseite stellen.
Die Zwiebel, die zweite Knoblauchzehe und die Kartoffel schälen, die Lauchstange putzen und alles kleinschneiden. Von Zitrone und Orange die Schale sehr dünn abschneiden. Die Wirsingreste zusammen mit Zwiebel, Knoblauch, Lauch, Kartoffeln und Salbei in etwas Sonnenblumenöl anschwitzen, mit Weißwein sowie Port ablöschen und etwas einkochen lassen. Geflügelfond zugeben, aufkochen und alles auf die Hälfte einkochen lassen. Die Zitronen- und Orangenschale in den Fond geben, alles mit dem Pürierstab mixen und durch ein feines Sieb passieren.

Fertigstellen:
Die Medaillons mit der Sojamarinade bestreichen, leicht salzen und pfeffern, von beiden Seiten rosa braten.
Die Minzblätter vom Zweig zupfen und fein schneiden. Die Wirsingstreifen in etwas Sonnenblumenöl anbraten, salzen und pfeffern, mit dem Fond auffüllen und Minze sowie Zimtöl unterrühren.
Den Wirsing in tiefen Tellern anrichten, die Medaillons daraufsetzen und mit dem Fond umgießen.

Wein:
Die Süße des Honigs, die intensiven Gewürzaromen und die durch den Fond recht saftige Textur dieses Gerichts fordern einen würzigen, deftigen und intensiv aromatischen Wein. Er sollte aber weder schwer noch auf der Zunge dominant gerbstoffbetont wirken. Wir servieren zu derart vielgestaltigen Gerichten gerne hochwertige Côtes du Rhone-Villages aus der Grenache-Traube, deren würziges Bukett von weißem Pfeffer mit den geschmacklichen Komponenten solcher Speisen eine ganz erstaunliche Liaison eingeht.

Anis

Pimpinella anisum

Warum gehört Anis in jeden traditionellen Hochzeitskuchen? Natürlich weil er in Liebesdingen angeblich Wunder vollbringt. In Zeiten, in denen Aphrodisisches vor allem von der pharmazeutischen Industrie geliefert wird, befinden sich die süß-aromatischen Samenkörner auf dem Rückzug. Ihre wichtigsten Bastionen sind derzeit noch verschiedene Spirituosen – in Frankreich, Griechenland und der Türkei als Aperitif gleichermaßen beliebt – und diverse Hustenmittel.
Die Herkunft des Anis liegt im dunkeln, vermutlich wuchs er ursprünglich im östlichen Mittelmeergebiet. Schon das antike Griechenland verwendete die Samen so, wie es auch die Jahrtausende danach taten: Man würzte damit das Brot. Die Römer dann nutzten das süßliche Aroma auch für Kuchen, Kekse und andere Knabbereien. Zum Standardrepertoire von Haus- und Klostergärten gehörte der kleine Doldenblütler im Mittelalter, wo seine Verwendung auf Fleisch-, Fisch- und Geflügelgerichte ausgedehnt wurde. Heute wird Anis nördlich der Alpen nicht mehr angebaut. Die kümmelähnlichen Früchte werden aus Nordafrika, Südrußland und Indien importiert.
Die kleinen, graugrünen Samen haben einen süßlich-aromatischen Duft. Ihr feiner Geschmack erinnert an Lakritze und Fenchel. Ihr Aroma entfalten sie besonders gut, wenn man sie unmittelbar vor dem Gebrauch ohne Fett leicht anröstet. Man kann sie zerstoßen und erst kurz vor dem Servieren über ein Gericht streuen. Man kann die ganzen Samen aber auch mitgaren.
Anis verliert sein Aroma sehr rasch. Man sollte ihn deshalb stets ungemahlen und nur in kleinen Mengen kaufen und in einem gut verschlossenen Gefäß lichtgeschützt aufbewahren.

Kümmel und Kreuzkümmel

Carum carvi, Cuminum cyminum

Kreuzkümmel ähnelt unserem Wiesenkümmel zwar vom Erscheinungsbild, geschmacklich könnten die Früchte der beiden Doldengewächse jedoch kaum unterschiedlicher sein. Während der bei uns heimische Kümmel, ein beliebtes Brotgewürz, mit seinem warmsüßen Aroma an Fenchel- oder Anissamen erinnert, schmeckt Kreuzkümmel, auch Cumin genannt, leicht bitter und scharf. War Wiesenkümmel stets ein Gewürz des Nordens, so kann man Cumin als den Kümmel des Südens bezeichnen.
Der Wiesenkümmel ist angeblich eines der ältesten Gewürze. Tatsächlich fanden sich Spuren davon in Pfahlbausiedlungen der Jungsteinzeit im Alpenvorland. Ob die halbmondförmigen Samen freilich damals schon als Speisezutat genutzt wurden, ist nicht sicher. Fest steht, daß er gegen Ende des Mittelalters seinen Siegeszug in Nordeuropa antrat und dort zur weitverbreiteten Zutat für Käse, Brot, Fleisch, Fisch und Suppen wurde. Gerne bediente man sich auch seiner angeblich Hexen abwehrenden Wirkung.
Kümmel kann man gemahlen und ungemahlen verwenden. Er läßt sich schmoren und backen, ohne dabei an Aroma einzubüßen. Er schmeckt jedoch ebenso gut, wenn man ihn erst unmittelbar vor dem Verzehr beispielsweise über Käse streut.
Der Kreuzkümmel stammt aus Vorderasien und dem Mittelmeergebiet. Wohl infolge seines starken Geruchs stand er im Ruf, Flöhe, Mücken und Skorpione zu vertreiben. Im antiken Rom war er eines der wichtigsten Gewürze überhaupt. Die Kultivierung nördlich der Alpen mißlang, so daß er stets importiert werden mußte.
Kreuzkümmelsamen sollte man vor der Verwendung einige Minuten rösten. Ihr Geschmack entwickelt dann leicht nussige Aromen. Je feiner er gemahlen wird, desto schärfer schmeckt Cumin. Schwarzer Kreuzkümmel, den man leicht mit Schwarzkümmel verwechselt, hat ein feines, süßeres Aroma. Wiesen- wie Kreuzkümmel sollte man stets ungemahlen kaufen. Lichtgeschützt halten sie sich in einem gut verschlossenen Gefäß mindestens ein Jahr.

Tomme de Savoie mit Birnensauce

Aromen: Kümmel, Majoran

Der Kuhmilchkäse aus den nördlichen französischen Alpen zeichnet sich durch einen milden, an Haselnüsse erinnernden Geschmack aus. Um sein feines Aroma entfalten zu können, muß der halbfeste Käse allerdings wirklich reif sein. In der Kombination mit der Fruchtsüße von Birne und Orange ist er der ideale Abschluß eines feinen Menüs: Käsegang und Dessert in einem.

Zutaten:
für 4 Personen

200 g Tomme de Savoie
6 Birnen (am besten Williams)
2 große Kartoffeln
1 Orange
10 schwarze Oliven
2 Zweige Majoran
2 frische Lorbeerblätter
1/2 Zimtstange
1/2 TL Kümmel
1 EL Zucker
4 cl weißer Balsamicoessig
2 cl Birnenbrand

Vorbereiten:
Die Birnen schälen und das Kerngehäuse entfernen. 3 Birnen pürieren und in einem Tuch auspressen; den Saft beiseite stellen.
Den Zucker goldbraun karamelisieren, mit dem Birnenbrand ablöschen und flambieren. Den Essig zugeben, alles etwas einköcheln lassen und mit dem Birnensaft aufgießen.
Die Hälfte der Orange sehr dünn abschälen. 2 Birnen klein würfeln und mit Orangenschale, Kümmel, Lorbeerblättern und Zimt in den Birnenfond geben. Köcheln lassen, bis die Fruchtstücke weich sind, vom Herd nehmen und bei Zimmertemperatur eine Stunde ziehen lassen. Zimtstange, Lorbeerblätter und Orangenschale entfernen. Den Sud mit dem Stabmixer pürieren und durch ein Sieb passieren. Die letzte Birne in kleine Würfel schneiden und zu der Birnensauce geben.
Den Käse in 4 Scheiben von 1 cm Dicke schneiden.

Fertigstellen:
Majoranblätter vom Zweig zupfen.
Die Oliven entsteinen und in Streifen schneiden.
Die Kartoffeln schälen, grob in möglichst lange Streifen raspeln; mit den Oliven und dem Majoran vermengen und mit Salz und Pfeffer abschmecken. In einer Pfanne etwas Sonnenblumenöl erhitzen, die Hälfte des Kartoffelgemischs in 4 Portionen locker hineinstreuen und knusprig braten. Die Käsescheiben auf die Kartoffelplätzchen setzen, das übrige Kartoffelgemisch darüberstreuen, wenden und von der anderen Seite knusprig braten.
Mit der Birnensauce anrichten.

Wein:
Feine Süße, zarter Schmelz und würzige Aromen verlangen einen Wein mit Körper, zarter Restsüße und Blumigkeit, wie sie z. B. ein Muscat Grand Cru aus dem Elsaß besitzt.

Schokoladencreme mit Milchlikör

Aromen: Vanille, Obstbrand

Die Idee zu diesem Gericht kam uns bei der Lektüre der wundervollen Rezeptsammlung des französischen Meisterkochs Michel Bras. Der Kräuter- und Gewürzfanatiker, in dessen Küche über das Jahr etwa 350 verschiedene Aromaten Verwendung finden, hat mit seinem simplen „Liqueur de Lait" der Vanille einen perfekten Rahmen geschaffen. Wir stellen dem Milchlikör eine zartbittere Schokoladencreme zur Seite. Probieren Sie unser Gericht doch einmal als Alternative zu Schokoladenpudding mit Vanillesauce.

Zutaten:
für 4 Personen

80 g dunkle Kuvertüre
1/4 l Milch
0,4 l Sahne
110 g Zucker
3 Eier
2 1/2 Vanilleschoten
6 cl Obstbrand
2 cl Espresso

Vorbereiten:
Für die Creme 70 g Zucker goldbraun karamelisieren und mit 0,2 l Milch sowie 0,2 l Sahne ablöschen. Eine aufgeschnittene Vanillestange zugeben, einmal aufkochen lassen, vom Herd nehmen und die Kuvertüre hineinreiben. Den Espresso unterrühren und die Masse auf Raumtemperatur abkühlen lassen.
Für den Milchlikör die restliche Milch und 0,2 l Sahne mit zwei Vanillestangen und 60 g Zucker aufkochen lassen. Vom Herd nehmen und den Obstbrand zugeben. In einem verschlossenen Gefäß kühl stellen.

Fertigstellen:
Zwei Eier trennen. Die Eigelbe und das restliche Ei gut unter die Sahne-Milch-Mischung quirlen. In vier feuerfeste Förmchen geben. Im Backofen im Wasserbad bei 150 Grad etwa 30 Minuten stocken lassen. Auf Raumtemperatur abkühlen lassen.
Von dem kalten Milchlikör einige Eßlöffel auf der Schokoladencreme verteilen und servieren.

Tip:
Reste des Milchlikörs halten sich im Kühlschrank in einem gut verschlossenen Schraubglas einige Tage. Man kann ihn zu den unterschiedlichsten Desserts, etwa Früchtekompotts oder Kuchen, reichen.

Wein:
Zum vollen Geschmack und der üppigen Textur dieses Desserts paßt ein Wein ganz besonders gut: ein gereifter Maury Reserve, beispielsweise aus dem wunderbaren Jahrgang 1985. Seine ungewöhnliche Machart, bei der die Gärung der vollreif gelesenen Grenache-Trauben durch die Zugabe von Alkohol gestoppt wird, verleiht dieser Spezialität aus dem Roussillon ihr einzigartiges Aroma: Schokolade und tiefdunkle Beerenfrüchte. Mit seinem relativ hohen Alkoholgehalt von etwa 17 % erträgt dieser Wein auch den Milchlikör spielend.

Gefüllter Schokoladenpudding

Aromen: Espresso, Orange

Nougat ist entgegen landläufiger Meinung keine „weiche Schokolade", sondern eine Masse aus fein zerkleinerten Mandeln oder Haselnüssen, leicht karamelisiertem Zucker und Kakaoerzeugnissen. Er verleiht der Füllung unseres Puddings Schmelz und feine nussige Aromen. Zusammen mit dem fruchtigen Gegenpart ist dieses Dessert eine geschmacklich runde Sache. Schleckermäuler und Naschkatzen verdrücken davon übrigens gerne auch eine doppelte Portion.

Zutaten:
für 8 Personen

325 g Bitterschokolade (70 % Kakaogehalt)
200 g Nougat
225 g Butter
0,4 l Sahne
5 Eier
50 g Zucker
200 g Himbeeren
4 cl Espresso
2 cl Orangenlikör

Vorbereiten:
Für die Füllung 0,18 l Sahne mit 80 g Butter aufkochen. 200 g Schokolade und den Nougat klein schneiden und in dem Butter-Sahne-Gemisch auflösen. Eine flache Auflaufform mit Klarsichtfolie auslegen und mit der Masse 1,5 cm hoch ausgießen, zwei Stunden kalt stellen.
Für die Creme die Eier trennen, 125 g Butter schaumig rühren, die übrige Schokolade im Wasserbad schmelzen.
Die Eigelbe mit dem Zucker schaumig schlagen und abwechselnd Butter sowie Schokolade unterrühren. Zum Schluß vorsichtig Espresso und Orangenlikör einrühren. Das Eiweiß steif schlagen und in zwei Portionen unter die Creme heben.
Von der fest gewordenen Füllung 8 Stücke (2 x 2 cm) abschneiden. 8 Soufflé-Förmchen von etwa 0,2 l Inhalt ausbuttern und mit etwas Zucker ausstreuen. Mit einem Spritzbeutel die Förmchen zur Hälfte mit der Creme füllen, jeweils ein Stück Füllung in die Mitte setzen und mit Creme bedecken. Mindestens eine Stunde kalt stellen.

Fertigstellen:
Die Förmchen in die Saftpfanne des Backofens stellen, 2 cm hoch Wasser in die Saftpfanne geben. Die Puddings bei 180 Grad 25 Minuten garen. Die restliche Sahne steif schlagen. Puddings auf Teller stürzen und mit Sahne und Himbeeren servieren.

Tip:
Reste der Füllung lassen sich mit einem Schokoladenüberzug zu leckeren Pralinés weiterverarbeiten.

Wein:
Kennen Sie die süßen Rotweine aus Banyuls? Zu dieser Aromabombe von Dessert würden wir einen fülligen, reifen Vin Doux Naturel aus der südfranzösischen Appellation reichen. Greifen Sie zu einem großen Jahrgang, am besten einem „Rimage". Seine Konzentration wird ihn sogar neben der Schokolade noch wuchtig erscheinen lassen.

Schokoladenblinis mit Himbeeren

Aromen: Vanille, Schokolade

Blinis, aus Rußland stammende kleine Hefefladen, serviert man gemeinhin zu Kaviar oder geräuchertem Lachs, damit sie Geschmack bekommen. Unsere Blinis sind hingegen auch pur eine geschmackliche Sensation – nicht nur für Schokoladenfans. Allerdings ist es wichtig, für dieses Rezept dunkle Kuvertüre zu verwenden, die besonders viel aromatische Kakaotrockenmasse und Kakaobutter enthält. Hellere Schokoladensorten sind ungeeignet, ihr Milch- oder Sahnepulveranteil sowie der hohe Zuckergehalt würden aus unseren zartbitteren Blinis ein klebriges Kindergebäck machen.

Zutaten:
für 4 Personen

300 g Himbeeren
120 g dunkle Kuvertüre
55 g Zucker
Puderzucker
10 g Speisestärke
40 g Butter
5 Eier
1/8 l Milch
0,1 l Sahne
1/2 Vanillestange

Vorbereiten:

Die Eier trennen. Die Kuvertüre im Wasserbad schmelzen lassen. Die Butter schaumig rühren. Getrennt davon 4 Eigelb mit 30 g Zucker schaumig rühren; zunächst die Butter sowie nach und nach die Kuvertüre unterrühren. Die Masse kalt rühren, bis sie cremig ist.

Die 4 Eiweiß steif schlagen und vorsichtig unterheben. Die Masse etwa 15 Minuten kalt stellen. Mit einem Spritzbeutel auf Backpapier 8 Blinis mit einem Durchmesser von etwa 7 cm spritzen und diese einfrieren.

Für die Konditorcreme die Hälfte der Milch mit dem restlichen Zucker, der ausgekratzten Vanille und der Schote aufkochen. Die Speisestärke, 1 Eigelb und die restliche Milch zu einer glatten Masse verrühren und in die kochende Vanillemilch geben. Unter Rühren aufkochen lassen, bis sich eine cremige Konsistenz bildet, dann in einer Schüssel abkühlen lassen und die Vanilleschote entfernen. Die Sahne steif schlagen und unter die Creme heben.

Fertigstellen:

Die gefrorenen Blinis bei 180 Grad etwa 8 Minuten backen; mit Puderzucker bestäuben. Auf jeden Teller ein Pfannküchlein setzen, Himbeeren darauf verteilen, mit 1 EL Creme krönen und mit einem zweiten Blini bedecken.

Tip:

Gefrorene Blini-Rohlinge bleiben beim Backen saftiger. Machen Sie nach knapp 8 Minuten einen Test: Die Blinis sollten elastisch bleiben.

Wein:

Probieren Sie hierzu einen jungen „Maury Vintage", einen süßen Rotwein aus dem Roussillon, der verblüffend gut zu Bitterschokolade harmoniert. Der vorwiegend aus Grenache Noir produzierte Vin Doux naturel bezieht seine opulente Aromatik aus gezielt herbeigeführter Oxidation.

Mohrenköpfe

Aromen: Vanille

Mohrenköpfe - süßer Traum längst vergangener Kindertage, der Mohrenkopf-Wettessen und Mohrenkopf-Schlachten und stilles Mohrenkopf-Genießen, auf jeden Fall schokoladenverschmierte Münder und Finger provozierte. Doch die cremige Schleckerei ist dahin, denn heutzutage bestehen die schokoüberzogenen Halbkugeln meist aus viel Zucker, Emulgatoren und Stabilisatoren. Also: Betreiben Sie bei Ihren Sprößlingen positive Geschmackserziehung und backen Sie die Negerküsse zum Kindergeburtstag selbst. Oder wecken Sie das Kind im Manne beziehungsweise der Frau, und überraschen Sie Ihre Freunde mit Mohrenköpfen zum Kaffee.

Zutaten:
für etwa 35 Stück

250 g dunkle Kuvertüre
80 g Mehl
110 g Zucker
60 g Puderzucker
1 Msp. Backpulver
80 g Quark
50 g Butter
3 Eier
50 g Kokosfett
1/2 Vanillestange

Vorbereiten:
Die Butter schaumig rühren.
2 Eier trennen. Die Eigelbe mit dem ganzen dritten Ei und 50 g Zucker schaumig schlagen. Zunächst Butter, Quark und das Mark der Vanilleschote, dann Mehl und Backpulver unterrühren. In einem Waffeleisen sehr dünne, knusprige Waffeln backen. Aus dem noch warmen Teig mit einer runden Form von 2 cm Durchmesser etwa 35 Böden ausstechen; auf ein Backblech mit Backpapier setzen.

Fertigstellen:
Die 2 Eiweiß fast steif schlagen, dann unter Schlagen langsam die restlichen 60 g Zucker zugeben; zum Schluß den Puderzucker unterheben. Die Masse in einen Spritzbeutel mit Lochtülle (8 mm) füllen und auf die Waffelböden spritzen. Im Backofen bei 100 Grad 10 Minuten backen; auf ein Gitter setzen.
Die Kuvertüre zerkleinern, im Wasserbad auflösen und das Kokosfett unterrühren. Die Mohrenköpfe mit der Kuvertüre übergießen, auf ein Blech setzen und kalt stellen.

Wein:
Vor der cremigen Süße dieses Sekunden-Genusses müssen sogar die üppigsten Dessertweine die Segel streichen.

Topfentaschen mit Holunder

Aromen: Vanille, Zimt

Holunderbeeren finden in der Küche kaum noch Verwendung. Da sie nach der Ernte sehr rasch verderben, werden sie im Handel praktisch nicht angeboten. Es lohnt sich aber, zur Holunderernte aufs Land zu fahren, besitzen die schwärzlichen Wildbeeren doch ein unvergleichliches, leicht herbes Fruchtaroma. Für ein geschmacksintensives Kompott müssen die Dolden gut ausgereift sein. Die ersten Beeren werden meistens schon im August schwarz, am besten ist die Ausbeute jedoch je nach Wetter Anfang bis Mitte September. Achtung: Hollerbeeren sind roh leicht giftig.

Zutaten:
für 8 Personen

500 g Magerquark
1/8 l Sahne
125 g Butter
7 Eier
200 g Mehl
130 g Zucker
100 g Puderzucker
1 TL Speisestärke
40 g Vanillepudding-Pulver
400 g Holunderbeeren
2 Zitronen
1 1/2 Vanilleschoten
1 Zimtstange
0,1 l Rotwein
2 l Sonnenblumenöl

Vorbereiten:
Für den Teig 0,1 l Sahne mit 25 g Butter und 1/2 Vanilleschote aufkochen. Auf etwa 35 Grad abkühlen lassen, die Vanilleschote entfernen; Sahnemischung mit 200 g Mehl, 1 Eigelb, 50 g Zucker und einer Prise Salz zu einem glatten Teig verarbeiten. 2 Stunden kalt stellen.
Für die Füllung 4 Eier trennen. 100 g Butter, 100 g Puderzucker und die abgeriebene Schale einer Zitrone schaumig rühren. Den Quark in einem Tuch ausdrücken, mit den Eigelben, dem Puddingpulver sowie der Butter-Zucker-Masse gut verrühren. Mit dem Mark einer Vanilleschote, einer Prise Salz und dem Saft einer halben Zitrone abschmecken.
Den Teig mit einer Nudelmaschine dünn ausrollen und Kreise von 10 cm Durchmesser ausstechen. 2 Eier trennen. Die Eigelb mit 2 EL Sahne verrühren, die Ränder der Teigplatten damit bestreichen. Die Füllung auf den Teig setzen und die Platten halbmondförmig zusammenklappen.
Für das Kompott den Holunder mit Rotwein, Zucker, Zimtstange und dem Saft einer Zitrone aufkochen; mit der Speisestärke binden.

Fertigstellen:
Das Fritieröl auf 180 Grad erhitzen. Die Topfentaschen darin goldbraun ausbacken. Mit Puderzucker bestäuben und mit dem Holunderkompott servieren.

Tip:
Die Topfentaschen lassen sich sehr gut einfrieren.

Wein:
Vanille- und Honigtöne sollten die Aromatik des Weines dominieren; diese und genug Süße besitzen z. B. eine Trockenbeerenauslese vom Neusiedler See oder ein Tokaji Ausbruch.

Arme Ritter mit Apfelsauce

Aromen: Zimt, Thymian

„Arme Ritter" kommen gemeinhin immer dann auf den Tisch, wenn beim Frühstück wieder einmal alle nach Vollkornbrot statt nach frischen Brötchen gegriffen haben. Unsere Version der Verwertung von Altbackenem erhält durch die Vanille-Thymian-Sahne Raffinement und durch die Apfelsauce Finesse. Auch so kann man arme Ritter in den Adelsstand erheben.

Zutaten:
für 4 Personen

2 Brötchen
5 Äpfel (Jonagold)
2 frische Lorbeerblätter
4 Zweige Thymian
1 TL Zimtpulver
1 Nelke
1 Vanillestange
5 EL Zucker
0,6 l Sahne
3 Eier
60 g Butter
4 EL Sonnenblumenöl
0,2 l Apfelsaft

Vorbereiten:
Die Äpfel schälen, die Schalen beiseite stellen. Die Früchte vierteln, das Kernhaus entfernen. Die Apfelstücke nebeneinander in eine feuerfeste Form setzen, Nelke sowie Lorbeer zugeben und den Apfelsaft darübergießen. Die Form mit einem Deckel oder mit Alufolie verschließen und die Äpfel im Ofen bei 180 Grad in 30 Minuten weich schmoren. Durch ein Haarsieb passieren und abkühlen lassen.
Die Apfelschalen mit dem Rührstab in die Apfelsauce mixen; die Sauce nochmals durch ein Sieb passieren und kalt stellen.
Das Mark aus der Vanilleschote kratzen. Die Sahne mit dem Mark sowie der Schote aufkochen und vom Herd nehmen.
Die Brötchen vierteln und in die Vanillesahne geben.
Die Thymianblättchen vom Zweig zupfen.

Fertigstellen:
Die Apfelsauce aus dem Kühlschrank nehmen.
Die Eier in einer flachen Schüssel mit den Thymianblättchen verquirlen. Zucker und Zimt mischen.
Die Brötchenviertel aus der Sahne nehmen und ganz leicht ausdrücken. In einer Pfanne das Sonnenblumenöl und die Butter erhitzen. Die Brötchen im Ei wenden und langsam goldbraun braten. Auf Küchenpapier legen und überschüssiges Fett abtupfen, im Zimtzucker wälzen.
Die Armen Ritter mit der Apfelsauce anrichten.

Tip:
Wenn man die Apfelschalen roh in die Sauce püriert, erhält diese mehr Frische.

Wein:
An sich trinken arme Ritter keinen Wein. Unsere können sich aber immerhin einen knackigen jungen Riesling leisten, der das frische Apfelaroma der Sauce gekonnt aufgreift. Auch, ein ganz frischer junger Chenin Blanc tut hier mit seinem stets deutlichen Apfelduft im Bukett gute Dienste.

BASISREZEPTE

Neben frischen Lebensmitteln sind sie tatsächlich die Basis unserer Küche. Unverfälscht im Ge-schmack, ohne künstliche Aromastoffe, ohne industriellen Einheitsgeschmack garantieren selbstgemachte Zutaten die aromatische Individualität der Gerichte. Die meisten Produkte aus diesem Kapitel lassen sich problemlos aufbewahren. Ein kleiner Vorrat eingefrorener Fonds, einige Flaschen aromatisierter Öle und einige Döschen frischer Gewürzmischungen sind ein kulinarischer Zauberkasten. Mit seiner Hilfe läßt sich ein gutes Gericht im Handumdrehen in eine duftende, schmackhafte Leckerei verwandeln.

Ananassenf

Zutaten:
1 große, sehr reife Ananas
20 g Ingwer
1 getrocknete Chilischote
6 cl weißer Portwein
Senf
körniger Senf

Zubereiten:
Den Ingwer schälen und klein schneiden. Die Ananas schälen, vierteln und den Strunk entfernen, die Hälfte des Fruchtfleischs klein schneiden. Den Strunk und den Rest des Fruchtfleischs mit dem Pürierstab zerkleinern und in einem feinen Haarsieb auspressen. Den gewonnenen Saft beiseite stellen.
Den Portwein in einem Topf leicht einköcheln, Ingwer, Chilischote und Ananaswürfel dazugeben. Mit dem Saft auffüllen und Backofen bei 180 Grad weich schmoren, bis die Flüssigkeit fast verdampft ist. Die Masse mit dem Pürierstab fein mixen. Mit den zwei Senfsorten und eventuell etwas Chili-Öl und feingeriebenem Ingwer abschmecken; so viel Senf zugeben, daß die Ananasmasse eine deutliche Senfnote aufweist.

Variationen:
Ein exotisch-fruchtiger Senf läßt sich auf diese Weise auch mit Mango herstellen.

Aufbewahren:
Der Ananassenf hält sich im Kühlschrank in einem geschlossenen Gefäß etwa 6 bis 8 Wochen.

Chili-Öl

Zutaten:
frische Chilischoten
Sonnenblumenöl

Zubereiten:
Von den Chilischoten den Stielansatz entfernen. Die Schoten mit den Kernen klein schneiden und in einen Topf geben; mit Sonnenblumenöl knapp bedecken und vorsichtig erwärmen. Das Öl in einem geschlossenen Gefäß 2 Tage ziehen lassen; dann durch ein feines Sieb abseihen.

Tip:
Bei zu starkem Erhitzen wird das Öl bitter.

Aufbewahren:
In einem geschlossenen Gefäß bei Zimmertemperatur aufbewahrt, hält sich Chili-Öl mindestens ein halbes Jahr.

Currypulver

Zutaten:
20 g Senfsaat
3 g Bockshornklee
4 g schwarzer Pfeffer
2 g Zimt
4 g Kreuzkümmel (Cumin)
2 g Koriandersaat
2 g Nelke
3 g Muskatblüte (Macis)
1 g Chili
10 g Paprikapulver
22 g Kurkumapulver
4 g getrockneter Lorbeer
1 g Safran
2 g grüner Kardamom

Zubereiten:
Alle Gewürze außer Paprika, Kurkuma und Safran in einer Pfanne ohne Fett anrösten. Etwas abkühlen lassen, den Safran dazugeben und im Mörser sehr fein mahlen. Zum Schluß Paprika und Kurkuma untermischen.

Tip:
Verwenden Sie unbedingt ungemahlene Gewürze.

Aufbewahren:
Nach 4 Wochen beginnen die unterschiedlichen Aromen nach und nach zu verfliegen; vakuumverpackt läßt sich das Currypulver etwa 3 Monate aufbewahren.

Fischfond

Zutaten:
1 kg Fischkarkassen
2 Zwiebeln
1 Lauchstange
1 Fenchelknolle
2 Selleriestangen
1 Knoblauchzehe
2 Lorbeerblätter
1 Nelke
10 schwarze Pfefferkörner
3 Wacholderbeeren
0,1 l Weißwein
4 cl trockener Wermut (z. B. Noilly Prat)
1 cl Pastis (z. B. Pernod)

Zubereiten:
Die Fischkarkassen so oft wässern, bis das Wasser klar bleibt. Zwiebeln und Knoblauch schälen, die restlichen Gemüse waschen; alles klein schneiden. Die Gemüsewürfel mit den Karkassen und allen übrigen Zutaten in einen Topf geben und mit kaltem Wasser auffüllen, so daß alles bedeckt ist; einmal aufkochen und auf kleiner Flamme etwa 40 Minuten köcheln lassen. Zwischendurch den sich bildenden Schaum abschöpfen. Den fertigen Fond durch ein Tuch seihen.

Tip:
Von Fischköpfen stets die Kiemen entfernen. Sie hinterlassen im Fond einen unangenehm tranigen Geschmack.

Aufbewahren:
Fischfond kann wie alle Fonds steril in Einmachgläser abgefüllt werden. Einfacher ist es jedoch, ihn portionsweise einzufrieren. In der Tiefkühltruhe hält er sich etwa 2 Monate.

Fünf-Gewürz-Pulver

Zutaten:
1/2 EL Nelken
1/2 EL Kassia-Zimt
1 EL Fenchelsaat
1 EL Sternanis
1 EL Szechuanpfeffer

Zubereiten:
Die Gewürze ungemahlen in einer Pfanne ohne Fett anrösten und etwas abkühlen lassen. Die Mischung im Mörser fein zerstoßen.

Tip:
Bereiten Sie die Mischung unbedingt aus ungemahlenen Gewürzen.

Aufbewahren:
In einem geschlossenen Gefäß hält sich das Aroma der Gewürze etwa 4 Wochen. Vakuumverpackt bleibt das Pulver 3 Monate frisch.

Garam Masala

Zutaten:
1 Zimtstange
1 1/2 getrocknete Lorbeerblätter
20 g Kreuzkümmel (Cumin)
12,5 g Koriandersaat
10 g grüner Kardamom
10 g schwarzer Pfeffer
7,5 g Gewürznelken
7,5 g Muskatblüte (Macis)

Zubereiten:
Alle Gewürze ohne Fett in einer Pfanne anrösten, etwas abkühlen lassen und im Mörser fein zermahlen.

Tip:
Garam Masala kann als Pulver oder als Gewürzpaste verwendet werden. Dafür einfach in unser Grundchutney rühren.

Aufbewahren:
In einem geschlossenen Gefäß trocken und lichtgeschützt aufbewahren. Nach etwa 4 Wochen verlieren sich nach und nach die unterschiedlichen Aromen. Vakuumverpackt hält sich das Garam Masala etwa 3 Monate.

Geflügelfond

Zutaten:
1 kg Geflügelknochen oder 1 Suppenhuhn
1 Lauchstange
1 Knoblauchzehe
1 Selleriestange
1 Karotte
2 Zwiebeln
1 kleines Stück Sellerie
1 Nelke
2 Lorbeerblätter
10 Pfefferkörner
0,1 l Weißwein
Sonnenblumenöl

Zubereiten:
Die Geflügelknochen oder das in mehrere Teile zerlegte Suppenhuhn in etwas Sonnenblumenöl goldbraun anrösten. Knoblauch, Zwiebeln, Sellerie und Karotte schälen; Lauch und Stangensellerie waschen; alles klein schneiden. Die Gemüsewürfel mit den Gewürzen zu den Geflügelknochen geben und leicht anschwitzen; mit dem Weißwein ablöschen und auf die Hälfte einkochen, abkühlen lassen. Soviel kaltes Wasser zugeben, daß die Gemüse gerade bedeckt sind. Einmal aufkochen, dann auf kleiner Flamme etwa 2 Stunden köcheln lassen. Von Zeit zu Zeit den sich an der Oberfläche bildenden Schaum abschöpfen. Den fertigen Fond durch ein Tuch seihen.

Tip:
Durch das zweifache Erwärmen wird der Fond auf natürliche Weise geklärt.

Aufbewahren:
Der Geflügelfond kann steril in Einmachgläser abgefüllt oder eingefroren werden. In der Tiefkühltruhe hält er sich etwa 2 Monate.

Gelbe Currypaste

Zutaten:
150 g Ingwer
2 Knoblauchzehen
20 g Galgant
1 TL geröstetes Sesamöl
0,1 l Sonnenblumenöl
2 EL Currypulver
1 EL Honig
Chili-Öl

Zubereiten:
Ingwer, Galgant und Knoblauch schälen und in feine Würfel schneiden. Das geröstete Sesamöl, Honig und Currypulver dazugeben. Mit dem Sonnenblumenöl bedecken und mit dem Pürierstab zu einer homogenen Masse mixen. Mit Salz, Curry und Chili-Öl nachwürzen.

Aufbewahren:
In einem geschlossenen Gefäß hält die Paste im Kühlschrank etwa 2 Wochen.

Gemüsefond

Zutaten:
2 Zwiebeln
2 Knoblauchzehen
1 Fenchelknolle
1 Lauchstange
2 Selleriestangen
2 Lorbeerblätter
15 Körner weißer Pfeffer
etwas Thymian
0,1 l Weißwein
Olivenöl

Zubereiten:
Die Zwiebeln und den Knoblauch schälen und klein schneiden. Die restlichen Gemüse waschen und klein schneiden. Die Gemüsewürfel mit den Gewürzen in etwas Olivenöl anschwitzen, mit dem Weißwein ablöschen, auf die Hälfte

einkochen lassen. Erst dann mit 1 l kaltem Wasser auffüllen und auf kleiner Flamme etwa eine Stunde köcheln lassen. Den Fond durch ein feines Sieb abseihen.

Tip:
Durch das Einkochen des Weißweins wird seine Säure gemildert, die übrigen Gesachmacksnuancen werden hingegen intensiviert.

Aufbewahren:
Der Fond kann auf Vorrat gekocht und steril in Einmachgläser abgefüllt werden. Einfacher ist es jedoch, ihn in Portionen von je 1/4 l einzufrieren; tiefgekühlt hält sich der Fond mindestens 2 Monate.

Grüne Currypaste

Zutaten:
70 g Ingwer
20 g Galgant
1 Knoblauchzehe
1 Stengel Zitronengras
5 Zweige Koriandergrün
5 Zweige Thai-Basilikum (ersatzweise Basilikum)
5 Zweige Thai-Minze (ersatzweise Minze)
1 grüne Chilischote
Schale von einer Kaffirlimette
1 TL Honig
0,1 l Sonnenblumenöl
Chili-Öl

Zubereiten:
Knoblauch, Ingwer und Galgant schälen und klein schneiden. Zitronengras und Kaffirlimettenschale sehr fein schneiden. Die Kräuter von den Zweigen zupfen. Alles mit der Chilischote in eine Rührschüssel geben. Mit Sonnenblumenöl bedecken und mit dem Pürierstab zu einer homogenen Masse mixen. Mit Salz, Honig und eventuell etwas Chili-Öl abschmecken.

Aufbewahren:
Da die Kräuter sehr rasch ihr Aroma einbüßen, hält sich die grüne Currypaste nur 2 bis 3 Tage im Kühlschrank.

Grundchutney

Zutaten:
3 Zwiebeln
2 mittelgroße säuerliche Äpfel
1 Knoblauchzehe
20 g Ingwer
1 getrocknete Chilischote
40 g Zucker
4 cl Sherryessig
0,2 l Apfelsaft
Chili-Öl

Zubereiten:
Zwiebeln und Knoblauch schälen und fein würfeln. Aus den Äpfeln das Kerngehäuse entfernen, das Fruchtfleisch klein schneiden. Den Ingwer schälen und klein schneiden.
Den Zucker goldbraun karamelisieren und mit dem Sherryessig ablöschen. Zwiebeln, Knoblauch, Äpfel und Chili zugeben. Mit dem Apfelsaft auffüllen. Im geschlossenen Topf bei 180 Grad im Backofen in etwa 45 Minuten zu einer dicklichen Masse einkochen. Alles einschließlich der Chilischote mit dem Pürierstab mixen und durch ein Sieb streichen. Eventuell mit Essig, Zucker oder Chili-Öl nachwürzen. Die Masse sollte süß-säuerlich und leicht scharf schmecken.

Aufbewahren:
Das Grundchutney hält sich im Kühlschrank in einem geschlossenen Gefäß etwa 6 bis 8 Wochen.

Ingwer-Würzmischung

Zutaten:
10 g Ingwer
10 g Galgant
10 g Zitronengras
1/4 Kaffirlimette

Zubereiten:
Von der Limette die Schale sehr dünn ohne das Weiße abschneiden.
Ingwer und Galgant schälen; in kleine Würfel schneiden.
Zitronengras und Limettenschale sehr fein schneiden.
Alles vermengen.

Aufbewahren:
Die frischen Aromen der Würzmischung verfliegen sehr rasch. Sie sollte deshalb möglichst schnell nach der Herstellung verbraucht werden.

Kandierter Meerrettich

Zutaten:
1 Meerrettich (etwa 450 g)
70 g Zucker
2 EL Honig
4 cl roter Portwein
4 cl Crème de Cassis
0,35 l ungesüßter Holundersaft

Zubereiten:
Den Meerrettich schälen und in sehr feine Streifen schneiden. Den Zucker und den Honig goldbraun karamelisieren, den Meerrettich dazugeben und glacieren. Mit Portwein und Crème de Cassis ablöschen, etwas einköcheln lassen und mit dem Holundersaft auffüllen. Ein Gitter auf den Boden des Backofens legen und den verschlossenen Topf daraufstellen. Den Meerrettich bei 180 Grad 1 Stunde garen.

Aufbewahren:
Den Meerrettich mit der Garflüssigkeit in einem geschlossenen Gefäß im Kühlschrank aufbewahren; er hält sich etwa 3 Monate.

Kandierte Orangenschale

Zutaten:
1 unbehandelte Orange
1/2 Vanillestange
25 g Zucker

Zubereiten:
Von der Orange die Schale zusammen mit dem weißen Schalenfleisch abschneiden und klein würfeln. Die Würfel 4-5mal blanchieren, um die Bitterstoffe zu entziehen.

Das Vanillemark aus der Schote schaben und beides mit dem Zucker in 0,2 l Wasser geben. Aufkochen lassen und die Orangenwürfel unterrühren; nochmals aufkochen und die Orangenwürfel im Sirup abkühlen lassen.

Aufbewahren:
In einem Einmachglas im Kühlschrank aufbewahren; sie hält sich etwa 2 Wochen.

Tip:
Kandierte Zitronenschale wird auf die gleiche Weise hergestellt.

Minzöl

Zutaten:
Minze
Sonnenblumenöl

Zubereiten:
Die Minze klein schneiden, in einen Topf geben und mit Sonnenblumenöl bedecken. Das Öl vorsichtig erwärmen, bis die ersten Bläschen aufsteigen. Vom Herd nehmen und abkühlen lassen; den Vorgang noch zweimal wiederholen. Dann das Öl zugedeckt über Nacht ziehen lassen; durch ein feines Sieb abgießen.

Tip:
Das Öl nicht zu stark erhitzen; es wird bitter, sobald die Kräuter verbrennen.

Variationen:
Aromatische Würzöle lassen sich auf diese Weise aus fast allen frischen Gartenkräutern (z. B. Basilikum, Estragon, Koriander, Thymian) gewinnen.

Aufbewahren:
In einem geschlossenen Gefäß halten sich Kräuteröle im Kühlschrank mindestens 2 Monate.

Orangensenf

Zutaten:
80 g gelbe Senfkörner
20 g braune Senfkörner
4 EL Weißweinessig
8 EL Orangensaft
Schale von 3 Orangen (ohne das Weiße)
50 g Zucker
Honig
Salz

Zubereiten:
Die Senfkörner mit Essig und Orangensaft übergießen und über Nacht zugedeckt quellen lassen.
Den Zucker mit 0,2 l Wasser zum Kochen bringen. Die Orangenschale darin 1 Minute simmern lassen, herausnehmen und auf einem mit Backpapier ausgelegten Blech ausbreiten. Im Backofen bei 70 Grad etwa 3 Stunden trocknen lassen, bis die Schalen knusprig, aber noch nicht braun sind; im Mörser zu einem feinen Pulver zerstoßen.
Die Senfkörner mit dem Pürierstab zu einer Paste mixen. Sollte die Masse zu trocken sein, noch etwas Orangensaft zugeben. Mit Honig, Salz und dem Orangenpulver abschmecken.

Aufbewahren:
In einem geschlossenen Gefäß im Kühlschrank etwa 2 Monate.

Rote Currypaste

Zutaten
2 rote Paprika
70 g Ingwer
20 g Galgant
1 Knoblauchzehe
2 getrocknete Chilischoten
1 TL Currypulver
4 EL Sonnenblumenöl
Chili-Öl

Zubereiten:
Die Paprika vierteln, Stiele und Kerne entfernen. Die Schoten mit der Hautseite nach oben in eine feuerfeste Form geben, mit etwas Öl beträufeln und das Gefäß gut verschließen. Im Backofen bei 180 Grad eineinhalb Stunden schmoren, bis sich die Schale von den Paprikavierteln abziehen läßt. Die Schoten in kleine Stücke schneiden.
Ingwer, Galgant und Knoblauch schälen und klein schneiden. Die Paprikastücke, die Chilischoten und das Currypulver dazugeben. Mit Sonnenblumenöl bedecken und mit dem Pürierstab zu einer homogenen Masse mixen. Mit Salz, Curry und Chili-Öl abschmecken.

Tip:
Sollten die Paprikaschoten nicht süß genug sein, etwas Honig in die Paste rühren.

Aufbewahren:
Die geschmorte Paprika begrenzt die Lebensdauer der Currypaste auf 1 Woche. Am besten im Kühlschrank in einem geschlossenen Gefäß aufbewahren.

Tempurateigpulver

Zutaten:
5 1/2 EL Mehl
5 1/2 EL Maisstärke (z. B. Mondamin)
1 EL Backpulver
1 Msp Salz
etwas Pfeffer

Zubereiten:
Mehl, Maisstärke und Backpulver gründlich vermengen. Das Pulver mit etwa 50 Grad warmem Wasser zu einem dickflüssigen, schaumigen Teig verrühren.
Der Teig läßt sich nur etwa 3 Minuten lang verwenden. Also immer nur das Pulver vorbereiten und das Wasser erst unmittelbar vor Gebrauch zugeben.

Aufbewahren:
Das Tempurateigpulver kann man in einem geschlossenen Gefäß an einem trockenen Ort monatelang aufbewahren.

Tomatenketchup

Zutaten:
750 g reife Tomaten
250 g Zwiebeln
100 g Zucker
0,1 l Sherryessig
1 Chilischote
20 g Ingwer
Currypulver
Muskatblüte

Zubereiten:
Die Zwiebeln schälen und in feine Würfel schneiden. Die Tomaten waschen, den Stielansatz entfernen, in kleine Stücke schneiden. Den Ingwer schälen und klein schneiden. Den Zucker in einem Topf goldbraun karamelisieren und mit dem Sherryessig ablöschen; etwas einköcheln lassen. Die Zwiebelwürfel zugeben und leicht anschwitzen. Dann Ingwer, Chilischote und Tomaten unterrühren und unter häufigem Umrühren etwa 3 Stunden auf kleiner Flamme köcheln lassen, bis sich eine dickliche Paste bildet. Mit dem Schneidstab mixen und durch ein Sieb streichen.
Muskatblüte in einer Pfanne ohne Fett anrösten und im Mörser fein zerstoßen. Das Ketchup mit Muskatblüte und Curry abschmecken.

Tip:
Falls keine wirklich reifen Tomaten auf dem Markt sind, gute Dosenware verwenden.

Aufbewahren:
Das Ketchup hält sich in einem geschlossenen Gefäß im Kühlschrank etwa 2 Monate.

Zimtöl

Zutaten:
Kassia-Zimt
Sonnenblumenöl

Zubereiten:
Die Zimtstange klein brechen, in einen Topf geben und mit Sonnenblumenöl bedecken. Auf dem Herd erhitzen, bis Bläschen aufsteigen; abkühlen lassen. Den Vorgang noch zweimal wiederholen. Dann das Öl über Nacht ziehen lassen; durch ein feines Sieb abgießen.

Variationen:
Auf diese Weise läßt sich Sonnenblumenöl mit den meisten getrockneten Samen von Gewürzpflanzen (z. B. Sternanis, Nelken, Fenchelsamen) aromatisieren.

Aufbewahren:
In einem geschlossenen Gefäß im Kühlschrank halten sich Gewürzöle ein halbes Jahr.

BEZUGSQUELLEN

Adressen für Gewürze, Öle u. a.

Bei diesen Firmen können Sie Kräuter und Gewürze bestellen. Die Ware wird per Post oder Spedition im gesamten Bundesgebiet verschickt. Die meisten Anbieter halten einen Katalog bereit, den man telephonisch anfordern kann.

KADEWE
Tauentzienstr. 21-24
10772 Berlin
Tel. (0 30) 21 21 26 10
Gewürze und Lebensmittel aller Art

Violas Gewürzladen
Viola Fuchs
Eppendorfer Baum 38
20249 Hamburg
Tel. (0 40) 46 07 26 76
Gewürze, Muntok-Pfeffer, Ra´s el-hanut

Hamburger Gewürz-Basar
MERCADO-Einkaufszentrum Altona-Ottensen
Ottensener Hauptstr. 10
22765 Hamburg
Tel. (0 40) 7 32 29 90
Gewürze, Mischungen

HeBo & Hot Spice Gewürze
Königstr. 113
23552 Lübeck
Tel. (04 51) 7 06 20 80
Über 200 Gewürze

Alfred Ewert
Tee und Gewürze
Weender Str. 84
37073 Göttingen
Tel. (05 51) 5 70 20
Gewürze, Curries, Currypasten

Viani Importe GmbH
Robert-Bosch-Breite 17
37079 Göttingen
Tel. (05 51) 50 55 10
Öle, Essige, Bohnen

Manufactum
45729 Waltrop
Tel. (0 23 09) 93 90 50
Gewürze, Trockenkräuter, Fleur de sel

Gewürz- und Teehaus Schnorr
Neue Kräme 28
60311 Frankfurt am Main
Tel. (0 69) 28 47 17
Exotische Gewürze, eigene Mischungen

Gewürzhaus Alsbach
An der Staufenmauer 11
60311 Frankfurt
Tel. (0 69) 28 33 12
Gewürze, hausgemachte Mischungen, ätherische Öle

Gewürz-Meyer
Rieslingstr. 27
74360 Ilsfeld-Auenstein
Tel. (0 70 62) 6 26 83
Alle klassischen Gewürze, Mischungen

Staudengärtnerei Dieter Gaissmayer
Jungviehweide 3
89257 Illertissen
Tel. (0 73 03) 4 21 81
Frische Kräuter in Pflanztöpfen

Kräuterhaus Wurzelsepp
Hauptmarkt 1
90403 Nürnberg
Tel. (09 11) 22 66 12
Gewürze, getrocknete Naturkräuter

Dipak Sapré
Wannbach
91362 Pretzfeld
Tel. (0 91 94) 79 79 07
Nüsse, Gewürze

K. u. U.
Weine und Spezereien
Nordostpark 78
90411 Nürnberg
Tel. (09 11) 52 51 53
Öle, Essige, Schokolade

Schweiz:
Stedy-Gewürzparadies
Peter Stettler
Hauptstr. 11
CH-9562 Märwil
Tel. (00 41) 7 16 55/15 34
Gewürze, Würzsaucen